ホームヘルプサービスのリアリティ

高齢者とヘルパーそれぞれの視点から

齋藤曉子

生活書院

はじめに

介護が必要になっても「住み慣れた自宅で暮らしたい」という高齢者の願いは、公的サービスの中でどのように実現されるのか。本書は、私のこのような素朴な関心から出発し、ケアの受け手（高齢者）とケアの与え手（ヘルパー）の視点から、高齢者の在宅生活の継続の可能性を探るものである。

私がこうしたテーマに関心を持ったのは、二人の祖母――信さんと久子さん（自分の祖母に敬称をつけるのはおかしいが、ここでは敢えて「さん」付けで書きたい）の影響である。冒頭から個人的な話で恐縮だが、少しおつきあい願いたい。

父方の祖母である久子さんは、明治生まれの闊達な女性だ。次男である父の他に二人の息子と二人の娘がいる。祖父が亡くなり、一人暮らしをするには高齢だったため、新婚だった次男夫婦である私の両親と同居することになった。久子さんは、戦前から戦後にわたる激動の時代をたくましく生きた女性で、彼女から聞かされた「一代記」（子どもの頃大きな商家に丁稚奉公した話や、結婚後に道楽者の夫を支えながら内職で学費を稼ぎ、子どもたちを大学にいかせた話など）はとても面白かった。躾の厳しさに反発したこともあったが、さまざまなことを学ばせてくれたことを、今はとても感謝している。

久子さんは、晩年まで大きな病気をすることもなく、介護サービスを受けることもなく、自宅で生活し続けた。足腰が弱って入浴の時に多少の介助が必要だったが、朝は自分で部屋から起きてきて、食事もゆっくりながら自分で食べることができていた。彼女が亡くなったのは、百歳の時である。市から百寿のお祝いを受けた一ヶ月後だった。朝起きてこない久子さんを心配して、父が部屋まで様子を見に行ったところ、布団の上で亡くなっていた。大往生だった。

母方の祖母、信さんは、大正生まれの聡明な女性だ。三女である母の他に四人の娘と一人の息子がいる。子どもたちが結婚や就職で家を離れた後は、夫婦二人暮らしだった。料理上手でとても優しく、孫の誕生日は（たとえ親が忘れていても）覚えていて、必ず電話をくれるような人だった。私は信さんが大好きで、週末よく隣市の祖父母の家に泊りに行っていた。

信さんが八〇代になったころに、夫婦二人の生活が難しくなり（火の始末があやしかったり、訪問販売の詐欺にあったり）、冬期間のみ施設に入ることになった。ある日、私が施設を訪れた時に見せてもらった信さんの日記に「〇日は信の誕生日だったが、誰も覚えていてくれなった」ということが書いてあった。いつも自分たちの誕生日を覚えて電話をくれていた祖母に対してものすごく申し訳ない気持ちになったことと、自宅ではない場所で普段の生活から切り離されていることでの祖母の不安（日記には「ここは落ち着かない、早く家に帰りたい」と繰り返し綴られていた）を強く感じたことを覚えている。退所後、長女である伯母宅に少し暮らしたあと、我が家で同居をしたが、長くは続かなかった。二人の祖母はあまりにもタイプが異なり、どちらにもストレスになったようで、ともに生活することは難しかったのだ。その後、再び伯母と同居し、最終的には伯母の自宅の近くの病院併設の施設に入所した。伯母は、自宅で姑や大姑の面倒をみながら、毎日朝夕と施設に通って信さんを支えた。私は、隣県のその施設に月に一度訪れた（同居の際に何もできなかった自責の念から生じた自己満足の行為と言えるかもしれない）。認知症がはじまりかけていた信さんが、私を認識して笑顔をみせてくれるのがなにより嬉しかった。信さんは少しずつ弱っていき、伯母や母らに見守られて八八歳で亡くなった。

日常的なサポートを同居家族から得ることで、自宅での生活を継続することができた久子さんと、住み慣れた土地を離れ、生活の場を転々としながら施設でケアを受けることになった信さんの二人の姿は、私が高齢者にとっての「生活の場」の重要性を考える契機となった。当時は同居家族の有無によって高齢者の生活の継続が大きく左右されていたが、二〇〇〇年に導入された介護保険サービスによって、自宅での介護の担い手に家族以外の選択肢が増え、同居の家族だけに依存しなくても生活する可能性が増えた（もちろん、介護保険サービスのみで高齢者の「生活」の全てを支えることは難しく、現在でも家族は重要な介護の担い手となっているのだが）。このことは、高齢者が生活の場を継続する可能性を高めているのでないか。「介護の社会化」の実現を考えるために、公（介護サービス）と私（高齢者の生活）の接続を検討する必要があるのではないか。

このような関心のもと、私は大学院で社会学を専攻しながら、高齢者介護に関する研究に取り組むようになった。高齢者が要介護状態になった場合にも、家族介護だけに依存するのではない高齢者の生活の継続の可能性を探りたい、とホームヘルプサービスに着目した。先行研究を辿る中で、「当事者」による運動とともに発展してきた障害者介助の研究とは異なり、要介護高齢者自身が対象にされた研究（特にかれらの「語り」を取り上げた研究）が著しく少ないことに気がついた。在宅の高齢者自身の視点で語られることが少なかったホームヘルプサービスについて、生活者としての高齢者がどのようにサービスをとらえるのかを明らかにすることが必要だと考えた。また、高齢者の視点だけではなく、それを支える立場であるヘルパーからはどううつるのか、ということがわからなければ、実際のサービスの場でおきていることを理解するのは難しいだろう。このような考えのもと、ケースは限られるがホームヘルプサービスの受け手である高齢者と与え手であるヘルパーをセットで対象にしてインタビュー調査を行った。

この本はそうした調査で出合った高齢者の方々とかれらを支えるヘルパーの方々の語りを中心に、ケアの受け手と与え手という異なる視点からホームヘルプサービスの多元的なリアリティを明らかにしていくものである。本書はもともと学術論文（博士論文）として書かれたものを大幅に加筆修正したものであるが、ケアをする－される人々がそれぞれの視点で、何を求めどうふるまっているのか、明らかにしようとする試みは、社会学を専攻する研究者だけでなく、高齢者やそれを支える家族、ヘルパーなど現場の方々などにも通じるものではないか、と考えている。

ホームヘルプサービスのリアリティ——高齢者とヘルパーそれぞれの視点から

目次

第二章　高齢者の「介護」観

第三章　ヘルパーの「介護」観

第五章　高齢者とヘルパーの人間関係——「仕事」と「友人」の狭間で

第一章

高齢者とヘルパーの「語り」からみえてくるもの

第一節　問題の背景とホームヘルプサービスへの着目

身体が衰えて他者からのケアが必要になったとしても、住み慣れた自宅で自分の生活を継続したい――本書は、こうした高齢者の思いがどのように実現できるのか、生活の多様性に対応した公的ケアサービスの可能性からその方途を探るものである。

「ケア」という用語はさまざまな定義があるが、ここでは稲葉昭英による「他者の福祉の実現のために、他者の様々なニーズを充足する行為および対応」（稲葉 2013: 228）という定義を採用したい。稲葉はケアの構造として、「受け手の設定するニーズ」、「送り手の設定するニーズ」、「社会の設定するニーズ」の三つがあり、実際の「ケア」は「送り手と受け手の間で行われ、かつそれらに対する評価や社会的介入、制度的な補完」（稲葉 2013: 230）がなされると述べる。「ケア」そのものは、育児や障害者介助なども含む広義のものであるが、本書は高齢者介護の文脈で[1]、ホームヘルプサービスを対象に受け手である高齢者と与え手であるヘルパーの相互行為を中心に、それに影響を与える制度的な規定を含めてとらえていきたい[2]。その際に、介護が必要な高齢者とサービス提供者がそれぞれの「適切なサービス」への期待をすり合わせるという、「サービスの調整」に着目する。ここでの「サービスの調整」とは、提供者側の一方的な「適切なサービス」の押しつけでも、高齢者側の生活ニーズの無批判な受け入れでもなく、相互に影響を与えながら、相手が考える「適切なサービス」を自分が受け入れることも含まれる。

「はじめに」でも述べたように、二〇〇〇年に施行された介護保険制度は、在宅での家族以外の介護の担い手の普及に貢献した。介護保険制度の在宅サービスの利用者数の増加は著しく[3]、介護保険制度の指針としても、今後の在宅サービス重視の方向が示されている。例えば、二〇〇三年に今後一〇年間の介護政策の指標として公表された『二〇一五年の高齢者介護――高齢者の尊厳を支えるケアの確立に向けて』では、「高齢者が介護が必要となってもその人らしい生活を自分の意思で送ることを可能とすること、すなわち『高齢者の尊厳を支えるケア』の実現」を目標とし、そのために「可能な限り在宅で暮らすことを目指す」ことが制度の理念とされている（厚生労働省老健局 2003）。

加えて介護保険制度は、介護を受ける側の高齢者が意思決定の主体として制度的・社会的に認識される契機ともなった。介護保険制度においては、保険を財源とした普遍的なサービス給付のもと、高齢者が自己負担をする「利用者」というサービスに関する意思決定や選択、評価の主体（「利用者主体」）として位置づけられた。これにより、行政や専門職がサービス提供のあり方を判断するという、一方的でサービスオリエンテッドな制度的サービスのあり方が問い直されている。その結果、高齢者介護サービスの提供において、本書の目的でもある与え手と受け手の利害をどのように「調整」するかという新たな論点が関心を集めている。このことは、高齢者介護の分野にとどまらず、育児、障害者介助など「ケア」の受け手と与え手の関係性を考えるうえでも注目すべき変化である。ケアの社会学として展開されてきた、受け手・与え手それぞれの視点からの研究をつなぐ役割として、高齢者介護のサービス調整は重要であるといえる。

以上のような背景を踏まえ、本書では、次の二つの理由から、高齢者介護サービスの中でもホームヘル

図表 1-1　高齢者ケアの分類

ケアの場 / ケアの関係性	フォーマル（施設）	インフォーマル（在宅）
フォーマル（制度化された有償のケア）	施設サービス 通所サービス	**ホームヘルプサービス**
インフォーマル（非制度的な無償のケア）		家族、友人・隣人によるケア

プサービスを対象として、サービスの調整の現状と課題を検討する。

第一に、サービスの受け手と与え手の相互行為を考える際に、管理された施設よりも高齢者の自宅で提供されるホームヘルプサービスの方が、高齢者による調整の余地がより多く残されているからである。施設と比較して自宅は、高齢者にとっては生活の場（「自らの城」）であり、高齢者が自らのニーズを主張し、主体的な働きかけを行う可能性が高い。

第二に、フォーマル・インフォーマルの両側面を持つホームヘルプサービスを検討することは、他の高齢者ケアの関係性を考察する手掛かりともなりうるためである。ホームヘルプサービスは、高齢者の自宅というインフォーマルな場に、フォーマルなケアの担い手であるヘルパーが関与する、という公私の結節点に位置する[4]。

図表1―1では日本の高齢者ケアにおけるケアの場と関係性の組み合わせを示した。ケアの場は、フォーマルなものとしては施設、インフォーマルなものとしては在宅が挙げられる[5]。ケアの関係性は、フォーマルなものは有償の制度化されたケア、インフォーマルなものは、無償の制度化されていないケアである。施設サービスはケアの場も関係性もフォーマルであり、家族（友人・隣人）によるケアはケアの場も関係性もインフォーマルになるが、ホームヘルプサービスではケアの場はインフォーマルだがケアの関係性はフォーマルという両者の中間にあたる。

以上から、本書はホームヘルプサービスを対象に、受け手と与え手の相互行為や認識に着目する。これまで、与え手側か受け手側かのいずれか一方の視点からとらえられてきた研究の限界を乗り越え、両者の視点の違いを明らかにしつつ、それがどのようなホームヘルプサービスに結実するのかという多元的なリアリティを探りたい。

以降ではこうした問題関心をより明確にし、本書のねらいを示す。まず、高齢者介護およびホームヘルプサービスに関する先行研究の検討から、本書の研究上の視座を明らかにする（第二節）。次に、先行研究の課題を踏まえ本書の目的を述べ、次章以降の構成を示す（第三節）。最後に、次章からの事例分析の素材となる調査研究の概要を述べる（第四節）。

第二節　先行研究の検討と本書の視角

ここでは、本書の研究上の立場性を明確にするために、これまでの先行研究において、高齢者介護の与え手と受け手の利害の調整やホームヘルプサービスに関する議論がどのように展開してきたのかを整理する。まず、高齢者介護の研究における受け手と与え手の位置づけに関する議論から、研究のアプローチを導き出す。次にホームヘルプサービスについて、ミクロな受け手と与え手の関係性と、それを取り巻くメゾの組織（ヘルパーの所属組織）、マクロの制度（介護保険制度）に関する研究をみていく。

二―一　高齢者介護研究における受け手と与え手

介護保険制度では受け手である高齢者が主体的にサービスの選択・決定を行うことが「利用者主体」という理念として掲げられている。このような傾向と軌を一にして、学術研究の与え手側の議論、受け手側の議論の双方でケアの受け手の意思決定が重視されている。

与え手側の議論としては、社会福祉学のソーシャルワークやケアマネジメント論が挙げられる。これらの議論では、介護保険制度におけるケアマネジメントの導入とともに、専門職が利用者の持つ力（strength）に着目し、サービスのアセスメントにおいて利用者視点を取り入れていくことの実践的重要性が指摘されている（Fast and Chapin 2000=2005, 白澤 2011）。

受け手側の議論としては、社会学における運動論的ケア論（当事者主権論）が挙げられる。これらの議論では障害者の自立生活運動から着想を得て、高齢者自身が「ニーズ」の決定者となりサービスに関わっていくことが提案されている（中西・上野 2003, 上野・中西 2008, 上野 2011）[6]。

これらの受け手側の意思決定を重視する議論の前提には、ケアの受け手と与え手の関係は「非対称」だ、という認識がある。自らも視覚障害を持つ星加良司（2012: 14）によると、ケアにおける非対称性は、受け手にとってのケアが「生の必要条件」なのに対して、与え手にとってのケアは「『生き方』の問題」であり、「選択・退出の自由がある」ことで生じる。ケアという「非対称」な関係において弱い立場にある受け手を優先することで、与え手との対等な関係を目指している。そしてこの志向は、介護保険制度の「利用者主体」の理念とも親和的である。

しかし、受け手を優先するという視点だけで関係性をとらえることは、次のような点で限界がある。第一が、実践や研究において調査の困難な要介護高齢者自身の認識や語りはほとんど表面化しておらず、要介護高齢者という当事者は不在のまま、このモデルの妥当性が強調されている点である。そのため、当事者主権的ケア論の高齢者への拡大は、当事者が不可欠なはずの運動論において、要介護高齢者という当事者が不在のまま推奨される、という奇妙な構図になっている[7]。

第二が、ケアの関係性を「非対称」としてのみとらえることの限界である。重度身体障害者の介助者である深田耕一郎（2009）は、従来の「非対称から対等へ」という議論を批判的に検討し、ケアの社会学研究の課題として、「行為者間の〝対等な関係〟というある意味で硬直した視点からだけではなく、また、〝非対称的な関係〟を一足飛びに肯定するものでもない、関係が生成・反転・破局してく現実を詳細に記述していくことが求められている」（深田 2009: 99）と述べる。

本書でも、受け手の自己決定や意思のみを優先するのではなく、受け手と与え手の関係が変化していくありさまの詳細な記述を目的として、ケアの関係性をとらえていく。与え手が抑圧の主体になる場合もあれば、逆に受け手が関係に対して強い力を持つ場合もある。両者のおかれるコンテクストに十分に配慮しながら、ケアの関係を固定的ではないダイナミズムとしてとらえていくことが必要である。

では、高齢者介護をダイナミズムとしてとらえるには、どのようなアプローチがあるのか。高齢者介護の実証的研究において受け手と与え手の視点の双方を取り入れているのが、相互行為のアプローチである。相互行為のアプローチとは、ケアを「相互依存的、文脈依存的、意味生成的」なものとしてとらえ、「ケア提供者の一方的なサービス提供過程としてとらえるのではなく、ケア提供者とケアの受け手との相互行為（やりとり）の過程として理解することを通じて、『よいケア』とは何かを考察するもの」である（副田 2010: 25-26）。

これまで、高齢者介護の相互行為の実証研究は、社会学を中心に施設における認知症高齢者や家族介護を対象として展開してきた。ここでは、その成果を概略しながら、ホームヘルプサービスの相互行為を検討するための示唆を得たい。

認知症高齢者の研究では、施設（特別養護老人ホーム）での参与観察が行われている。天田城介（2003）は、認知症の高齢者が施設という「これまでの生活の中で作り上げてきたアイデンティティを保持するのが困難な状況」において、「他者から付与される『呆け』あるいは『痴呆』という否定的価値を何とか返上しようとして、誤魔化したり、隠蔽しようとしたり、呆けた自分と距離化を図ったりして、文字通り命懸けて自らのアイデンティティを確保しようと試みて」（天田 2003: 213-214）いることを明らかにした。さらに、出口泰靖（2004）は、高齢者は「周囲の人々が自分を『呆けた』とみなさないよう、『面子を保つ』ために『パッシング』という様々な回避的な対処方法をとる」（出口 2004: 165）ことや、それに対して職員が「相手の面子を保つために行う丁寧な配慮やかかわり」（パッシングケア）を行うことを指摘している。

家族介護を対象とした研究では、夫婦間介護を中心に介護者や高齢者へのインタビュー調査が行われてきた。笹谷春美（1999）は、家族介護者への調査から、介護者のそれまでの役割や関係性が介護に影響を与えることを明らかにした[8]。さらに、受け手である高齢者と家族介護者の視点を比較した松村剛志（2005）は、介護が必要になると夫婦の情緒的関係や権力関係が変化し、高齢者と家族介護者の間で夫婦のアイデンティティにズレが生じて葛藤や摩擦の原因になることを指摘した。

このように、日本の高齢者介護の受け手・与え手を対象とした相互行為の実証研究からは、次の二点が示されている。第一が、相互行為の把握において、受け手である高齢者の視点を取り入れることの重要性である。高齢者は介護を受けながらも（たとえ認知症であっても）自らのアイデンティティを持っており、時として与え手の視点とは大きく異なる認識をしている。第二が、施設介護と家族介護というケアの場における関係性の違いである。家族は以前からの関係性が前提となっているため「介護される」という高齢者像を受け入れがたく感じながら[9]、愛情や規範意識に基づいて介護を行っていた。それに対して施設サービスの提供者は高齢者と介護が必要となってから関係を取り結んでいる。そのため、高齢者を介護の対象としてとらえており、それとは異なる個別性のある生活の主体としての側面を発見していくことが必要だとされている。ホームヘルプサービスは、在宅の場で第三者からの介護を受けるという意味で家族介護と施設サービスの中間にあたる。本書は、ケアの場と関係性の特性に留意しながら、高齢者とヘルパーの双方の視点からホームヘルプサービスの相互行為を検討していきたい。

二―二　ホームヘルプサービスにおける高齢者とヘルパーの関係性

ここからは、ホームヘルプサービスに関する議論をみていく。まず、ホームヘルプサービスのミクロなケアの関係性に関する研究を整理する。

量的研究では、ケアの受け手と与え手の視点や評価の違いが明らかになっている。Teija Hammarら(2009)は、フィンランドのヘルパーと高齢者の評価が、高齢者の身体機能(ADL)の認識については一致していたが、日常生活動作(IADL)やニーズの認識については異なることを明らかにした。日本の研究では、後藤真澄と若松利昭(2001)が、高齢者・家族・ヘルパーへの調査を行い、高齢者とヘルパーとの間で評価のズレが最も生じたのが生活援助であることを指摘している(ヘルパーは生活援助に対して自己評価が高いが、高齢者の満足度は低い)。このように、量的研究からは、ケアの受け手と与え手の認識は身体介護については齟齬が少なく、生活援助や精神的・心理的要素については齟齬が生じやすいという傾向がみられた。

このような両者の視点の違いから生じるホームヘルプサービスの関係性の特質については、アメリカの質的研究によって検討されている。ホームヘルプサービスについて、逸早く受け手(利用者)と与え手(ヘルパー)双方を対象に取り入れたインタビュー調査を行ったのがNancy N. EustisとLucy Rose Fischer(1991)である。EustisとFischerは、ホームヘルプサービスはフォーマル(制度上の雇用関係に基づく有償)のケアでありつつも、インフォーマル(家族や友人などの無償)のケアの特徴も持つと述べる。その理由として、ヘルパーが、サービスを利用者の自宅で提供することから、利用者や家族との親交が深まり、利用者の生活に物理的にも精神的にも「巻き込まれる(getting involved)」ことや、利用者の生活のニーズに対応するため仕事の規定以上の「特別な責任（extra responsibilities）」を担うことが挙げられている[10]。

このような「親密さ」が含まれる関係性の中で、問題となってくるのが役割の範囲である。ヘルパーと利用者の間には、「個人的な役割と仕事としての役割の緊張関係」（tension between personal and professional role）が生じる。利用者とヘルパーの親密さはケアの質に貢献する一方で、ヘルパーが無償労働させられるという問題や、利用者が雇用者としての権限を失い、ケアをコントロールができなくなるという問題が生じる可能性がある[11]。さらに、Eustis と Fischer が指摘したホームヘルプサービスの親密性をより深く検討したのが、Kathleen W. Piercy（2000）である。Piercy は、良好な関係を築いている高齢者（および家族介護者）とヘルパーへの調査から、「友人関係」や「家族」に表象されるような「仕事以上の関係」の内実と親密な関係性が構築される構造的要因を検討している。ヘルパーと高齢者の親密性には、「友人のような関係（friendly）」[12]、「友人関係（friendship）」[13]、「家族のような関係（like a one of the family）」[14]という三つのレベルがあった。特にヘルパーは、意識して親密性をコントロールしようとする傾向がみられた[15]。親密性を構築する要因として、「ケアの継続性」（数カ月以上の同一のヘルパーによる提供）、高齢者の「社会的孤立」（独居もしくは家族と同居・近居でも社会との繋がりが希薄）、ヘルパーと高齢者が同性であることが挙げられていた。

このように、アメリカの質的研究では、ホームヘルプサービスにおけるフォーマル・インフォーマルの狭間で揺れ動く高齢者とヘルパーの複雑な関係性について、インフォーマルな関係性が構築される要因を含めて、双方の視点から詳細に検討されていた。一方日本では、ホームヘルプサービスにおける援助関係というテーマで、社会福祉学の研究が展開してきた[16]。

生活援助の困難事例を対象に、日本では数少ない高齢者とヘルパーの双方のインタビュー調査を行っているのが、松原日出子である。松原（2001）は、ヘルパーと高齢者の親密な関係性が持つ問題を指摘している。事例では、ヘルパーと高齢者の「共謀関係」（サービスの質の向上よりも、その場でお互いにストレスにならないような精神的充足を求める）の構築によって食事制限が守られず、高齢者の健康を害する事態につながってしまっていた。さらに松原（2002）は、高齢者とヘルパーの認識の違いも明らかにしている。サービスの開始からのプロセスをたどることで、高齢者とヘルパーとの間で葛藤が生じ問題となった要因として、高齢者は「ボランティア的な関係」と認識していたのに対して、ヘルパーは「雇用関係」と認識していたことがあることを明らかにした。

海外の研究が高齢者の生活の場面や人間関係などインフォーマルな側面も取り入れて分析していたのに対し、日本の社会福祉学の先行研究は、「困難事例」の対処に焦点化している。そのため、実践的な価値が高い一方で高齢者を対象とした調査でありながら、提供者視点での解釈が中心であり、高齢者の生活との接続という視点、ケアの受け手・与え手の関係性のダイナミズムの視点、ダイナミズムを生じさせる背景や構造的要因を分析する視点は弱い。本書では、こうした提供者視点からの「適切なケア」を前提とせず、社会学のアプローチに基づきホームヘルプサービスを相互行為としてとらえ、ヘルパーと高齢者の両者の多元的なリアリティからケアの関係性のダイナミズムを明らかにしたい。

二―三　労働としてのホームヘルプサービス

ホームヘルプサービスは、ミクロな二者関係だけに閉じたものではない。ヘルパーは、介護保険制度のもと事業所に雇用されている労働者である。そのため、高齢者とヘルパーという二者関係においても、「労働」の側面の影響を考える必要がある。ここでは、介護保険制度下のヘルパーの労働の特徴を明らかにした上で、所属組織とヘルパーの関連性についてみていく。

二―三―一　介護保険制度下のヘルパーの労働――サービスの標準化と利用者主体の狭間で

介護保険制度下のヘルパーの労働の第一の特徴として挙げられるのが、雇用環境の不安定化である。介護保険制度の導入は、大規模な介護の労働市場[17]を構築し、多くの介護労働者を生み出したが、介護労働は、労働を行う場所（施設か・在宅か）、ということで賃金や雇用形態に大きな違いがある。施設職員は賃金が安いながらも比較的正社員で安定的である一方で、ヘルパーは、専門的な資格（ケアマネジャーやサービス提供責任者など）を持たない限りは、登録型という非正規雇用・短時間労働が中心で賃金も介護職員よりもさらに低い[18]。また、男性は若い世代が中心で施設での正規雇用の割合が高いが、女性は中高年世代が中心で非正規のヘルパーの割合が高い[19]。つまり、介護職の中でもヘルパーは、最もジェンダーの偏りがあり不安定雇用で賃金が低いといえる。久場嬉子（2003）によると、介護保険制度の導入により、「労働としてのケア」の社会的認識とともにホームヘルプサービスが拡大したが、明らかに女性職であり、（措置制度での公務員の常勤雇用とは異なり）圧倒的に非正規雇用で多数の被扶養者層の雇用機会となっている。その結果、一部のケアマネジャーや管理者などの正規雇用と、非正規雇用の女性の間に社会的・経済的な分離と階層化が進んでいる。

第二の特徴として挙げられるのが、制度によるホームヘルプサービスの規制である。森川美絵（2015: 218）は介護保険制度のホームヘルプサービスは、それ以前の「地域での人々の生活実感に根差して感じられた介護に伴う困難への対処」と異なり、制度の基準の範囲内だけの困難に対応するという「サービスの限定性」があると指摘する。ヘルパーの調査を行った原田由美子（2008）は、介護保険制度によって効率性を高めるためサービスの内容が標準化・細分化され[20]、ケアプランをケアマネジャーが決定するために、ヘルパーの主体性や裁量権が縮小されていると述べる。制度的にも介護保険制度導入後に、生活援助の禁止事項として、図表1―2のとおり内容が制限されている。

図表 1-2　介護保険制度の訪問介護の不適切事例

家事援助の不適切事例	直接本人の援助に該当しない行為	利用者以外の家族のための家事 （利用者が利用する以外の部屋の掃除・自家用車の洗車・来客の対応）
	日常生活の援助に該当しない行為	日常生活に支障がない行為 （草むしり・花の水やり・ペットの世話）
		日常的な家事の範囲を超える行為 （家具・家電の移動や大掃除、家屋の修理、植木の剪定、正月・節句用の料理、窓のガラス拭き・床のワックスがけ）

厚生労働省老人保健福祉局企画課（2000）を基に筆者作成

しかしながら、こうしたサービスの制限がある一方で、介護保険制度のホームヘルプサービスの「理念」としては、「利用者主体」のもと高齢者の生活を重視し感情的にもよりそう形で「専門性」が強調されている。これは、ヘルパーの教育の場面でもみられる[21]。このような理念は、介護保険制度以降に登場したものではなく、それまでのホームヘルプサービスの理念――利用者をケアニーズの側面だけでとらえるのではなく、生活の継続性を視野に入れて、利用者とともに考え援助していく（須賀 1999）と重なる。つまり、ヘルパーが利用者へ共感的対応をし、利用者から自己決定を引き出すことが、専門性としてとらえられているのである。さらに、利用者との情緒面を含めた人間関係の構築は、サービスを実現するための重要な要素として位置づけられる。Suzan Himmelweit（1999）は、ケア労働は、受け手との「発展的関係性（developing relationship）」がケアの質に関連すること、労働者と利用者（ケア職ではケアの与え手と受け手）の関係性が長期化することなどから、他の労働と比較して感情労働の側面がより強調されるという。さらに、ケアには他者のニーズを充足するという「身体行為としてのケア（activity of caring）」と「精神的な他者への配慮（emotion of caring about）」という二つの側面があり、有償労働になっても、その特質において「完全なる商品化」は難しいと述べる。渋谷望（2003: 31）は、日本の介護労働にも同様の傾向があるとし、介護労働者は「顧客に対する〈感情〉や〈配慮〉を優先させるか、それとも労働の〈商品化〉を優先させるかを決めかねる困難なポジション」にあるという。そのため介護労働者は、「使用者に対する階級的関係」と「介護されるものとの介護関係」との間で不安定な状況になり、アイデンティティの構築に矛盾が生じることもある。

介護保険制度における包括的な生活支援や、利用者の自己決定の強調は、ヘルパーに利用者や家族からの承認が必要だと感じさせる。ヘルパーの全国的な統計調査からは、利用者や家族からの評価がヘルパーのやりがいにつながっていることが指摘されている[22]。

しかし、こうした「理念」（情緒的な人間関係の構築や包括的な生活支援）は、現実のヘルパーの労働状況の特性（非正規労働がほとんどで、裁量が限定的であり、サービスの内容が単位制で細分化されている）を考えると達成することは難しい。例えば、制度以前からヘルパーの実務に関わってきた小川栄二（1998）は、介護保険制度によってホームヘルプサービスが、生活援助よりも身体介護を価値化し、事業者がサービス企業化することで、高齢者の生活全般を支援するというよりも「即物的介護観」を持つものになると危惧している。実際に鈴木依子ら（2010）のヘルパーの量的調査では、利用者や家族の要求に応えるために、調査対象の半数以上のヘルパーが制度外サービスを「不適切」であると知りながら提供していることが明らかになっている。先述した森川（2015）でも、制度に基づいた「業務の範囲・境界」に関する正当性を利用者と共有することは難しく、ヘルパーの葛藤や矛盾につながっていると指摘されている。

以上のように、介護保険制度下におけるホームヘルプサービスでは、介護の質の標準化という制度上の特性と、利用者主体の介護（包括的な生活支援と利用者との情緒的関係の構築）という理念が、矛盾しながら併存していた。こうした状況のもと、ヘルパーが利用者主体の包括的ケアを実践することが非常に難しく、葛藤や困難をうみだす可能性がある。

二―三―二　事業所の多元化によるヘルパーへの影響

介護保険制度では、ヘルパーはほとんどが事業所に所属して働いている。介護保険制度下のホームヘルプ事業所の特徴は、法人主体の多元化である。制度導入以降のホームヘルプ事業所の状況を図表1―3に示したが[23]、公的（行政）準公的（社会福祉法人）が大きく減少しているのに対して、民間企業（特に営利企業）の増加が著しい。施設や通所サービスの供給主体数の第一位が、依然として社会福祉法人であるのと比べると、ホームヘルプサービスは特に多元化が進んだ領域と言える。

多元化とサービスの関係については、官・民を含めた供給主体の比較から、法人類型がいかにサービスに影響を与えるのかが検討されている。Virpi Timonen and Martha Doyle（2006）は、アイルランドでの公的・民間非営利（NPO）・民間営利のホームヘルプサービス事業所への質的調査から、公的事業所では、官僚主義的なマネジメントのためヘルパーの労働が管理され、自律性（autonomy）が制限される傾向があるのに対し、民間事業所ではよりフレキシビリティが高くヘルパーの自律性が確保されていることを明らかにしている[24]。さらに、法人類型は、ヘルパーの労働状況やサービスの質だけでなく、利用者との人間関係にも影響を及ぼす可能性があることも示されている[25]。

日本では、介護保険制度導入前のホームヘルプサービス事業所について、笹谷（2000）が質的調査から検討している。笹谷は、家事型のパートの中高年を中心とした「伝統的」タイプである社会福祉協議会と、専門職としてヘルパーを位置づけようとする「先進事例」タイプである民間の社会福祉法人の比較を行っている。若い世代のヘルパーが多くソーシャルワークの専門性を重視した民間では「自立のサポート」を最優先し、既婚女性のパートが多い社会福祉協議会では「高齢者のニーズの満足」を最優先させていた。介護保険制度導入後は、ホームヘルプサービスの調査ではないが、松川誠一ら（2009）が量的調査からデイサービス事業所の比較を行っている。介護保険制度が雇用条件を法人類型に関係なく標準化している一

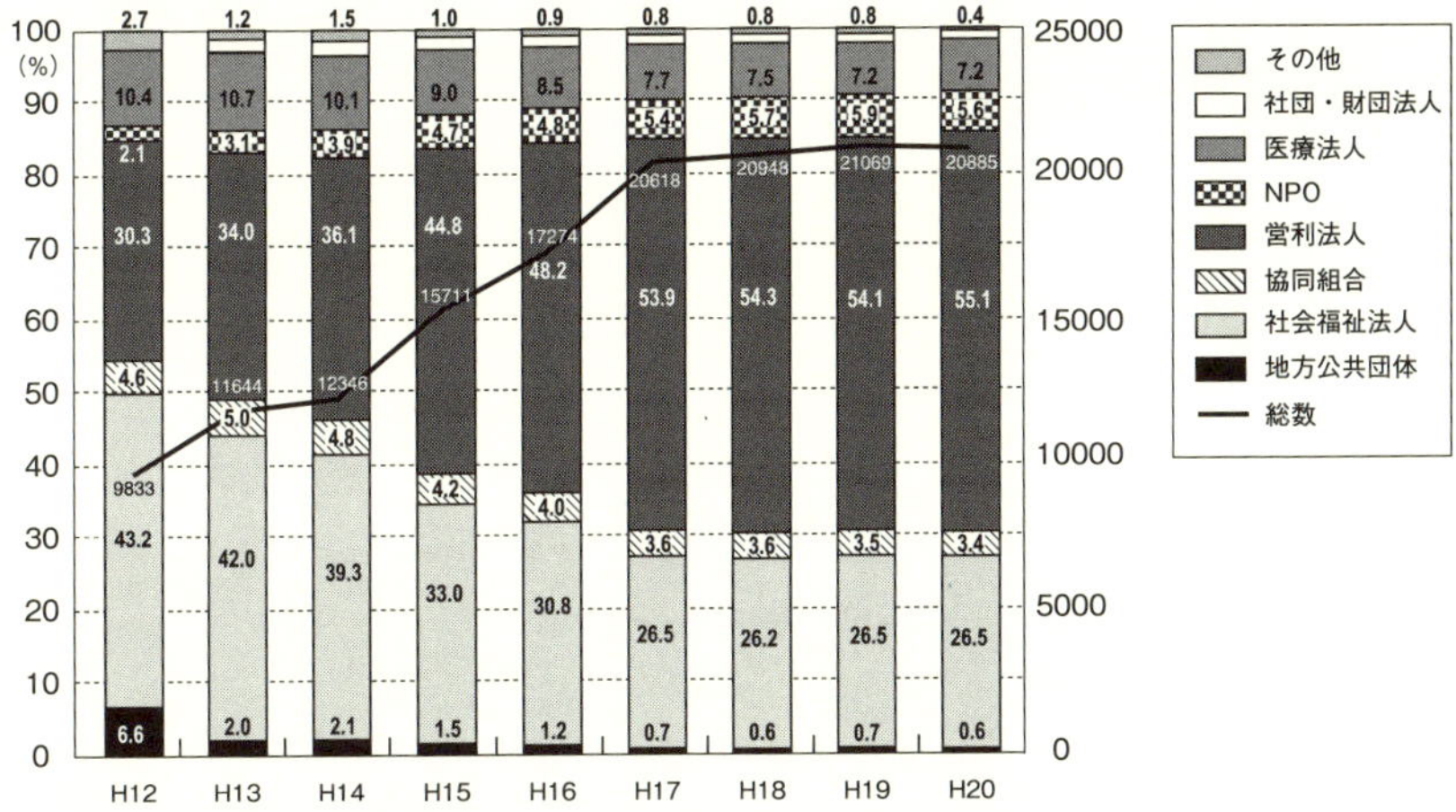

図表 1-3　ホームヘルプサービス事業所の種別の推移

厚生労働省『介護サービス施設・事業所調査結果の概要』（平成 12 年～平成 20 年）を基に筆者作成

方で、介護職員の情緒的評価に関する項目は法人差がみられ、NPO法人の測定値が最も良く、医療法人が最も悪い（営利法人は必ずしも悪い値ではない）という結果が得られている。このような結果から、松川らは「営利性そのものが悪影響をもたらすのではなく、組織的文脈の特性がケアの質に影響力を持つ可能性が大きい」（松川ら 2009: 223）と述べる。

このように、介護保険制度の導入により、（行政を除いて）ヘルパーの労働状況（賃金や雇用体系）が法人主体に関わらずある程度標準化されていることと、ケアの質や働きがいにおいては、法人主体の属性（営利か非営利か）だけでなく組織的文脈によって多様性があることがみえてくる。

以上、労働としてのホームヘルプサービスでは、介護保険制度下におけるヘルパーの状況と、ヘルパーの所属する組織の関連についての先行研究を検討した。介護保険制度導入後、制度的なヘルパーのサービスの標準化という流れと、実践的な「包括的な生活支援」と「利用者との人間関係の構築」という二つの流れが、併存してヘルパーの専門性として位置づけられていた。

しかし、両者の達成は実践の場では難しく、ヘルパーは理念とのギャップの中で、葛藤や困難を感じる可能性がある。本書では、このような実践的な課題にいかに応えていくのかを、高齢者とヘルパーの相互行為に関するミクロプロセスから検討していく。

さらに、ヘルパーの労働状況は、制度の下均質的なわけではなく、所属する事業所の運営や管理の仕方によって影響を受けることが指摘されている。こうしたメゾレベルの要因も考慮に入れながら、高齢者―ヘルパーというホームヘルプサービスのケアの関係性の特徴をとらえていくことが必要だろう。本書では、ホームヘルプサービスの二者関係とメゾレベルの組織との関連を検討することで、ミクロな関係性を構築する構造的要因を明らかにし、より現実に即した問題への対処を考える。

第三節　リサーチクエスチョンと本書の構成

第二節でみてきたとおり、これまでのホームヘルプサービスの研究では、受け手・与え手の両者の視点から相互行為として検討したものは非常に少ない。しかし、受け手と与え手のサービスをめぐる視点の違い（受け手は自分の日常生活の視点からサービスをとらえ、与え手は制度的な規定の中で仕事としてサービスを提供する）から生じる葛藤や問題は、一方の視点のみでは明らかにできない。ホームヘルプサービスは、受け手・与え手の両者の視点の違いがありつつも、なんらかの「おりあい」をつけて提供されているのである。

そこで本書は、受け手・与え手の両方の認識から、サービスがどのように調整される／されないのか、というリアリティを明らかにしつつ、その要因をミクロな関係を中心に、組織レベルや制度レベル、すなわちメゾ・マクロの視点も含めながら明らかにすることを目的とする。このような課題の探求は、サービス提供場面において、制度により規定された介護の水準と日常生活の中で感じ取られた介護へのニーズが、どのように調整され、どのようにサービスにつながっていくのかという課題に応えることにもなる。また、それは、高齢者の在宅生活を支える家族以外の介護の担い手の可能性を考えるという意味で、「介護の社会化」の議論に貢献しうるものと考えられる。

研究目的に沿って、高齢者・ヘルパーの視点からホームヘルプサービスを検討するため、次の三つの課題を設定する。

第一に、高齢者とヘルパーそれぞれにおける介護の意味づけを明らかにする。高齢者がサービスを受ける際に「期待する介護」、そしてヘルパーがサービスを提供する際に「適切だと考える介護」は、介護を受ける・与えるという立場性や、何を介護として妥当だと考えるのか、という意識と関連している。こうした介護観は、個人の経験だけに基づくものではなく、社会的な「介護の規範」を反映していると考えられる。特に、介護保険制度が導入されたことにより、高齢者とヘルパーの認識には大きな変化が生じているのではないか[26]。高齢者とヘルパーの介護の意味づけを明らかにすることは、社会的な介護の関係性の規範を、現場におけるミクロ視点から見ていくことにもつながる。

こうした広い意味での介護観を明らかにした上で、第二の課題では、個別・具体的なミクロレベルのケアの相互行為を分析する。高齢者とヘルパーのそれぞれの考える介護の水準が、サービス提供の場でどのように調整されているのか、ホームヘルプサービスの先行研究でも主要な論点とされてきた、サービスの範囲と人間関係に着目し、高齢者とヘルパーのペア事例を分析していく。

最後に、第三の課題として、第二のミクロなケアの相互行為や、ヘルパー側の労働状況に影響を及ぼすヘルパーの所属事業所に着目し、その影響の内容を明らかにする。

これらの課題をリサーチクエスチョンとしてまとめると、次のとおりである。

①現在の介護保険制度下における高齢者・ヘルパーはどのように介護を意味づけているのか？　両者の視点の共通性と差異は何か？

②実際に利用し・提供されているホームヘルプサービスに関して、サービスの範囲と、人間関係はどのように調整される／されないのか？　調整をめぐる高齢者・ヘルパーの認識の共通性と差異は何か？

③②のヘルパーと高齢者のミクロなケアプロセスへ、ヘルパーが所属する事業所というメゾレベルの組織はどのように影響を及ぼすのか？

三つのリサーチクエスチョンには、次章の第二章から第六章までの事例分析を通じて答えていく。リサーチクエスチョンとそれぞれの章の関係は、図1―4のとおりである。

第二章・第三章は、リサーチクエスチョン①「介護を受け手・与え手はどのように意味づけているのか？」に対応しており、受け手である高齢者と与え手であるヘルパーの「介護」と「ホームヘルプサービス」に対する意識から、介護をされること・することについての社会的な意味付けの一端を明らかにする。さらに、高齢者・ヘルパーの意識を比較し、高齢者の期待する介護とヘルパーが適切だと考える介護の異同を明らかにする。

第四章・第五章は、リサーチクエスチョン②「ホームヘルプサービスの実践におけるサービスの範囲と人間関係はどのように調整されている／いないのか？」に対応している。第四章は、サービスの範囲が高齢者・ヘルパーの間でどのように調整されている／いないのかを検討する。これは、ヘルパーを媒介した制度で規定される適切なサービスと高齢者の生活に即したニーズの調整の研究ともいえる。第五章は、ヘルパーと高齢者の人間関係に対応し、近年のホームヘルプサービスを含む介護労働における「コミュニ

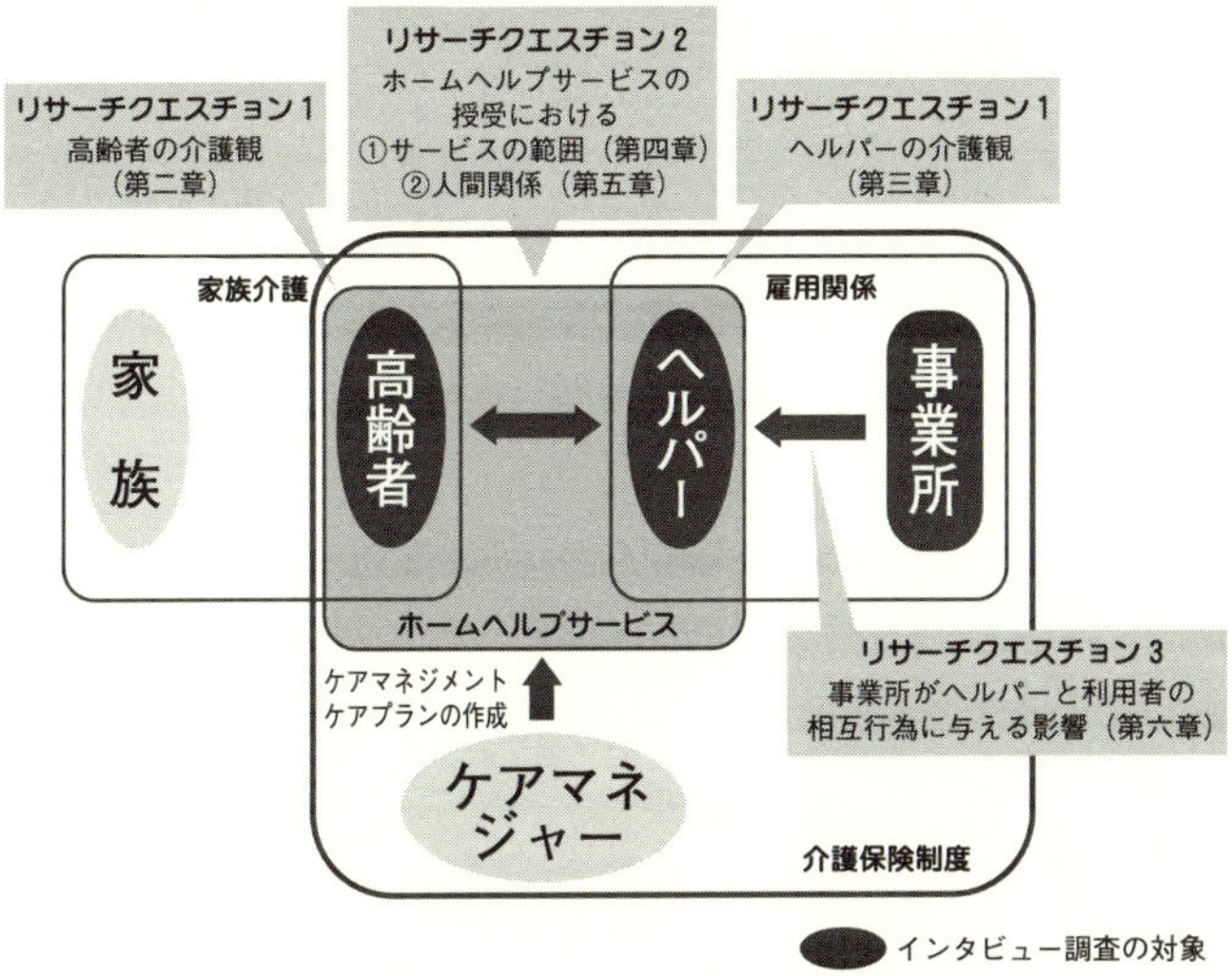

図表 1-4　ホームヘルプサービスの構造と調査の対象

ケーション」の強調に対し、実際の介護の現場では、どのような「関係性」が構築されているのか、ヘルパーと高齢者の認識から明らかにする。

第六章は、リサーチクエスチョン③「ミクロな介護プロセスへのメゾレベルの組織の影響」に対応し、ミクロな相互行為に影響を与える要因として、事業者を取り上げる。高齢者とヘルパーの相互行為は、二者関係の中で完結するわけではない。介護保険制度の下でヘルパーは、労働者として認定された事業所に所属し、介護保険制度の規定に基づいたサービスを提供する。そこで、第六章では、前章まで検討してきた高齢者とヘルパーの相互行為に、介護保険制度の規定や事業所の規定がどのように影響を及ぼすのかについて考察を行う。

終章ではこれまでの章を総括し、本研究の意義として、受け手・与え手の認識という新たなケアの関係性を把握するアプローチによる、ケアの社会学の議論とホームヘルプサービスの実践論への貢献について述べる。

本章の最後に、次章からの議論の素材となる質的調査の概要について述べる。

第四節　調査の概要

四―一　高齢者とヘルパーの「語り」への着目

本書は、ホームヘルプサービスに対するケアの受け手（高齢者）・与え手（ヘルパー）による認識・解釈に焦点を当てる。その理由は、高齢者の生活世界の視点とヘルパーの制度の中での仕事としての視点とは異なる可能性があり、そうした視点の違いを明らかにするには、それぞれのホームヘルプサービスの意味づけを検討する必要があるからである。木下康仁（2001: 100）は、高齢者ケアの理論化の課題として「ケアサービスの包括的提供と、専門化された解釈枠組みに読み取られきれない日常生活の土着的固有性ともいうべき部分を概念的に架橋する」ことを挙げている。特に、高齢者の生活世界の視点からのサービスの認識は、サービスの提供場面の観察だけでは十分に明らかにすることは難しく、語りの中で検討できる課題である。本書ではこのような目的のため、受け手・与え手の「語り」を取り上げるインタビュー調査を選択した。高齢者とヘルパーのペアを対象とし、相互行為を社会学的に分析するという試みは、先行研究では十分に行われていないものであり、本研究の独自性と言える。

ただし、実際にホームヘルプサービスが継続している状態の高齢者とヘルパーをペアで対象にすることで生じる制約もある。ペアデータの場合、どんなに匿名性に配慮したとしても、当事者同士では誰の意見かわかってしまうことがあり[27]、ペアの対象者に対してポジティブな側面が語られやすい可能性がある。

インタビューの方法は、ホームヘルプサービスの経験にテーマを焦点化する半構造化インタビュー

（focused semi-structured interviewing）を選択した。そのため、インタビューの場における構築（調査の場での調査者と調査対象者の相互行為）は限定的であり、得られたデータに影響があることが考えられる場合のみ留意して分析を行った[28]。インタビューで得られた「語り」のデータは、トランスクリプトを作成し、その場での調査者のメモとともにテキストデータ化した。

先行研究でも指摘されているとおり、高齢者とヘルパーのホームヘルプサービスを通じた相互行為は、高齢者の生活状況や家族介護、ソーシャルネットワーク、ヘルパーが所属する組織からの影響を受けている可能性がある。そのため、高齢者やヘルパーの属性や、高齢者とヘルパーをとりまく状況の多様性をとらえ、それぞれの事例のコンテクストを重視した「語り」の分析が必要だと考える。

さらに、「語り」の主体が高齢者とヘルパーと複数いるため、ホームヘルプサービスという同一の対象に対しても、それぞれの認識は共通する場合も異なる場合もありうる。そうした認識の共通性と差異が生じる背景や要因を事例のコンテクストに即して丁寧に分析することで、ケアの多元的なリアリティを明らかにすることができる。

四―二　調査の実施

インタビュー調査は、二〇〇五年から二〇〇六年にかけて、東京都A区をフィールドに行った。ホームヘルプサービス利用高齢者一二名および担当ヘルパー一二名、ヘルパーの所属事業所を含めた五事業者の代表者およびサービス管理者六名へ半構造化インタビュー調査を行った。

対象者の一覧は、図表1―5（高齢者）、図表1―6（ヘルパー）、図表1―7（ホームヘルプサービス事業所管理者）のとおりである。今後記載する高齢者、ヘルパー、組織の代表者の個人名はすべて仮名である（高齢者の場合は名前、ヘルパーや組織の代表者の場合は苗字で示す）[29]。

図表 1-5　高齢者

	仮名	年齢	性別	要介護度	世帯構成	家族	経済状況の認識	主な疾病	利用サービス	サービスの内容	ヘルパーの人数
1	清	85	男性	1	単身世帯	・妻は数年前亡くなる。 ・子ども無し。	よい	歩行の困難	訪問介護（週3、身体＋生活）、訪問看護（週1）、車椅子貸与	洗髪、買い物、掃除、洗濯	4人
2	義雄	92	男性	1	単身世帯	・妻は約20年前に亡くなる。 ・子ども1人（近居の既婚息子）。	まあまあかいい	ヘルニア	訪問介護（週2回、全て生活）、通所介護（週1回）	掃除、買い物、調理	1人
3	正子	86	女性	2	娘と同居	・夫は6年前から有料老人ホーム。 ・子ども2人（同居の未婚娘、別居の既婚息子）	よい	心臓病	訪問介護（週1回、生活）、特殊寝台貸与	掃除	4人
4	実	83	男性	1（障害者1級）	息子と同居	・妻は約10年前に亡くなる。 ・子ども3人(同居の未婚息子、別居の既婚娘2人)。	悪い	脳梗塞で、半身不随	訪問介護（週3回、生活のみ）、通所介護（週2回）	掃除、買い物、調理	2人
5	悦子	65	女性	4	単身世帯	・夫は約10年前に亡くなる。 ・子ども2人（近居の既婚娘、近居の既婚息子）。 ・既婚兄家族が同敷地内に近居。	まあまあ	肝臓移植、白内障	訪問介護（週5回、1日3～4回、全て身体）、訪問看護（週1回）、特殊寝台貸与、車椅子貸与、じょく瘡予防用具貸与	散歩、清拭、オムツ交換、掃除（散歩のない場合）	固定は2人
6	治夫	85	男性	3	単身世帯	・妻は約30年前に亡くなる。 ・子ども2人（別居の既婚娘、別居の既婚息子）	よい	脳梗塞	訪問介護（週6回、身体＋生活5日、身体のみ1日）、通所介護（週2回）	買い物（散歩）、掃除、調理	4人
7	きよ	84	女性	1	息子家族（息子・息子妻・孫）と同居	・夫は数年前からグループホームに。 ・子ども1人（同居の既婚息子）。	よい	膠原病（視力と脚力低下）	訪問介護（週3回、身体＋生活）、車椅子貸与	掃除、通院介助	2人
8	節子	86	女性	1	単身世帯	・夫は約20年前に亡くなる。 ・子ども1人（別居の既婚息子）。	まあまあか悪い	心不全	訪問介護（週3回）、訪問看護（週1回）、通所介護（週1回）	買い物、掃除、通院介助	5人
9	ふみ	99	女性	4	娘家族（娘・娘夫）と同居	・夫は約10年前に亡くなる。 ・子ども1人（同居の既婚娘）	よい	胆石	訪問介護（週4回、全て身体）、訪問看護（週1回）、訪問入浴（週1回）、短期入所（月10日）	清拭	2人
10	佐和子	81	女性	5	夫婦世帯	・夫（80代）と同居 ・子ども2人（近居の既婚娘、近居の既婚息子）	子のサポートでまあまあ	膝関節症	訪問介護（毎日3回）、訪問入浴（2週に1回）	清拭、オムツ交換、	10人以上
11	敏子	76	女性	3	単身世帯	・夫は数年前に亡くなる。 ・子ども1人（近居の既婚娘）	まあまあ	パーキンソン病	訪問介護（週4回）	買い物、食事準備	4人
12	よし	95	女性	3→5	息子家族（息子・息子妻・曾孫）と同居	・夫は数年前に亡くなる。 ・子ども1人（同居の既婚息子）。	よい	認知症	訪問介護（週4回）、訪問看護（週2回）、通所介護（週2回）	身体介助	1人

□　第四章・第五章でペアの分析をする事例の対象者

図表 1-6　ヘルパー

	仮名	利用者名	法人の種類	事業所名（事業所調査と共通）	年齢	性別	働き方	勤務年数	資格
1	金子	清	行政（公）	A	37	女性	公務員	14 年目	介護福祉士
2	林	義雄	NPO（民間非営利）	—	49	女性	登録ヘルパー	4 年目	ヘルパー 2 級
3	後藤	正子	行政（公）	A	52	女性	公務員	17 年目	ヘルパー 1 級、介護福祉士、介護支援専門員
4	仁科	実	株式会社（民間営利）	D	50	女性	常勤 1 年の後、登録ヘルパーに	4 年目	ヘルパー 2 級
5	横川	悦子	株式会社（民間営利）	D	53	女性	登録ヘルパー	5 年目	ヘルパー 1 級
6	高倉	治夫	株式会社（民間営利）	D	67	男性	登録ヘルパー	5 年目	ヘルパー 2 級
7	坂本	きよ	株式会社（民間営利）	D	42	女性	登録ヘルパー	3 年目	ヘルパー 2 級
8	遠藤	節子	行政（公）	A	55	女性	公務員	16 年目	介護福祉士、ケアマネジャー、社会福祉主事、その他保育資格
9	鈴木	ふみ	社会福祉協議会（準公）	B	50	女性	登録ヘルパー	6 年目	ヘルパー 2 級、介護福祉士
10	佐々木	佐和子	社会福祉協議会（準公）	B	56	女性	登録ヘルパー	10 年目	ヘルパー 2 級
11	山崎	敏子	NPO（民間非営利）	C	64	女性	登録ヘルパー	1 年目	ヘルパー 2 級
12	大倉	よし	NPO（民間非営利）	C	66	女性	登録ヘルパー	6 年目	ヘルパー 1 級

□ 第四章・第五章でペアの分析をする事例の対象者

図表 1-7　ホームヘルプサービス事業者

対象者	事業所名	法人の種類	役職	性別
横手	A 行政	行政（公）	介護サービス係係長	男性
福村	B 社会福祉協議会	社会福祉協議会（準公）	介護保険事業課課長	男性
飯田	NPO 法人 C	NPO（民間非営利）	NPO 代表	男性
橋本	株式会社 D	株式会社（民間営利）	会社代表兼ケアマネジャー	女性
池田	株式会社 D	株式会社（民間営利）	サービス管理者兼ヘルパー	女性
足立	有限会社 E	有限会社（民間営利）	会社代表兼ケアマネジャー	男性

対象とするホームヘルプサービス事業所は、営利部門、非営利部門、政府部門のそれぞれの代表的な事業所種別である民間営利企業・ＮＰＯ・行政・社会福祉協議会を選択した。調査対象者は、区の介護保険事業者リストをもとに、各事業所に電話で問い合わせ、事業所を通じて調査協力をいただける高齢者とその担当ヘルパーをご紹介いただいた[30]。

高齢者・ヘルパーとも二〇〇五年六月から二〇〇六年の六月まで、インタビュー調査を行った。高齢者のインタビューは、自宅で行い、本人の希望があった場合のみ家族が同席し、本人を中心に家族も回答した[31]。所要時間は一時間三〇分程度であった。ヘルパーは、事業所、および喫茶店でインタビュー調査を行った[32]。インタビューの所要時間は一時間程度であった。

さらに、高齢者とヘルパーへのインタビュー結果から、事業所によって労働状況に大きな隔たりがあると感じ、所属事業所へのインタビューを試みた。二〇〇六年五月から七月にかけて、対象ヘルパーの所属するＡ～Ｄ事業所の代表五名とＥ事業者の代表一名、サービス管理者（Ｄ事業所のみ）一名のインタビュー調査を行った[33]。各法人の管理者へインタビューは、それぞれの事業所で行い、約一時間程度であった。

半構造化インタビューということで、調査の際に設問項目をまとめたインタビューガイドを用い、それについて自由に語ってもらう方法を用いた。

高齢者の質問項目は、①利用者の生活状況、②サービスの決定に至るまでのプロセス、③使用しているサービスについて、④介護意識（「介護」の当事者の意味づけ[34]とホームヘルプサービスにおけるプライオリティ[35]である。

ヘルパーへの質問は、①実際のサービス提供の状況、②利用者の要求と制度の規制とのディレンマ、③労働状況、④介護意識（高齢者の④と同じ）である。

管理者へのインタビューは、利用者やヘルパーへのインタビューとは異なり、組織についての設問を中心に行った。質問項目は、①事業所で就労する労働者の概況、②利用者の概況、③雇用管理について、④提供サービスの範囲、⑤研修、福利厚生についてである。尚、インタビュー時にいただいたヘルパーの労働状況関連の資料も分析対象とした。

インタビュー調査における倫理性への配慮としては、次のような手続きをとった。全ての協力者の方に、調査の目的と、発言の取り消しやインタビューの中止が可能であること、発言データを使用したくない場合は公表を取り消すこと、外部への匿名性に配慮してデータを公表すること（ただし、内部の関係者には当事者がわかる場合もあること）、などを説明し、調査協力の了解を得た。今回用いるデータは、全て対象者の同意の上分析している。

四―三　対象者の属性

まず、高齢者について述べる。本研究では、「語り」に着目するため、要介護高齢者の中でも自分のサービスの利用経験について言語化できる（インタビューが可能な人）のみが対象になっている。このため、対象者の要介護度は、一二名中要介護一が五名という軽度が中心であり、男女比は、男性四名、女性八名であり当時の全国的な平均と近い[36]。対象者の平均年齢は八四・七歳で、八〇代を中心に、六〇代から九〇代の方々がいた。

次にヘルパーの男女比は、男性一名、女性一一名と圧倒的に女性が多く全国調査の傾向と同じである[37]。対象者の平均年齢は五四・八歳で、五〇代が中心であり、これは全国的な平均よりやや高めである[38]。

調査途中の二〇〇六年に大きな制度変更があったが本調査の対象者では、サービスについて変化があった方はいなかった。そのため、調査データは、改正以前のサービス利用状況といえ、現在のサービス利用者とは実施されている制度の内容（特に生活援助について）が異なる可能性がある。この点については、終章で検討したい。

次章からは、これらのインタビュー調査で得られたデータをもとに、分析を行っていく。インタビューデータの表記については、次のとおりである。引用の場合は、対象者の方はすべて仮名（高齢者は名前、ヘルパーは名字）、調査者である筆者は「齋藤」とし、状況の説明や捕捉に関する筆者のコメントは（　）で、中略は、…（中略）で示す。

［注］

1　本書での「ケア」と「介護」の用法は、次のとおりである。「ケア」は高齢者だけでなく子どもや障害者なども含めた身体介護や生活の支援および配慮とし、このうち高齢者のみを対象とするものを「介護」とする。本書では、高齢者に限らず他のケア関係にも共通する概念の場合は、「ケア」を用いる。ただし、「介護」や「ケア」が既存の用語（ケアマネジメント、介護保険制度、介護職）や先行研究および調査対象者の語りで用いられている場合には、その用法に従って用いる。

2　本書では、老人福祉法の老人居宅介護等事業、および介護保険法の訪問介護事業を「ホームヘルプサービス」とする。また、このようなサービスの提供者を「ヘルパー」とする。

3　厚生労働省の『平成二十四年度介護保険事業状況報告（年報）』によると、一ヶ月平均の利用者数は、制度開始時の平成一二年度の約一八四万人から平成二四年度では約四五八万人と倍以上に増加している。特に居宅サービス（ホームヘルプサービスなどの在宅サービス）の増加が著しく、平成一二年度の一二四万人から平成二一年度の三三八万人（全体の七三・八％）まで増加している。

4　本書では、公的な機関、民間企業などの私的な契約などに基づく有償のケアはフォーマルケア、家族や友人、隣人などによる無償のケアはインフォーマルケア、と定義する。

5 通所サービスは制度上居宅サービスに位置づけられるが、ケアの場が施設であるため、本書ではフォーマルの分類に入れた。

6 たとえば、身体障害者で自立生活運動の中心的人物である中西正司（上野・中西 2008）は、障害者の自立生活運動を基礎とした、高齢者と障害者が一体化したユーザーユニオンの設立を提案している。

7 象徴的なのが、『ケアされること』（上野ら 2008）において、障害者介助については障害者自身がケアされる経験を語るが、高齢者介護については家族など（当事者論の議論の中では）当事者ではないものがケアの経験を語っていることである。この本の編者の一人である上野は「介護される一〇ヶ条」を挙げるが、それは自身の要介護高齢者としての「当事者経験」には基づかないものだと留保している。

8 例えば、夫婦なのだから助け合うのが当たり前だという意識から介護を引き受けること、妻介護者は母親業の延長で「包括型」介護をし、夫介護者は「特別な仕事」として「課題対応型」介護をすること、などが挙げられている。

9 井口高志（2007）によると、家族介護者は認知症高齢者に対して「正常な人間」と「衰える相手」という二つの像の想定を持っており、人間性を配慮せよという「関係性モデル」を強調することは、家族介護者をさらなる困難においこみ、問題行動を高齢者の人格や意図に結びつけるという、人間性の担保とは逆の効果を生じる危険性がある。

10 具体的には、事例のヘルパーは、利用者と一緒にガーデニングやトランプをしたり、時間外に利用者のための買い物に行ったりしていた。

11 ホームヘルプサービスにおける疑似的な「友人関係」や「家族関係」については、ヘルパーに対する調査からも指摘されている。Jane Aronson と Shela M. Neysmith（1996）は、ヘルパーと高齢者の関係は「家族のような（family-like）」ものになり、「仕事以上」のインフォーマルな役割をヘルパーが担うことになる、と指摘する。このようなヘルパーの「家族のような」労働は、高齢者や家族、組織からは評価される。しかし、本来有償で行う労働を、無償で担うという問題がある。Tracy X. Karner（1998）は、家族介護者のいない高齢者を日常的にサポートするヘルパーが、血のつながりのある家族以上の責任や義務を負い、情緒的なサポートを提供し、家族の代替の役割を果たしているとし、このような役割を果たすヘルパーを「疑似的な家族（fictive kin）」と定義している。

12 「友人のような関係（friendly）」は、高齢者とヘルパーが「いい関係ではあるが、友人ほど親密ではない」というもので、ヘルパーの担当期間がまだ短い場合や、高齢者が認知症や障害のためコミュニケーションがとりづらい場合に見られた。

13　「友人関係」は、この研究で最も一般的なモデルであり、Eustis と Fischer の研究と同様に、仕事以上の関係の構築がある。「友人関係」の特徴として、利用者による「自己開示（self-disclosure）」、ヘルパーによるサービス以上の「特別な」サポートが挙げられる。

14　「家族のような関係」は、高齢者とヘルパーが双方とも「疑似的な親（子）」「疑似的な祖父母（孫）」と互いを認識している。

15　ヘルパーは、高齢者のソーシャルネットワークが少ない場合はより親密になろうとしたり、「家族のような関係」の場合は「適度な距離」を意識し「境界設定」を試みたりしていた。

16　先述したとおり、社会学の相互行為に関する研究は障害者ケア研究か、高齢者の場合は施設サービスか家族介護の研究が中心であり、高齢者のホームヘルプに関する研究はほとんどない。社会学でのホームヘルプサービスを対象とした研究は、第三節で取り上げるジェンダーと労働の視点からの議論が中心である。

17　ただし、日本の介護市場は、完全に市場原理にのっとっているわけではなく、国による規制がある保険システムであるという準市場（quasi-market）型である。

18　介護労働安定センターの労働者個別調査（2011a）によると、介護職全体の男女比は、女性八〇・〇％・男性一六・六％と圧倒的に女性が多く、働き方は正社員五〇・五％・非正規職員四七・六％とやや正社員が多い。しかし、職種によって男女比や働き方の比率は大きく異なる。介護職員（施設サービス）は女性七六・〇％・男性二一・二％に対し、ヘルパーは女性九〇・二％・男性七・〇％と女性の割合が高い。また、正社員の割合も、介護職員では半数以上（五五・八％）なのに対して、ヘルパーは一七・三％とほとんど（八〇・八％）が非正規職員である。さらに、この非正規職員ヘルパーのうち九割近い七二・二％が短時間労働者（登録ヘルパー）である。こうした働き方の違いは賃金にも影響しており、介護職全体の一ヶ月の実賃金の平均は一六万五二五二円であるが、介護職員が一七万一三五四円であるのに対し、ヘルパーは九万二二一九円であった。

19　同右の調査（介護労働センター 2011a）によると、年齢構成については、介護職全体の平均年齢が四五歳で、男性の平均が三八・二歳・女性四六・四歳と女性が上である。女性は二〇代以下がほとんどおらず四〇代以降の年齢層が中心となっているのに対し、男性は三五歳以下が半数近くにのぼり、若い世代の男性の介護職への参入が見られる。そのため男性の多い介護職員の平均年齢は四一・七歳なのに対し、女性の多いヘルパーは五一・一歳と約一〇歳上になる。特にヘルパーは六〇歳以上が二七・一%もおり、介護職全体の中でも年齢層が高い。

20 例えば介護保険制度では、生活援助・身体介護の細かな内容ごとに三〇分単位に細分化された（単位制度）。さらに以前は認められていた相談援助や移動時間などは労働として認められなくなった。

21 介護労働安定センターの『ホームヘルパー2級課程テキスト』では、ヘルパーのケアサービス理念として、利用者の生活を理解し、包括的な生活の支援をしていくことが掲げられ、利用者による生活スタイルの自己決定が重要視されている（蛯江 2011）。

22 堀田聰子（2005）は、既存の量的調査の二次分析に基づき、ヘルパーからみた仕事の内実ややりがいを探っている。ヘルパーは、介護保険制度の理念と重なる「自立支援」や「利用者と家族の負担軽減」を心がけ、「個別性の高い介護」を行う一方、制度上意図されていない「精神的つながり」や「心のケア」も重視していた。利用者との「精神的つながり」が強調される中、ヘルパーのやりがいは、職場の評価や労働条件ではなく、利用者（や家族）との関係に規定されていた。同様の傾向は他のヘルパーの量的調査からも指摘されている（高木 2005・2006）。

23 『介護サービス施設・事業所調査』は、平成二一年から調査方法が変更され、事業者数の実数が公開されなくなったため、ここでは平成二〇年度までのデータを用いた。

24 ただし、Margaret Denton ら（2003）のカナダの調査では、ホームヘルプサービス事業所の民営化がヘルパーの裁量を制限するという Timonen と Doyle とは逆の結果になっている。ここから、公か民だけではなく、組織の管理の特質を検討する必要がある。

25 Timonen と Doyle の研究（2006）によると民間のヘルパーは利用者と親しい関係をつくる傾向がある。特に、NPOのヘルパーは、ホームヘルプサービスが有償化される以前から勤めているものが多く、収入を目的に労働をしていないこと、長期間の担当が可能であること、利用者が近隣地域の軽度の人が多いことなどから、利用者との関係性を発展させる可能性が高い。それに対して、公的事業所のヘルパーは、比較的多くの利用者を担当せねばならず、関係性を作り上げる時間が少ないため、親しい関係には至らない。

26 岩田正美（2007）は、介護保険制度の導入にともなう一連の高齢者福祉改革は、社会福祉の「救貧型福祉」から

「普遍型福祉」へのパラダイム転換となったと述べる。

27 調査協力を依頼する際は、こうした可能性についても説明し、分析には調査後了解の得られたデータのみを使用している。

28 もちろん、筆者が調査者として、インタビューの中でどう位置づけられていたのかは、データに影響を及ぼしている可能性がある。筆者は調査当時大学院生で「介護を勉強する学生」としてフィールドに入った。対象者の高齢者には、ホームヘルパーやケアマネジャーの紹介のもとお話を伺っている。たとえば、調査の趣旨（サービス事業者とは独立した調査であること）を説明していても、高齢者の中には調査者である筆者を「事業所側と関係のある人間」と認識する人もおり、語られた内容はそうした立場性による影響を受けている可能性もある。ただし、対象者が全て筆者をサービス側と同一視していたわけではない。後の事例で紹介するように、高齢者の中には、ヘルパーや事業所には「言ってもしょうがない」「いえない」サービスの問題について語ってくれた人もいた。

29 インタビュー調査のデータには二〇〇六年の介護保険制度の改正後のものも含まれるが、調査時点では改正の影響をほとんど受けていなかった。また、対象者のうち認知症の進んでいた高齢者よしさんとデータの使用不許可の部分が多かったヘルパーの林さんは分析対象から除外している。

30 複数の担当ヘルパーがいる場合には、できる限り訪問回数の多いヘルパーにインタビューを行った。

31 家族がインタビューの場に同席したのは、佐和子さんの夫、きよさんの長男妻、ふみさんの長女、敏子さんの一人娘、よしさんの長男夫婦である。ただし、よしさんは認知症が進んでおり、ほとんど家族が質問に答えたため、先述したとおり分析対象から除外している。

32 事業所の場合は、他の関係者がいることでのインタビューへの影響を考え、管理者や事務職員がいる部屋とは別の個室でインタビューを行った。

33 ヘルパーの所属する全ての事業所へのインタビューを試みたが、林さんの所属する事業所からは、インタビューの協力が得られなかった。また、E事業所はヘルパー・高齢者の対象者は紹介していただけなかったため、事業者のみのインタビューである。

34 「ご自身の考える『介護』の意味を教えていただけますか」という質問をし、高齢者のみ「介護」の担い手についても伺った。

35 「ホームヘルプサービスにおいて、何を重視しますか?」と聞きながら、次の項目を書いた紙を手渡し、選択してもらった(複数選択可)。項目は、介護の量(①必要なときに介護を得られること)、介護を受けるタイミング(②利用者が介護を受けたい時に受けられること、⑥利用者がいつヘルパーの訪問時間を知っていること)、介護の効果(③病気の時や具合の悪い時に介護を得ることによって、安心できること)、ヘルパーと利用者の人間関係(④ヘルパーとのよい人間関係)、仕事の遂行(⑤ヘルパーがきちんと仕事をすること)、利用者の自己決定(⑦何をしてもらうかをあなた(利用者が)自身で決められること)、ヘルパーへのケア(⑧ヘルパーがストレスを感じなくてすむこと)である。

36 全国のホームヘルプサービス利用者の要介護度割合は、要支援が四一・七%(厚生労働省『平成一七年版 介護保険事業状況報告』)で、これも全国的な平均の男性三四・一%・女性六五・九%と近い(厚生労働省『平成一九年国民生活基礎調査』)。

37 ヘルパーの全国調査では平均男性五・八%で女性九四・〇%であった(介護労働安定センター『平成十七年度 ホームヘルパーの就業実態と就業意識調査』)。

38 四〇~五〇歳が全体の三三・一%で五〇~六〇歳が三〇・一%と四〇代から六〇代でほぼ全体の半数を占める(介護労働安定センター『平成一七年度 ホームヘルパーの就業実態と就業意識調査』)。

第二章

高齢者の「介護」観

第二章・第三章では、介護保険制度下で、高齢者やヘルパーが自ら受け／与える介護をどのようにとらえているのかを、かれらの語りに着目しながら見ていく。介護保険制度における「利用者主体」の理念の強調や、ヘルパーの専門職化、「介護の社会化」により家族以外のさまざまな担い手が想定される状況は、高齢者が受ける「介護」の種類が変化するだけでなく、高齢者やヘルパーが何を「介護」と見なすのかという認識や、今後自分達がどのような「介護」を誰から受けたいのかという期待にも影響を及ぼすだろう。

本章ではホームヘルプサービスを利用する高齢者に、次章ではヘルパーに着目し、介護保険制度の普及による環境の変化の中で、かれらがどのような「介護」観（家族介護とホームヘルプサービスに対する意識）を持っているのかを探る。第一節では、高齢者の「介護」観を、第二節では、高齢者がホームヘルプサービスに対して何を重視するのかを見ていく。

第一節　高齢者の「介護」観

一―一　「介護」を受けることの認識

高齢者は「介護」を受けることについて、介護保険サービスを前提に語っていた[1]。ここでは、高齢者がホームヘルプサービスという「介護」を受けることをどのように認識しているのかを明らかにする。特に、サービスを利用している高齢者が、「利用者主体」に基づく利用を権利と考える意識を持っているのか、という点を焦点化しながら分析していきたい。

介護保険制度が導入される前の措置制度時代における高齢者の「介護」の認識については、藤崎宏子（1998）が検討している[2]。措置制度下ということもあり、高齢者は「福祉」について「一部の恵まれない人のもの」というネガティブなイメージを持っており、「福祉への依存＝できるだけ避けたいもの」と考えていた。一方で、親子関係にみられる既存の扶養期待も弱まっており、家族へ介護を期待することも難しいと感じていた。そのため、公的なサービスも家族も頼れないという危ういバランスの中で、高齢者は「誰にも迷惑をかけない」孤軍奮闘型の自立を目指していた。

措置制度時代と比較して介護保険制度の導入後は、介護サービスが普及し、サービス利用に対する抵抗感も薄れてきているといわれている（内閣府 2003, 2010, 杉澤ら 2005）。サービスを利用する高齢者は、一定の自己負担額を支払い、契約に基づいたサービスを購入する消費者でもある。このことは、「介護」を受けることをサービス利用の権利として意味づけることにもつながるだろう。

こうした「消費者」としての感覚に近い「介護」の意味づけをおこなっていたのが、佐和子さん（八一歳、要介護5）である。佐和子さんは、夫と二人暮しで、膝関節症のため、六年前から寝たきりとなった。排せつ介助が必要なため、一日三回のホームヘルプサービスを毎日利用していたが、上限が決まっている介護保険サービスだけでは足りないため、全額自己負担になる介護保険外サービスも利用していた。佐和子さんに介護の意味を尋ねたところ、次のような答えが返ってきた。

佐和子さん：結局さ、お金をもらうだけ、真剣にやってもらえればいいなぁって。こっちは無いお金を払うわけだから。相手はもらうわけだから。それだけは真剣な仕事をしてもらいたいなぁって。それは余計やってっていうんじゃないのよ。……そんなに、一生懸命やれっていうんじゃないのよ。

佐和子さんは、非常に多くのサービスを利用しており、「月に十何万って払っているからね。大変ですよ」と述べるように経済的な負担も大きい（介護保険外サービスを含めて月々約一五万円を支払っている）。佐和子さんはホームヘルプサービスに対して、「負担が高い」わりに、「（ヘルパーの）基礎がなっていない」と不満に思っていた。そのため、自分がサービスを購入していることを強く意識しており、ヘルパーにその支払いに対応した「真剣な仕事」をしてもらいたいと考えていた。

佐和子さんの「消費者」としての意味づけとは対照的に、措置制度時代の認識に近い形で、「介護」をとらえていた高齢者もいる。実さん（八三歳、要介護1、障害1級）は未婚の息子と二人暮らしである。一〇年ほど前に事故で半身不随になり、掃除や買い物などの生活支援を中心に、ほぼ毎日サービスを利用している。実さんは新聞やテレビをみながら社会問題について考えるのが日課で、「介護」についても自分の個人的な問題としてだけではなく、社会的な問題として認識していた。筆者の質問に対し、「介護？わかりにくい質問だね」といいながらも、「弱者救済かね。弱者保護。まぁ、年寄だからね。私の場合半身不随やっちゃったから」と語ってくれた。

実さんは、「介護」を高齢者が何らかの支援を必要とする「弱者」になった場合に受ける社会的な「救済」や「保護」と表現していた。そして、自分は半身不随という障害を負うことで、「救済」を受ける対象である「弱者」になったと認識していた。これは、介護保険制度のサービスを利用しながらも、契約に基づく対等な関係（消費者主導）ではなく、ケアを受ける側が弱いという、措置制度時代の介護観に近いものにもみえる。

しかし、さらに話を聞いていくと、実さんは、ホームヘルプサービスが「契約」に基づいて自分が購入したものであることも非常によく理解していた。実さんは、これまで担当していたヘルパーが時間を守らなかったり、決まったサービスの内容をやらなかったりと「お金もらって働いているのに職業意識が低い」と感じており、そういったヘルパーが担当になった際には、「お金をもらう仕事」だということを理解するように、「教育」すると言う。

この実さんの事例からは、「介護」がサービスという契約に基づいたものとして理解されていても、そうした契約関係だけでは決して覆されない「弱者」という視点――「介護」を受ける側と与える側の非対称性――が存在することを示唆している。

さらに、利用者として自己負担をしながらも、「介護」(サービス)を受けることへ遠慮がある人々がいた。きよさん(八四歳、要介護1)は、ホームヘルプサービスを自分の現在の生活に必要だと認識しつつも、「自立」とは相反するものだととらえていた。きよさんは、現在歩行が困難で、戸外では車いすを利用しているが、それ以外の身の回りのことはだいたい自分でできる。息子家族と同居しており、普段は息子の妻が生活全般(家事)の世話をしていて、きよさんの部屋の掃除や通院などの簡単な生活援助のみを利用している。

きよさんは、「介護」について次のように語ってくれた。

きよさん：あせらないでいたら、きっと今に歩けるようになると思って。私は、努力して歩けるようになると思っているんですよ。ですから、介護もありがたいですけど、私は介護も受けないでいけるようにしたいと思っています。いずれは、杖ついてでもいいから、ひとりであれしてね、ちゃんと歩けるようになりたいな、って思っているんですね。ヘルパーさんが来てくれてるからって甘えないで、なんでもできるだけ自分でやるようにしたい。だけど、いつのことやらわからないですけど、気持ちだけはあるんです。

きよさんは、将来的には「努力をして歩ける」ようになりたいと考えていた。そのため、ヘルパーによるサービスを「ありがたい」と思いながらも、受けないようにしたいという気持ちが強かった。サービスを利用することを「甘え」、ヘルパーに頼らないことを「自立」ととらえ、サービスを受けることを最小限にしていた。

こうした「介護」を受けることへの消極的な姿勢は、義雄さん（九二歳、要介護1）にもみられる。義雄さんは、「介護」についてホームヘルプサービスを前提として、「いわゆる介護をうける人が最小限度の満足が得られればいいと思います。上を見ればきりがないし。万能じゃない、一〇〇％の万能じゃないですよね」と語っていた。義雄さんは、ホームヘルプサービスへの希望や期待はあっても、それを訴えてもきりがないと思っており、最小限の支援を得る手段と考えていた。義雄さんは、「気分の悪い日もありますよ。そういう時、僕はじっとしているんで、ヘルパーの人には邪魔にならない」と、ヘルパーから自分の体調に合わせた特別なサービスをしてもらうことよりも、ヘルパーの負担にならないことを優先していた。義雄さんのこうした配慮は、普段のホームヘルプサービス時にもみられ、初回訪問時にヘルパーの好きな飲み物を聞いて、次の訪問の際には必ずそれを用意して出してあげるそうだ[3]。義雄さんはヘルパーを、契約関係における「使用する側—される側」としてではなく、家に来る「お客さん」としてとらえていた。

きよさんや義雄さんの事例では、ホームヘルプサービスを受けることに距離があり、必要最低限にしようとする態度が見られた。かれらには、「ヘルパーでも甘えないで」「一人でやりたい」という意識がある。二人にとってサービスの利用は、依存＝主体性の喪失であり、サービスに頼らないことが、「自立」だと考えられていた。ただし、藤崎（1998）が指摘したような、措置制度時代の孤軍奮闘型というよりは、サービスをある程度受け入れつつ「最低限」にとどめる、というサービスを利用しながらの「自立」観である。これは、介護保険制度以降の新しい「自立」と「サービス」の関係と言える。

以上のように、「介護」についての意味づけには、佐和子さんを除いて、「弱者に対する保護」という側面や、「自立」と対立するものという、介護を受けることへの抵抗や葛藤がみられた。このように「介護」を受けることを位置づける要因として、実さん・きよさん・義雄さんが、軽度で身体的な自立度が高く、サービスを受けながらも自分たちは比較的「健康だ」と認識していることが挙げられる。こうした意識は、特にデイサービスなど他の高齢者と出会う場面で強調される。たとえば、義雄さんはデイサービスの場で出会う認知症の高齢者に対して、「ああいう風にはなりたくない」と言い、実さんは寝たきりで医療的な処置（胃瘻など）を受けている高齢者に対して「みっともない」と言う。重度の高齢者と自分を比較して、自分のほうがより健康である、という意識には、「健康的で自立度が高い」ことを評価する価値観が示されている。しかし、こうした価値観が根強く存在するために、自分の「老い」の結果である「介護」に対して受け入れがたく感じるのではないか、と考えられる。一方、佐和子さんは毎日サービスが必要なほど要介護度も高く、「健康」な自分を理想化するのではなく「サービスを必要とする自分」を既に受け入れている状態といえる。さらに、介護保険外の全額自己負担のサービスも利用していることで、介護保険内で一割負担の他の高齢者とは支払っている料金が大きく異なる[4]。こうしたことからも、サービスを購入するという「消費者」としての意識が他の利用者よりも強いのではないか、と考えられる。

一―二 「介護」に何を求めるのか

高齢者は「介護」への期待として、一―一と同様にホームヘルプサービスを想定しながら「仕事」と「会話」という二つの軸から語ってくれた。

佐和子さんは、対価を払って「仕事」をしてもらうことを「介護」ととらえていたが、その「介護」の中身についても語っている。佐和子さんは先述したとおり、現状のホームヘルプサービスは、支払っているお金に値する「仕事」としては不十分だと感じていた。

では、佐和子さんが考える「仕事」とはどのようなものか。佐和子さんは担当ヘルパーの人数が多く、担当者によって提供される「介護」の質は様々だという。佐和子さんによると、ヘルパーには、「話で時間を稼ぐ人」と「何も言わないで」「シャンシャンとやってくれる人」の二つのタイプがいる。佐和子さんは、前者の「会話」だけで「仕事」をおろそかにする人に問題を感じ、後者の「仕事」をきちんとしてくれる人を評価していた。

一方で、佐和子さんとは逆に「会話」やヘルパーとの対人関係に重きをおいて、「介護」を意味づける人々がいる。

娘夫婦と同居するふみさん（九九歳、要介護度４）は、ヘルパーとの会話や歌を「介護」と認識していた。ふみさんは、高齢のため筋力が衰え、寝たきりで一日中ベッドの上で過ごす。ほぼ毎日清拭などのサービスを利用している。家での介護は娘が担っている。要介護度が高く身体介護を中心にサービスを利用しているという状況は先述した佐和子さんと似ているが、佐和子さんが「仕事」として「介護」を意味づけていたのと対照的に、ふみさんは「会話」を重視していた。

ふみさん：こう下を眺めたり、お庭のお花だの。「今日来る時に、向こうのお花咲いていますか」とか、そういった話ばっかりですよ。また、下を見れば、「今また人が通ったでしょ」。そういう話ばっかり。それで、「こっちにもあれだから、つまんないだろうから、お茶菓子を食べちゃって。つまんないだろうから。食べちゃって。あなたが来るまでは、誰ともね、歌を歌うこともできないんだから、早く、このお茶菓子とお茶だけ飲んで、早く歌いましょうよ」「あぁ、そうですね」って歌って。「あぁ、よかったわね。歌っていうのが一番いいんですよ」って。毎日おんなじことを歌っても、ちっともかわらない。嬉しくって。「でも、時間じゃないですか」って言ってね。「そういえばもう時間ですよね、じゃあ帰りますね」って。

ふみさんにとっては、「介護」はヘルパーとの会話であり歌であった。九〇歳から寝たきりになったふみさんは、外の様子をヘルパーから聞くのを楽しみにしていた。また、ふみさんはとても歌が好きで（インタビュー中にもたくさんの歌を披露してくれた）、枕元には自作の歌集を用意してあり、ヘルパーが来た時には最初に一緒に歌ってからサービスに入るということだった。「嫌なことがあってもね、歌を歌うとなぐさめになる」とのことで、身体介護においても会話や歌という対人的なかかわりの側面が重要視されていた。ただし、ふみさんの事例では佐和子さんの事例でみられたようなサービスに対する不満はなく、身体介護についても「とても気持ちよくやってもらっています」と満足していた。

このようにホームヘルプサービスという外部の者による「介護」では、高齢者によって「仕事」と「会話」の側面が、さまざまなバランスで位置づけられている。次に、この両方の側面を重視しながら「介護」への期待を語った事例を紹介しよう。

正子さん（八六歳、要介護度2）は、大きな病気はないが、体力の衰えもあり、生活援助（主に掃除）でヘルパーを週に一回利用していた。正子さんは、長年担当していた民間ヘルパーを変更されたばかりで、そのことに関連して「介護」について語ってくれた。正子さんは、最初の民間ヘルパーと仲が良く、お茶を飲んだりおしゃべりをしたりと、ホームヘルプサービスの時間が非常に楽しかったそうだ。しかし、「担当期間が長くなりすぎる」という理由で、ケアマネジャーによってヘルパーを変更されることになる[5]。新しい行政のヘルパーは介護保険制度の規則を厳格に守る人で、正子さんは以前のようなサービスを受けられなくなった。このような経験から正子さんは、「介護」（ホームヘルプサービス）は「掃除は六割ぐらい。あと四割は会話」と述べていた。さらに、「会話」の重要性を以下のように語っている。

正子さん：なんていうのかしら。その人のコミュニケーションだけじゃないのよ。病気に対して、年寄りのね、会話ってものは、すごく介護に役立つのよ。「あーだ、こーだ」ってね。お互いに、いったりきたりの話し合い。（今のヘルパーさんでは）それができないでしょ。

正子さんは元保健師で、看護や介護の知識がある（ヘルパー養成講座での講師の経験もある）。そのため看護の専門職としての立場から、一般的な高齢者介護にとって重要な要素として、会話を位置づけていた。掃除をただ機械的にこなす現在のヘルパーを、正子さんは「あれじゃただのお掃除の人よ。介護じゃないわよ」と嘆く。

正子さんは「会話」を重視しているが、もちろん「仕事」の側面（「介護」の六割だという掃除）についても評価の基準になっていた。以前のヘルパーは、排水溝など隅々までピカピカにしてくれていた。しかし現在のヘルパーは、決まったことはやってくれるが、洗面器に水垢がついていてもそのままだったりと、掃除についても正子さんの満足いくものではない、と言う。正子さんの求める「介護」（会話や掃除）は、介護保険制度の規則を重視する現在のヘルパーには対応してもらえない。正子さんは、こうした状況に対して、次のように不満を述べている。

正子さん：（介護は）通り一遍っていう言葉があるけど……それじゃだめなの、心がないと。でも上で決めるのは金銭がからむからね。「九時から一一時、お茶も飲んじゃいけない、何かもらっちゃいけない」ってねぇ。会話っていうことがわかんないのよ、上の人に。バカなのよ。

正子さんにとって現在のヘルパーの対応は、「通り一遍」にプランで決められたことをこなしているだけだと感じられている。しかし、「介護」（ホームヘルプサービス）は「それじゃだめ」で、「心がないと」といけないという。正子さんにとっては、お茶を出したり、会話をしたりすることは、ヘルパーに限らず家への訪問者に行う日常の行為の一部である。正子さんの事例からは、ヘルパーが業務だけでなく、日常の生活の延長上での役割を期待されること、そしてそれが制度の規則や提供者側の論理とは対立する可能性があることが示されている。

正子さんと同様に、こうした「仕事」と「会話」の両側面の重要性を感じていたのが、治夫さん（八五歳、要介護度3）である。治夫さんは、三〇年前に妻を亡くしてから、独居をしている。治夫さんは「介護」を「人助けの誠意だと思いますね」と述べ、そうした介護を提供してくれるのは、「お風呂の人」（調査対象者でもあるヘルパーの高倉さん）だと言う。「お風呂にいれていてもね、今日は血圧が高いから、ちゃんと調節をきちんとしてくれるんです。そういう点はすごく助かりますよね」と、高倉さんをとても評価していた。治夫さんの述べる「人助けの誠意」は、一見「お風呂の人」との情緒的な関係性のように見えるが、実際は、彼の入浴介助の際の配慮という日々のサービスの実践に対して感じられていた。

一―三　家族や近隣の人による「介護」

以上で紹介してきた事例は、「介護」をホームヘルプサービスとしてとらえてきたものである。第一章で述べたとおり、ホームヘルプサービスについての調査の一部として「介護」観を尋ねているため、多くの人がホームヘルプサービスを前提として「介護」をとらえていた。しかし、その中でも何名かの方は、「介護」を家族や近隣の人など、インフォーマルな担い手によるものとしてとらえていた。

一―三―一　家族による「介護」

夫を亡くし独居の敏子さん（七六歳、要介護3）は、数年前からパーキンソン病になり、調査の前年あたりから身体状況が悪化し、歩行も困難になった。敏子さんは、パーキンソン病になる前までは病気をしたこともなく、日々進行していく身体の衰えに戸惑っているようだった。調査当時は、週四回のホームヘルプサービスを利用していた。

敏子さんが発病してから、近居の娘が生活をサポートすることになった。娘はフルタイムで働きながらも、排せつの介助や入浴介助、食事などのほとんどの世話をしていた。

筆者の問いに対して、敏子さんは「介護ってなんだって……」と戸惑いながらも、「急に具合がわるくなった時に助けてくれること、やさしく」とはっきりと答えてくれた。また、そういった介護をしてくれる人として誰を想定するのかについては、「娘ですね」とのことだった。同席していた娘は、「今私が（この場に）いるからでしょ」と笑っていたが、ヘルパーではなく娘を挙げたのには、敏子さんなりの理由がある。急な体調の変化に対応することは、事前のプランが決まっているサービスでは難しい。また忙しいながらも常に敏子さんとの時間を優先する娘の日々のかかわりが、「やさしく」という言葉につながったのではないだろうか。

一方、敏子さんにとって、ホームヘルプサービスは、娘がいない間の生活を支えているために重要なものではあるが、「介護」として意味づけられていたものとは異なっていた。敏子さんは、ホームヘルプサービスについて、「普通ですね。特別満足しているわけではないし、自分の専属でついているわけではないし」と述べていた。敏子さんには四人のヘルパーがおり、中には話の合う人もいるが、家族介護者である娘とは異なるものとして位置づけていた。

同じように家族との関係で「介護」を語ってくれたのが悦子さん（六五歳、要介護度４）である。悦子さんは、今回の対象者の中では最も若い。三年前に肝移植の手術をし、三ヶ月ほど入院した後ほぼ寝たきりとなった。調査時は、週五回のホームヘルプサービスと訪問看護という非常に多くのサービスを利用していた。

悦子さんは、「私ができないことをやってもらうのが介護だと思います」と述べ、実際にそういった介護をしてくれるのは、「一番身内だから、自分のことを知っているのはあるんだけど。今はお姉さん（娘）だね、あとおばさん（兄の妻）」とのことだった。悦子さんは夫を約一〇年前に亡くし独居だったが、現在は兄家族の隣に住んでおり、娘も近所にいる。悦子さんのベッドの傍にはベルがついていて、何かあった時にベルをならすとすぐに兄の妻がきてくれる。また、兄の妻は、電話がとれない悦子さんに代わってサービスの窓口となるだけでなく、普段の食事の世話をしてくれる。近居の娘は、それ以外の排泄介助などすべての介護を担っている。悦子さんは要介護度も高く必要なサポートは多岐にわたり、その中でホームヘルプサービスが果たす役割は一部である。「できないことをやってもらう」という意味での「介護」の多くは、近居の家族によって担われていた。

一－三－二　近隣の人による「介護」

敏子さんや悦子さんのケースでみたように、高齢者の日々の生活は、ホームヘルプサービスだけでは、成り立たない側面がある。しかし、同居や近居の家族がいない場合、そうした生活の側面を支えるのは近隣の人たちである。

独居の清さん（八五歳、要介護1）は妻を数年前に亡くし子どももおらず、特に親戚づきあいもない。ヘルニアがあり外出に多少困難を伴うため、買い物や食事などの生活援助を週に三回使っている。清さんは介護について「生活の援助、ですね」と語ってくれた。身体介護などの介護行為やホームヘルプサービスにとらわれない、広い「介護」の認識である。こうした「介護」の担い手についてたずねたところ、「えー難しいなぁ」という答えが返ってきた。難しいと感じる理由は、「たとえば具体的にね、知り合いの人が、時々来てくれるし。それと、ヘルパーさんとは比較できないだろうし」とのことだった。清さんには家族はいないが、近所に住む「知り合いの人」が毎朝「生きてるかぁ」と電話をくれたり、家に遊びにきてくれたりするそうだ。清さんにとっての「介護」は、そうした近所の友人の見守りやサポートも含めた「生活の援助」であり、公的な介護サービスよりも自分の生活を支える全般的な要素として認識されている。

一方で、近隣の人々による見守りや生活のサポートが失われたため、ヘルパーにこうした役割を期待するようになった人もいる。節子さん（八六歳、要介護度1）は、約二〇年前に夫を亡くし、以来独居だ。心臓が悪く、週三回のホームヘルプサービスを利用している。節子さんは独居をとても不安に思っており、別居の一人息子と同居したかったが、息子の妻との折り合いが悪く一緒に住むことは難しかった。家族との交流は、一〇日に一回の息子の訪問のみで、非常に寂しく感じていた。

節子さんは、「介護」を「安心できることですかね」と述べる。そのような「介護」の提供者としては、

「結局ヘルパーさんね。ご近所の方って言っても、お隣は最初よくみてくれたんですけど、ご主人が痴呆みたいになっちゃって」と述べる。節子さんは、独居で不安な自分の生活を見守り、安心させてくれるものを「介護」だと考えていた。そのような「介護」の担い手は、以前なら近所の「奥さん」を挙げていただろう、と言う。その「奥さん」は、節子さんに毎日声をかけてくれ、健康を案じてくれたり、相談にのってくれたりする友人であったそうだ。しかし、「奥さん」の夫が認知症になり、介護に忙しくなると、節子さんとのつながりは無くなってしまった。息子の訪問は日々の生活を支えるには少なすぎて、頼りになるのは「結局はヘルパーさん」になったのだ。

以上のように、ホームヘルプサービスを利用する高齢者は、「介護」の意味を問われて、さまざまな視点から語ってくれた。ホームヘルプサービスとしての「介護」については、「介護」を受けることの認識や、何を「介護」として期待するのかが語られていた。一方で、家族や隣人による「介護」については、具体的な介護行為としてだけでなく、日々の生活の中でのより広い「かかわり」としてとらえられていた。

第二節　高齢者はホームヘルプにおいて何を重視するのか

次に高齢者が「ホームヘルプサービス」として何を求めるのかについて、前節での「介護」の意味づけも参照しながら、事例をみていこう。

二―一　「普通に」「仕事をしてくれる」

節子さんは考えながら、「うーん。まぁ、『ヘルパーさんがきちんと仕事をしてくれること』かなあ」と述べていた。では、ここで言われる「きちんとした仕事」とはどういうことなのだろうか。悦子さんは次のように語っている。

悦子さん：今一応満足しているから、ないですよね。今言われていることが、できていますので。
齋　藤：その中で一番大事だ、というのは、
悦子さん：私は散歩に連れて行ってもらうのが、大事ですね。
齋　藤：それは、どの方でも連れて行ってくれますか？
悦子さん：朝の一時間、というのは決められちゃっているから連れてってもらえる。それ以外にも、もっと行きたいな、という気はしますよね。

悦子さんは、項目を選ぶことはせずに、具体的な行為として、ヘルパーが介助してくれる「散歩」を挙げた。悦子さんは、寝たきりのため、一日一回の散歩による外出を何よりも楽しみにしており、ホームヘルプサービスとして重視していた。

実さんは「きちんとした仕事」について次のように語っている。

実さん：まぁ、そうだな。普通にやってくれればな。（中略）たとえばヘルパーさんにきちんと仕事をしてくれ（って言っても）、まぁ今の仕事の程度でヘルパーさんの能力が（あるから）あんなもんじゃないかな。こっちも容認できる程度だから。それじゃないですかね。それ以上はきりがないから。
齋　藤：仕事としてきちんと提供してくれること、ですか？
実さん：そうそうそう、一番大事ですよね。

実さんは、ヘルパーの能力と自分の要求を比較し、容認できる水準を「普通に仕事をする」と表現していた。さらに、ヘルパーの「仕事」について実さんは次のようにも語っている。

実さん：だから、彼女たちがちゃんと職業人になるってことが大事だよね。
齋　藤：職業意識を持ってもらって、専門性っていったらあれかもしれないですが、
実さん：その専門性って自意識の問題じゃないかな。気持ちの問題というか。みんな共通して言うことはね、「年寄だからバカにする」って言うよ、みんな。
齋　藤：あ、ヘルパーさんですか？
実さん：違う、違う。ヘルパーさんでも職員でもなんでも、一般の人でも。年寄りだからってバカにして質問する、っていうこともあるらしいよ。そう言いますよ。
齋　藤：それは、誰が質問するんですか？
実さん：いや、日常会話でもそういうことがあるみたいですよ。年寄りっていうのはバカだと思っているのかな。まぁ、そうだろうけど、ほとんどバカだ。
齋　藤：いやいやいや、
実さん：いや、それはいいけどさ。そういう意識を持っているよ、みんな。年寄りだから、バカにしているんだろうって。確かにバカにされる年寄りも多いんだよね。

実さんは、ヘルパーが「職業人」になるためには、「年寄だからバカにする」態度を改める必要があるという。こうした印象は実さんだけでなく、実さんの友人やデイサービスで会う他のサービス利用高齢者も日々感じていることだそうだ。前節でみたように実さんは、自分を「弱者」と揶揄していたが、介護す

る側とされる側の非対称性に問題を感じており、できれば「普通」の関係を構築したいという気持ちがあることがうかがわれる。

ふみさんもホームヘルプの「仕事」を「普通」という言葉で表現していた。

ふみさん：「病気の時に、介護を得ることによって、あなたが安心できること……」、別にそんなこと、こんなことないわよ。普通のどの方だっておんなじよ。まじめで。どの方が来ても安心で。だから、書いてあるようなことはないわよ。だから、これに書いてある通りに、なんでもやってくれる。

齋　藤：そうですか、

ふみさん：そうね、私は。だから、ここにきて、三時にここに来てくださる。向こうのおっしゃる通り、その間嬉しくお話してくだされば。向こうもいつも来る時間に帰って、来る時間に来て……（中略）来てくださる日が、楽しみっていうことなの。

ふみさんは筆者の出した項目を丁寧によみながら、それらの項目をヘルパーに対する特別な要望ととらえていた。そのため、「別にそんなことない」「普通の方と同じ」であるため、特別な要望はないという。筆者は、この「来てくれる日が楽しみだ」というふみさんの言葉は、ヘルパーとの人間関係を重視しているのかと思い、次のように質問をした。

齋　藤：しいて言えば、来てくれる方の人間関係というか、いい人が来てくれるっていうか…

ふみさん：みんな、特別なことはないわね。特別なことは。楽しくお話してくれて。ご自分のほうで、（何も）ない時は、小説の本を読んでくださる。

娘　：そのほかの対応があると、ハーモニカを吹くとかね、そういう感じで、うまく時間を、

齋　藤：そうなんですね、

ふみさん：いつも、人間のする態度だけを、お互いにみているんですから、なんにも言うことない。（中略）まぁ、とにかく、普通に、人間のすることしかやっていないから。

歌、ハーモニカなどは、ふみさんにとって「普通に、人間のすること」ととらえられていた。こうした、普段の生活の友人のような「普通の」会話や対応をすることが、ふみさんにとっては重視されていたのである。

以上の事例からは、「普通」という言葉から、高齢者がホームヘルプサービスへの期待を「適切」にしようとしていることや、ヘルパーと日常生活での関係性をとりむすぼうとしている様子がみえてくる。

二―二　「同じ人がいい」

清さんは、筆者の質問に「なんかよくわかんないなぁ」と言いながらも、「困ること」として、「四月だったら四月に（担当ヘルパーが）ガラッと変わっちゃうことですよね。地域の地理を知らない人が来てしまうとか」と述べていた。清さんは、生活援助で買い物を利用しているのだが、人が変わると地域の状況から何からまた教えなおさないといけない。ヘルパーの変更は、利用者である高齢者にとって大きな負担となるのだ。

同じように、ほかの高齢者からもヘルパーは同じ人で継続して欲しいという要望が挙がっていた。治夫さんは、次のように述べている。

治夫さん：バラバラに来るのは一番嫌ですね。決まった人が来るのがいいです。同じ人が来ることですかね。慣れている人が来ること。そうしないと、水の出し方からいちいち教えなきゃいけないから、掃除の掃き方を。（今は）掃除をやったり、「今日は下が汚れてますね」とか、そういうのはみんなヘルパーさんがみて、僕が別に「ああしろ、こうしろ」っていわなくても、全部やってくれることのほうが多くて。

治夫さんは、掃除や食事の支度、買い物などの生活援助を利用していたが、清さんと同様に、決まった慣れた人が来るのがいいと考えていた。治夫さんには掃除の「掃き方」など自分の家なりの家事の流儀があり、ヘルパーにそれを習得してもらうことを求めていた。そのため、「いちいち」教えなおさないといけないことになるヘルパーの変更は、できるだけ避けたいと考えていた。このように、生活援助などの細かな在宅での要望を伝えるのが負担だと感じる高齢者は、できるだけ慣れた同じ人がよいと考えていた。「同じ人がいい」という希望は、こうした在宅でのサービスの技術的な慣れ以外にも理由がある。敏子さんは次のように述べる。

敏子さん：同じヘルパーさんが来てくれることですね。他の人が来るのは、
齋　藤：ケアマネさんとかも同じですかね、あまり変わらないで、
敏子さん：そうそう、そう。
齋　藤：お嬢さんはどう考えますか？　この中でだと。
娘　　：やっぱり介護はそうなんですけど、やっぱり人間関係だとおもうんですよ。一日一人でいるから、介護だけじゃなくて、いろんなこと話して、話し相手みたいいな？　それが、いろいろ話して、親

密度みたいな。私がいて、昼間いて、話してあげれないから、ここにいないから……。

敏子さん：コミュニケーションがないしね、

敏子さんは、同席していた娘とも話しながら、人間関係の継続のために同じヘルパーに来て欲しいと述べていた。日中娘が仕事で不在の時の話し相手としてヘルパーが位置づけられていた。四名いるヘルパーの中でも二名（一名は調査対象者のヘルパー山崎さん）が特に気が合い「安心」なので継続して来てほしいということだった。慣れているヘルパーの変更は、人間関係を一から作り直すことにもなる。ヘルパーとの人間関係を重視する高齢者の場合は、継続性が人間関係の意味でも重要な要素として考えられていた。

二―三 「よい人間関係」

敏子さんが「同じ人がいい」ということで理由として挙げた「ヘルパーとの人間関係」だが、この項目を重要だと考えていたのは、高齢者の中では正子さん一人だった。正子さんは、自身の保健師としての経験から、看護と介護（看護師とヘルパー）を比較して、次のようにヘルパーを意味づけていた。

正子さん：ヘルパーさんって言うのは、ほら、プロじゃないでしょ。看護師たちと違って。ほら素人（普通の高齢者）はね、みんな同じだと思っているけど、私と違って。私なんて区別しちゃっているから。そんなに頼めないのよ、身体のこととかは。

齋　藤：じゃあ、具合の悪い時とかは、ヘルパーさんには、

正子さん：頼めない。

齋　藤：もし、訪問看護師の方だったら、

正子さん：頼めるわよ。でも、（逆に）ヘルパーさんは、気軽に頼めるもの。お掃除のために来てもらうのは、病気の看護じゃないから。

正子さんは、看護師と比較して、ヘルパーを「プロではない」と考えていた（こうしたヘルパーを半専門職として見る視点は、先ほどの実さんの「職業人になっていない」という認識とも重なる）。正子さんは、看護師は医療、ヘルパーは家事という区分を行っていたが、ヘルパーに対して家事などは「気軽に頼める」というメリットも感じていた。このように意味づけられているヘルパーに対して最も重視していたのが、人間関係だった。

正子さん：人間関係って、よい人間関係だといいあれが保てるのよ。
齋　藤：健康状態が、
正子さん：そうそう。それから、自分もいいし、あちらもやりいいのよ。

正子さんは、第二節でも述べたように、「介護」として掃除などの生活援助だけでなく、「会話」がとても重要だと考えており、「会話」をすることは「年寄」に刺激になり、健康にもいいと語っていた。そうした意識を反映してか、ホームヘルプにおいて重要なことについても、「よい人間関係」を挙げている。さらに、「あちらもやりいいのよ」と述べるように、人間関係がうまくいっていると、ヘルパー側もサービスをやりやすい、と理解していた。

二―四　「今は満足……でも、これからはわからない」

ホームヘルプについて、現状で重視することが今後変化していく可能性について語ってくれたのが、義雄さんである。

義雄さん：今の標準で言えば九〇％の満足です。だけど、生きている先で僕の健康状態がどうなるかわからないでしょ。例えば、病気の時に。これはどうしたらいいかわかんないわけですよ。そういうのがあるわけ。寝たきりになった時にどうしたらいいかわかんない。だから今、あの、健康で満足しているけど、今動けることで満足しているというのがあって、将来の不安があります。どうなるか、という。例えば、動けなくなった時に、「動けなくなったら、どうすればいいの？」って。

齋　藤：そうですね。先の見通しで変わってくる、ということですね。

義雄さん：やっぱりね、寝たきりになったら、ヘルパーの介護も限度があると思うんですよね。あの、今の生活援助では病人の看護はみてはいけないんですよね。でも、それをみれるようにしてもらうにしても、しょっちゅう自分の家の傍にいるわけじゃないでしょ。週に二回くらい来てもらっても、その間に具合悪くなったら、どうしたらいいやら。まぁ、しょうがないわ。そうなったら毎日来てもらおうかな。でも毎日来てもらうっていっても一日いてもらうわけではないから。まぁ、しょうがいないから、あんまり考えないようにしているの。ふふ。

義雄さんは、九〇歳代と高齢であるが自分のことはある程度でき、サービスも生活援助を多少利用しているだけだ。「今は健康だから満足している」という言葉にあるように、現状に問題は感じておらず、とりたてて重要だと感じる項目はないそうだ。しかし、健康状態によって、必要となってくるサービスの内容は変わってくる。語りの後半にあるように、義雄さんは、今後寝たきりになった場合、隣に住む息子家族はあてにはならず、訪問時間に上限があるヘルパーだけでは在宅生活を維持することはできないのではないか、という不安を持っていた。

第三節　小括

三―一　高齢者の「介護」観

ホームヘルプサービスを利用する高齢者は、「介護」の意味を問われて、さまざまな視点から語っていた。ホームヘルプサービスとしてとらえた「介護」については、「介護」を受けることの認識や、何を「介護」として期待するのかが語られていた。一方で、家族や隣人による「介護」については、日々の生活の中でのより広い「かかわり」としてとらえられていた。これまでの事例の分析をふまえて、ホームヘルプサービスとして語られた「介護」について、家族による「介護」の意味づけと比較しながらみていこう。

三―一―一　「介護」を受けることの意味づけ

ホームヘルプサービスとしての「介護」を受けることについて、重度の佐和子さんは「仕事」として割り切ることで、サービスを利用し、軽度のきよさんや義雄さんは「自立」のためにできるだけサービスを使わないようにしていた。軽度と重度の高齢者では、サービスという「介護」を受け入れる意識が異なっていた。一方、軽度と重度の高齢者で、ホームヘルプサービスが日常的に「自然」に抵抗なく受けられるものではないという意識は共通していた。今回の対象者に「経済的に問題がなければ、現在よりも多くのサービスを使いたいか」、という質問をしたところ、ほとんどすべての高齢者が、「自分はこれ以上使いたくない」と述べていた。これは、二〇〇五年の介護保険制度改正時の「廃用症候群」の議論でみられたような、「使えるサービスはどんどん利用する」という高齢者像とは大きく異なる。介護保険のサービスを利用しながらも、この事例の高齢者たちは、程度の違いはあれ、サービスを受けることに対して、なんらかの抵抗を感じていた。つまり、高齢者の中では、介護サービスを受けることは、「権利」として認識されながらも、「自然」なものにはなっていなかった。

一方で、高齢者にとって、ホームヘルプサービスと比べて家族介護は、受けることがより「自然」なものとして認識されていた。例えば、きよさんは家族(主に息子の妻)から受ける日常的なサポートについては、より自然で当たり前なものと感じており、自立と相反するような「介護」とはとらえていなかった。また、佐和子さんも毎日の食事の支度や排せつ介助などを行う夫や娘に対しては、「介護」という言葉は使わず、受けることも日常生活の一部として語っていた。

三―一―二　「介護」における「仕事」と「会話」

Hilary Graham(1983)がケアを「愛の労働(labor of love)」と定義したように、ケアには親密性と仕事(労働)という二つの要素が存在する。事例からは、ヘルパーによる「介護」にも家族や隣人による「介護」にも、こうした両面性についての語りがみられた。しかし、両者を比較すると、家族介護などの場合よりもホームヘルプサービスの場合の方が、より二つの側面(「仕事」と「会話」という言葉で象徴されている)が明確に区別されながら語られていた。これは、家族介護よりも契約関係を伴うホームヘルプサービスでは、先述したとおり、「介護」はより「自然」ではないものと認識され、どこまでが「介護」の範囲なのかが問われる機会が多いからだと考えられる。

ただし、介護サービスの中でも、施設サービスと比較して在宅で提供されるホームヘルプサービスは、

「仕事」と「会話」の境界があいまいになるという特徴もある。ヘルパーと利用者の間には「仕事」だけでは割り切れない関係性が生じ、ヘルパーは利用者の生活世界へと巻き込まれていく（Eustis and Fischer 1991）。介護保険サービスはケアプランに基づいて提供されているといっても、ホームヘルプサービスは画一的に提供されているわけではなく、それぞれの関係性において個別性がある。正子さんの事例でみたように事業所の方針による対応の違いもみられる。

こうした中で、ホームヘルプサービスを受ける高齢者は、「仕事」と「会話」のバランスをそれぞれに持ちながら、「何が適切なバランスか」ということを、常に問い続けていた。事例でみたとおり、どちらをより重視するのかには多様性がある。ただし、注意しておきたいのは、「仕事」と「会話」どちらかに比重を置くにしても「仕事」としてのサービス提供が基本となっているという点である。「会話」に比重を置くふみさんも正子さんも、「仕事」としての生活援助や身体介護がきちんと提供されていることが、前提となっている。

このように、利用者である高齢者にとって、「仕事」と「会話」はどちらかの二者択一のものではなく、生活援助や身体介護という具体的なサービスを基礎として、「会話」を求めるバランスに多様性がみられた。この多様性は、事例でみたように、単純に重度だから仕事としてのケアの比重があがるわけでも、同居家族がいるからヘルパーとの会話を求めないわけでもなく、個別の関係性の中で立ち現われてくる。そのため、外部の提供者側（ヘルパーやケアプランを作成するケアマネジャー）からは時として理解が難しく、高齢者とサービス提供者の認識に齟齬が生じることもある[6]。

三―二　高齢者がホームヘルプサービスで重視するもの

事例でみたとおりホームヘルプサービスにおいて、「普通に仕事をすること」と「継続性」、「人間関係」をそれぞれ重視する高齢者がいた。

「仕事」としてのヘルパーの側面は、「普通」という言葉で表現されている。「普通」という言葉には、ヘルパーへの要望を過度にしないことを配慮しながら、第三者であるヘルパーを自分達の生活の中に位置づけようとする、高齢者の姿がみられた。これは、在宅に他者を迎え入れながらケアを受けなければならない高齢者の対処の戦略といえる。また同時に、「普通」という言葉には、自分たちの要求が、過度なものではないという正当化の意識が見られる。

次に継続性を重視するという、高齢者の傾向についてだが、同様のことは量的調査でも指摘されている。須加（2007）は、量的調査からホームヘルプサービスの満足度に影響する要因の一つとして担当制（ヘルパーの交代の頻度が多いほど満足度が低い傾向がある）を指摘しているが、今回の事例からは、高齢者がなぜ「同じヘルパー」を望むのか、という理由の一端が明らかになっている。一つは生活援助の事例でみたような、高齢者の生活状況へのヘルパーの適応である。その家なりの流儀が重要となる家事において、その知識のない新しいヘルパーに交代することは、高齢者が知識を一から教えなければならないことになる。高齢者はヘルパーに説明をしたり指示したりすることを、負担に感じていた。高齢者が継続性を望むもう一つの理由は、ヘルパーとの人間関係の構築である。敏子さんや正子さんの事例でみたように、特に人間関係を重視するタイプの高齢者の場合、ヘルパーを自宅に受け入れストレスのない人間関係を構築するには、ある程度の時間がかかる。

ただし、ホームヘルプサービスで何を重視するのかは、その時の状況によって変化していく可能性がある。義雄さんが述べるように、将来において身体状況が変われば、同じ高齢者でも求める介護は変わってくる。節子さんは、隣人との関係が疎遠になったため、代替としてヘルパーに友達のようなサポートを求めていたが、サポートネットワークの状況も、ヘルパーへ何を期待するのかに影響を及ぼす。

［注］

1　これは、本書の調査が「介護」観のみを質問するものではなく、ホームヘルプサービス全般に関した質問を行う調査であったことも影響していると考えられる。そのため、本章と次章の事例は、一般的な「介護観」よりも、ホームヘルプサービスにひきよせられたものであるといえる。

2　藤崎（1998）は、一九八八年に六五歳以上の高齢者（要介護ではない）に対して、「家族に対する扶養意識」と「自立意識」「福祉に対する意識」に関するインタビュー調査を行っている。

3　義雄さんの訪問者への配慮は、調査で訪れた筆者に対してもみられ、「若い人だからコーラを用意しておいたけど、大丈夫？」と出してくださった。

4　他の介護保険制度内のみのサービス利用者が重度でも月四万程度であるのに対して、佐和子さんは先述したとおり多いときは月一五万と四倍近くを支払っていた。

5　このヘルパーの交替についての経緯と正子さん側・ヘルパー側の認識の違いについては、第四章で詳述する。

6　こうした高齢者とヘルパーの認識の齟齬や調整については、第四章・第五章で検討する。

第三章

ヘルパーの「介護」観

前章では、高齢者の「介護」と「ホームヘルプサービス」に対する意識をまとめた。「介護」については、ホームヘルプサービスだけではなく家族や隣人を含めた多様な価値観がみられ、「ホームヘルプサービス」に関しては、仕事としての範囲ととらえながら、私的なつながりとしてもとらえる傾向がみられた。本章では、サービスを提供する側であるヘルパーに着目し、「介護」と「ホームヘルプサービス」の意味づけをみていきたい。

第一章で概説したとおり、現在のヘルパーは、介護保険制度における労働者であるが、その位置づけは非常に不安定である。ヘルパーの労働状況では、登録型ヘルパーという非常勤雇用が主流であり、主に既婚女性の就労の場となっている。また、ホームヘルプサービスの理念では、在宅の場で医療や福祉の専門技術を強化し、標準化されたサービスを提供していこうという制度的な流れの一方で、高齢者の包括的な生活支援や、高齢者との情緒的な関係構築が強調されている。

ヘルパーの意識からは、こうした状況の中で、何を労働の基準としてとらえているのかが明らかになる。また、前章で検討した高齢者とは異なり、ヘルパーは組織に所属し、賃金をもらう労働者である。ケアは「完全な商品化」が困難な労働（Himmelweit 1999）と言われており、ヘルパーが自分の有償の仕事としてのケアをどのように位置づけるのか、という点も考察することができる。第一節ではヘルパーの「介護」観を、第二節ではヘルパーが自身の業務であるホームヘルプサービスにおいて何を重視するのかをみていく。第三節では本章の分析のまとめに加え、前章と本章の分析結果を比較し、高齢者とヘルパーの意識にどのような共通性・差異がみられるのかを明らかにする。

第一節　ヘルパーの「介護」観

前章の高齢者の場合は、「介護」について、「介護」を受けることや、家族の「介護」など、とらえ方に多様性があった。一方ヘルパーは、「介護」を自分の仕事である「ホームヘルプサービス」に限定して考えていた。

一―一　「仕事」としての介護

山崎さん（六四歳、ＮＰＯ・Ｃ）は、ヘルパーになって一年目である。それまでは、販売のパートをしていたが、アットホームな雰囲気のＮＰＯ・Ｃのチラシをみて「ここで働こう」と思い、２級の資格を取得してヘルパーになった。「介護」について「一応私の仕事だからね。決められた、きちんとしたもの」と言う。

山崎さん：でも、「普通」、「普通」だと思うんですけどね。私。うん。あのね、介護に入って、結構楽しい、楽しいって。うん。そう思いますけど。あの、結構面白いね。
齋　藤：面白い？
山崎さん：いい意味で、みんな違うからね。

山崎さんは、ホームヘルプは仕事として「決められた」ものではあるが、そこで構築される関係性は「普通」という日常の感覚ともつながるもので、利用者による多様性も「面白さ」として肯定的にとらえていた。

今回ヘルパーの中で唯一の男性だった高倉さん（六七歳、株式会社D）は、この「仕事」としての「介護」の内容を詳しく語ってくれている。

高倉さん：介護っていうのはその人（利用者）が病気ですから。それを維持していかなきゃなんない。ただ病気で弱ってくっていうのは介護にはならない。ですから、介護をしたことによって、その人が少し前より良くならないとね。私そういう風に考えているんですよ。だから、（担当する）加藤（治夫）さんの場合でもそうですけど、私が一番最初に入ったときより良くなっている。こういうのが介護の基本だろうと私は考えてやっています。

高倉さんは長年サービス業でサラリーマンをしていたが、三年前の退職を機に、資格を取得しヘルパーになった。地域貢献の意識が高く、ヘルパーの仕事と同時にボランティア活動もしている[1]。高倉さんはヘルパーの仕事としての「介護」を受ける人の「病気」が改善すること、としてとらえていた。ヘルパーの「仕事」に「少し前より良くなる」という成果を求めるのは、職業経験を持つ男性であることも影響しているだろう[2]。高倉さんは、サービスが介入することで利用者が回復していく、という介入の効果を主眼においた意味づけをしていた。

しかし、ホームヘルプサービスの「仕事」は、高倉さんと治夫さんの関わりのように、利用者が回復するなどの明確に効果がみえる場面だけではない。公務員として、一〇年以上前からヘルパーをしてきた後藤さん（五二歳、A行政）は、自身の経験を振り返りながら、次のように述べる。

後藤さん：（一七年前に私が）仕事した時っていうのは、まだヘルパーという仕事が、私自身もあんまりよく知らないっていうか、世間一般にも知られていないっていうか。どちらかというと低所得者のサービスに入るような雰囲気のことで、入らせていただいて。それから介護福祉士とかが始まったころから、ヘルパーっていうのが、わりと一般化されてきたような感じがして。

で、仕事としては、いい仕事させていただいているなっていうのが、自分としては、思うんですけど。うん。いるんですけど。ただ自己満足で終わってはいけないなっていう。本当に利用者さんのことを思えるような仕事がしていければなって思うんですけどね。なかなか安心してもらえるような、行った時にほっとしていただけるような、そういう仕事がしていければって思うんですけど。

でも、難しいですよね。やっぱり人対人だから。さっき言ったみたいに波長が合うとか、合わないとか。自分はすごく合ってるな、って思っても、もしかしても相手は我慢しているかもしれないっていう。難しい言い方だけど。だから、私はある程度人を変えてみるのもいいかもしれないって。私は、「いいな」って思っていても、もしかしたら、違う人が違う部分で波長、いい関係ができることもあるので。っていう風に思ったりもしてて。できれば一番良い仕事っていう感じでがんばってはいるんですけどね。こればっかりはね、そうもいかないので。難しいなって。だから、事務（的に）「これ間違っている、これ正しい」っていうはっきりした結論がでるといいんだけど、

齋　藤：○×で、

後藤さん：そうそうそう、「これ正解、これ不正解」って。そういうのがでないし。介護度自体も、なんとなく、見た人（認定調査員）の主観が入っているのかなっていうのもあるし。ま、認定の調査も含めて両方させていただいているけど、やっぱり難しい。難しいなぁ、って思って。日々自信の無いまま仕事してます。

後藤さんは、措置制度時代（ヘルパー制度が一般的になる以前）から仕事をしている「ベテラン」ヘルパーだが、「介護」は難しいと言う。「利用者への安心」が重要だと語る一方で、本当に利用者が満足しているのかどうかは、ヘルパー側にはわからない（ヘルパーが満足していると思っていても相手が我慢している場合もありうる）。そのため後藤さんは、ヘルパーという「介護」の仕事は、正解や不正解のわかりづらい非常に「難しい仕事」だと感じていた。後藤さんは、ヘルパーとして長い経験を重ねたベテランでありながら「自信の無いまま仕事をしています」と述べているが、さまざまな経験があったからこそ、対人ケアの本質的な難しさを感じていると言える。

仕事としての「介護」の難しさについては、他のヘルパーも述べている。後藤さんと同様に一〇年以上公務員ヘルパーとして勤務してきた金子さん（五三歳、A行政）は、「介護」を端的に「難しいことですよね」と述べ、筆者が「提供する側が、ということですか？」と尋ねると、次のように続けている。

金子さん：受ける側の方ももちろんね、こう、一番例えば初めとか、緊張したり、どんな人が来るのか、いろんなことを考えますよね。自分がもしそうだったらと思いますし。提供する側としても、もうとにかく……。まあ、難しいですよね。自信満々でできないですね私は。うん。だけど、おっかなびっくりっていうわけじゃないんですが、やはり、あの、機械じゃないので。ごめんなさい、だから相手を見て提供していくという部分。あと、技術的な部分といろいろ。その、さっきあった相性とか、愛情とか、ね。それが全部合えば一番いいんですけども、こちらも生身の人間なので、そこのところでね。さっき言った嫌いか好きかとかね、そういう部分もね。あの、ないと言えばうそになりますし、はい。だから、そこがやっぱり介護って難しいと思っちゃいますね。難しいこと。仕事なんですけども、うん。日々、勉強という感じです。

金子さんは、「介護」（ホームヘルプサービス）の「難しさ」について、対人サービスであるからこそ生じる人間関係の問題について言及している。サービスで訪問することは、ヘルパーだけでなく利用者である高齢者にとっても人間関係を構築していくことになり、お互いに「好き」「嫌い」の側面も生じてくる。単に技術的な「仕事」ではなく、不確定な受け手と与え手の関係性があるため、「難しさ」があるという。「日々勉強」という金子さんの言葉からは、経験だけでは解消されないホームヘルプサービスの「難しさ」が伝わってくる。

一―二　家族介護とホームヘルプサービスの比較

前章の高齢者の中には家族や隣人の支援を「介護」としてとらえている人たちがいたが、ヘルパーの中には、「介護」はホームヘルプサービスとして位置づけつつ、比較対象として家族介護を語る人たちがいた。

佐々木さん（五六歳、社会福祉協議会B）は、社会福祉協議会で一〇年近く協力会員としてボランティアで障害者や高齢者への支援をしていた。その後介護保険制度の導入とともに資格をとり、ヘルパーになって五年になる。「介護」について尋ねると、協力会員としてこの仕事を始めた契機について語ってくれた。

佐々木さん：あの、何か昔から何かそういう仕事が、それっていうか人の何でしょうね、何かそういう仕事をしたいなと。子どもの時からあったんですけれど。それがたまたま母のその介護を自分がすることになって。七年ぐらい寝たあれ（きり）だったんですけど。で、あの、自分は他の入院されている方の世話ができたんですよね。あの、嫌じゃなく。その義務でもなく何でもなく、困っていたらできたので。

齋　藤　：うん。はい。

佐々木さん：何て言うんですか。やっぱりそれは自分には、で、何かその、「うん、できるな」っていう。頼まれたからじゃなくて。うーん、何かしてあげたいというか。

佐々木さんは、資格を取りヘルパーになる以前から「介護」の仕事に興味はあったが、母親を介護しながら病院で他の人の世話を手伝ううちに、自分がそうした「介護」を「嫌じゃなく、義務でもなく」できることに気づき、仕事として「介護」ができるのではないか、と思うようになった。この佐々木さんの語りには、「介護」という仕事が、自発的に他者に何かをしてあげたい、という気持ちがなければできない、という意味づけがある。

さらに、佐々木さんは利用者の家族として「介護」を受ける側の視点にも言及している。

佐々木さん：私の母がやっぱり具合が悪かったこともあって。それで、亡くなった後、このお仕事を始めましたから。それはもう受け、受けるという、実際にこういう、人に頼んだことはないんですけど。やっぱり、その患者側の家族の思いがありましたから。なるべく気持ちよく楽しく過ごしたいね、過ごせるのが一番と思っていますから。

佐々木さんの事例のように、家族介護はヘルパーという職業選択の契機となるが、両者は完全に同一のものではない。横川さん（五三歳、株式会社D）も家族介護の経験を契機に、五年前に2級を取得し登録型ヘルパーになった。

横川さん：私が介護の、その、資格を取ろうとしたのは、家族、母が寝たきりで痴呆になっちゃって、なりつつあるときだったのね。だから、変な話、その介護が私のところに振られてくる…。振られるじゃないか、やらなきゃいけないかなと思ったときに、何か知識があればっていうことで取ったんですけど。やっぱり、何だろう、結構簡単なきっかけで入ったものですから。それが今、一種の仕事の糧、食事……、生活の糧になってるっていうことなので、あらためて介護とはって聞かれると、そんなに綺麗事じゃないところもありますよね、うん。今、その、仕事として割り切っているところと、利用者さんのお宅に入っちゃって、その、一対一でやっているときのコミュニケーションの取り方っていうのは、やっぱりちょっと違ってくるのね。あの、必然的に、そこに少し、何かこう、温かみが出てくるような感覚はありますよね。ずっと行ってる間にね。うん。だから、その時間帯一生懸命やってあげようっていうのは出てきますし、で、一歩外に出ると次に行かなくちゃいけないから、これはもう仕事のね、次から次へと、こう、移動するので……。

齋　藤：あ、そこの切り替えとかは仕事的な、

横川さん：そう。うん、なっちゃいますよね。うん。

横川さんは、実母が認知症のため、介護をすることになり、「何か知識があれば」という動機でヘルパーの資格を取得した。その後、家族介護の経験からヘルパーという職業を選んだが、「仕事」としてのヘルパーは「奇麗事じゃないところもある」と言う。横川さんは家族介護のように一対一で生じてくる人間関係と、一歩外に出ると切り替えが必要になる「仕事」としての側面の両面性を持つホームヘルプサービスの特徴を「介護」として表現していた。

このように、家族介護を経験したヘルパーの「介護」の意味づけには、家族介護とホームヘルプサービスは、対面的な場でのケア行為であるという類似点があるが、ホームヘルプサービスのみ限られた時間の中で提供されるという相違点があることが意識されていた。

一―三　受ける側の視点

これまでの語りでも、ヘルパーにとっての「介護」の意味づけは、受ける側（高齢者）がどうとらえるのか、ということが重要な要素になっていた。ここでは、利用者の意向を重視するだけではなく、「自分が介護を受ける側だったら」という認識から、「介護」を意味づけている人たちについてみていこう。

仁科さん（五〇歳、株式会社D）は、介護保険制度の導入と同時に資格をとり、四年前に現在の民間会社Dに就職した。はじめは常勤ヘルパーだったが、D社では常勤雇用の場合は、ヘルパーからサービス提供責任者、ケアマネジャーと次々と資格を取得してキャリアアップをしていくことが求められた。しかし、仁科さんは家事との両立が難しかったため、就職して一年後に常勤から登録ヘルパーになった。質問をしたときに、始め仁科さんは「介護」をおむつ交換などの作業を想定して語っていたが、利用者のことを考えながらそれだけではない部分も語ってくれた。

仁科さん：利用者のことを考えると。うん。そう、うん。利用者が何を欲してるのかっていうので。訪問したときに、あの、それを、何ていうのかしら、感じとって、こう、サービスを提供していく。

齋　藤：それが、

仁科さん：そうね。それが介護かしら。ただ、あの、精神的に。例えば、どのご利用者様もちょっと寂しい。やっぱりね、年齢がいくと孤独感というのかしら。例えば、自分一人で、こう、いますよね。あちらで、例えば息子夫婦、娘夫婦でも団欒で笑い声が聞こえたりとかする。非常な寂しさって感じるみたい。だから、そういうところで、訪問したときに、少しでも、何ていうんだろうな、気持ちがほんわかっていうのかしら、ああいうふうになればいいなと思いながら、訪問してますけど。

仁科さんは、利用者の求めるものを感じとってサービスを提供することが大事だと考えていた。その中で、特に高齢者が（たとえ家族が同居したとしても）孤独を感じていることもあるといい、そういった寂しさを和らげ「気持ちがほんわか」させるのが「介護」だと考えていた。

高齢者の立場にたって、という意見は、坂本さん（四二歳、株式会社D）も述べている。坂本さんは、三年前に子育てのためフルタイムで勤めていた会社を辞め、時間の都合がつく登録ヘルパーになった[3]。坂本さんはヘルパーとしては比較的若い四二歳だったが、若くて健康な自分と「介護」が必要な高齢者を比較しながら、「介護」を受ける立場の視点からとらえようとしていた。

坂本さん：介護は……。その人個人を大事にすることですかね。それかな。自分も老いていくので、

齋　藤：自分も受ける、

坂本さん：そうですね。

ただし、坂本さんは自分と高齢者の違いも意識している。

坂本さん：多分、私たちは、あの、体が元気だから、あの、何でも自分で……、これを取ろうとすれば取れますし、やろうと思えば、思えばできますよね。でも、やっぱりあの自分の手足となってね、やっぱり動いてくれる人がいなかったら、あの、精神的にもやっぱりきつがるし。

齋　藤：ああ。うーん。

坂本さん：ええ。やっぱりそれを助けるのが私たちの仕事だと思うので。（中略）その人が満足してもその人によっても違いますよね。勉強っていうか。自分で出来る限りの精一杯応えられるようなものを、早く自分で応えていくように。本当に一人一人違うから。

坂本さんにとって「介護」は、高齢者の視点に立って、一人一人の多様性を含めて学んでいくものとして考えられていた。

大倉さん（六六歳、NPO・C）は、知り合いの高齢男性の頼みで、介護保険制度の導入とともにヘルパーの仕事につき、六年間登録ヘルパーとして働いている。資格取得に積極的で、ヘルパー1級を所持していた。

大倉さん：まあ、もちろん、その利用者さんですね、人間としての、その、尊厳ですか。尊厳を大切にして。

まあ、十分な介護を提供ができることというのが、私のモットーです。

大倉さんは、「介護」を利用者の尊厳を大切にして、必要としているものを提供することだ、と考えていた。実際に大倉さんは、制度の規定や自分の労働者としてのメリットにとらわれずに、高齢者を中心としたサービスを心がけていた。例えば、大倉さんは担当するよしさんのサービスをしやすいように、規制の多い民間の事業所Dから規制の少ないNPOの事業所Cに所属を変えている[4]。また、大倉さんにヘルパーになるよう頼んだ高齢男性は、入浴嫌いで八年間お風呂に入ったことがなかったが、大倉さんの働きかけで大きく変わったという。

大倉さん：あの、「今日する（お風呂入る）？」って言うと「する」って言うんです。もうお風呂になみなみお湯を用意して、「じゃあね」って言ってそこまで来ると「やーだ」って。すると「やーだ」っていうことは私絶対しませんから。
齋　藤：じゃあ、そこを根気強くっていうのがコツなのかしら。
大倉さん：そうです、そうです。あのね、嫌だっていうことをやったら、もうね、その次も拒否されます。それがコツだと思います。それこそ「そう。今日嫌なの？　気分乗んないの？　じゃあ、またね」って。私も残念だなーと思ってイライラしますけど、それはこらえます。
齋　藤：じゃあ、こう、抑えるのが、やっぱり……。
大倉さん：大変です。それで今年は、シャワー浴を四回と入浴を四回してくれました。そしたら、全部、体の皮が、海水浴みたいに全部むけました。ひどかった。象さんみたいでした。
齋　藤：でも、よかったですね。

大倉さん：そしたら、「気持ちよかった」って。うん。

大倉さんは、この高齢男性に対して、決して本人の意向に反することはせず（「嫌だ」と言われたら、自分の気持ちは抑えてやめる）、何年もかけてゆっくりと働きかけることで、八年越しの入浴に成功している。

さらに、受け手の視点から、「介護」という言葉自体を批判的に再考しているヘルパーもいた。鈴木さん（五〇歳、社会福祉協議会B）は、佐々木さんと同様に社会福祉協議会で協力会員として二年間ボランティアをした後、介護保険制度の導入とともにヘルパーになった。

鈴木さん：あまり「介護」っていう言葉って、好きじゃないというかピンとはこないんですよね。
齋　藤：では、どう言ったら。
鈴木さん：何かだから、あの、「ちょっとお手伝いさせてくださいね」、みたいな形に思います。
齋　藤：「介護」って言うとどういう雰囲気になっちゃいますかね、「お手伝い」と違って。
鈴木さん：反対の立場でね、「介護」されるっていう。これは、あの、結構しっかりしている（利用者の）おばあちゃんがおっしゃったんだけど。「私は自分でやろうと思えばできるんだから、介護なんかされてないわよ」。
齋　藤：はい。
鈴木さん：だから何か、もう全面的に弱い立場で、面倒を見てもらわないとできないという感覚でとらえているみたいですよね。

鈴木さんは、以前担当した高齢者の一言から、「介護」という言葉が受ける側を「全面的に弱い立場」

にしてしまう側面があることに気づいた。そこから、「介護」という受け手と与え手の立場性が異なるものではなく、「お世話」「お手伝い」する、という日常の対等な関係のような表現が適切ではないか、と考えるようになった。鈴木さんは利用者のことを「おじいちゃま」「おばあちゃま」と呼ぶが、こうした呼び方にも、日常の対等な感覚の中で利用者との関係性を構築しようという意識が反映されている。

第二節　ヘルパーはホームヘルプサービスにおいて何を重視するのか

次に、ホームヘルプサービスにおいてヘルパーたちが重視するものを、それぞれの語りから詳しくみていこう。

二ー一　「利用者が自分で決めること」

遠藤さん（五五歳、A行政）は、公務員ヘルパーとして一六年のキャリアがある。介護保険制度導入以前は、高齢者よりも障害者にかかわっており、制度で規制されたサービスの範囲とケアを受ける人の生活との乖離に問題を感じていた。そのため、ホームヘルプサービスにとって重要なこととして、「利用者が自分で決められること、これでしょうね」と述べていた。遠藤さんは、制度の範囲内では対応できなくても、本人が望むことにはできる限り支援したいと考えていていた。実際に、障害者の女の子のデートに一緒に行きサポートしたり、単身の高齢者のもとに「（事業所には）内緒でクリスマスにいったことも」ある。ただし、現在の介護保険制度下のホームヘルプサービスでは、ケアマネジャーが策定したプランにより細かくサービス内容が決まっており、「今はもうそうしたことはしません。私も若くないし、（事業所と対立するのも）疲れました」と、利用者のために規定外の働きかけをすることはあまりなくなったそうだ。

遠藤さんと同じA行政に勤める後藤さんも、利用者の自己決定を重要だと述べている。「『(措置から)契約へ』ってなって、(利用者が)自分のことをきちんと決められるようになったのが、良かったのかなって思ってたんですね」と利用者側がサービスの決定権を持つことの意義を感じていた。しかし一方で、後藤さんは、実際のホームヘルプサービスにおいて、利用者を主体とすることは難しいと言う。

後藤さん：ただ、なかなか認知症の方がいたりとか。(中略)なかなか自分の希望をきちんと言えないっていうか。やっぱり中に入っているケアマネジャーさんとのやりとりで、やっぱりケアマネジャーさんが「ある程度のサービスを」って組み立ててくださるだろうですけど。そういうのが、なかなかやっぱり難しいなって思うのはありますよね。

齋　藤：そうですね。

後藤さん：やっぱり安心してサービスが使えるっていう。もし自分が近い将来サービスを使うことになったら、どういうことになっているんだろうなってことは、とても考えますよね。今なかなか通院の時にはなかなか介助が使えなかったりとか、

齋　藤：そうですね、通院介助は厳しく

後藤さん：厳しくなっててね、でも必要なことだし。

齋　藤：そうですね、家事援助も減らす方向ですけど、

後藤さん：そうですね。でも、まぁ家事援助は、中にはね、ちょっと入りすぎかなっていう傾向があったりもするんでね、

齋　藤：判断、っていうか評価できるシステムが、

後藤さん：システムがあればいいと思うんですよね。やっぱり私たちヘルパーの仕事をしながら、ケアマネ

ジャーとの連携も大事だと思うんですけど。ケアマネがね、この人にはこのサービスって決めて、利用者さんがきちっと納得して受けていくっていうのがとっても大切だと思いますよね。いっつも足りないとか、不満を持っていてもつまらないですよね。

齋　藤：そうですね。

後藤さん：ヘルパーが一生懸命その間で仕事をしていても、もしかしたら利用者は不満がずっとあるかもしれないっていう。

齋　藤：難しいですよね、

後藤さん：難しいと思います。受けたいっていうのと、提供してもらえる量とがね、なかなかね、

齋　藤：ピッタリには、

後藤さん：ならないのかな、って思いながらね、仕事することはありますよね。

後藤さんも、遠藤さんと同様に、ケアマネジャーが介在することで、利用者本人の意向が通りづらくなっていると感じていた。後藤さんは、利用者が求めるサービスとケアマネジャーによって計画されているサービスに齟齬を感じながら、ヘルパーとしてサービスを提供することの難しさがあるという。サービスのギャップを埋めるためにも、ケアマネジャーとヘルパーが連携することが重要だと感じていた。

社会福祉協議会で介護保険制度導入以前からヘルパーをしていた鈴木さんも、利用者主体を重要な要素として考えていた。特に鈴木さんは、「でも十分な介護っていうとなんか結局、利用者さんが決めるとかそのへんのことと結構重なってくる」と述べ、利用者が決めて十分なサービスにつなげていくということが重要だと考えていた。それに対して、筆者が、「現在の介護保険制度で利用者主体と言われていますが、現状ではどうでしょうか」という質問をしたところ、次のような答えが返ってきた。

鈴木さん：ある程度は、希望は出せるけど。それが可能かどうかっていうのは、微妙ですよね。
齋　藤：うーん。そうですね。じゃ、少しやっぱり、その……。
鈴木さん：これは無理ですとか。あの、実際、他でね、ヘルパーさんを利用している方がいて。病院にね、連れていってほしい。でも、結局送り迎えだけはできるけど、この待ち時間とかは自己負担になっちゃう。
齋　藤：そうですね、今はそうですよね。それが本当に。
鈴木さん：そう、それで、あと、やっぱりちょっと急に具合悪くなっちゃって。で、病院に連れていって、一応見てほしいんだけど、その、ケアマネジャーさんに言ってみたら、送り迎えはできるけど、その…。
齋　藤：うん、その待っている時間は、
鈴木さん：できないからと言って断られちゃったということで。で、一緒に住んでいるご家族っていうのがね、仕事を持っている方なんで、ちょっとなかなか休めない。で、結局、その、おじいちゃまなんだけど、コンコン咳をしながら、家にいて、まあ、病院には診てもらえなくて、一回その救急車ね、もう呼んじゃったんですよね。
齋　藤：ああ、結局、はい。
鈴木さん：でも、たいしたことないと言って帰されたんだけど、咳は続いているし、本当だったら、あの、近くにね。
齋　藤：ちょっと行けばそれで。
鈴木さん：でも結局それができないまま。まあ、そのへんはちょっとご家族のその関係もどうなのかというのも出てくると思います。

鈴木さんは、現行の制度では、利用者である高齢者が希望を出すことはできるが、実際に希望通りのサービスを受けることは難しい、と感じていた。具体的なケースとして、通院を挙げていたが、介護保険制度におけるサービスの内容の制限や、家族要件（実際に介護を担っていなくても、同居家族がいるというだけでサービスの対象外となる）のため、本人が求めるサービスが受けられなかったと言う。本人の要望があっても家族の状況やケアマネジャーの判断などにより、それが通らないこともある。

このように、「利用者による自己決定」を選んだヘルパーは、現状では利用者が自分で決定するという状況には至っていないと感じているために、「利用者が自分で決めること」が望ましいと考えていた。

二—二「利用者が必要なときに、十分な介護を受けられること」

先述した鈴木さんと同様に、横川さんも利用者の自己決定と「利用者が必要なときに十分な介護が得られること」とは共通するとし、両者が重要だと述べる。

横川さん：（大事なのは）利用者が何をしてもらうか決められることとか、してもらいたいかを決められることですよね。

齋　藤：利用者の人がご自分でこういうことをしてもらいたいということを言って、それがそのサービスにきちんと反映されるっていうのが…。

横川さん：反映されるっていうのが一番だと思いますけどね。

しかし、利用者の要望に沿ったサービスを提供することは現実には難しい。坂本さんは、次のように述べている。

坂本さん：人によってはテレビを見たいけど（ヘルパーが）来ちゃうっていうのがあるんですよね。ただ、それが全ていいかっていうことでもないんですよね。身体を動かすためには外に出た方がいい、っていうケアマネもいますし。だから一概には言えないんですけれど。

坂本さんはホームヘルプサービスでは、本人の都合を無視してヘルパーが来てしまうことがあると言う。ただし、ケアマネジャーなどの支援者の立場から外出などを理由にタイミングを決めることもあり、本人の意思だけで決めることがよいとは「一概には言えない」と感じていた。

さらに、介護の量的な充足を挙げる人たちもいた。大倉さんは、「充分な介護を提供すること」を選びながら、次のように述べている。

大倉さん：利用者さんがこういうのがやって欲しいというのがあって、それをケアマネさんとかと相談して私たちが提供するということですよね。

大倉さんは「十分な介護」を、利用者である高齢者の要望そのものではなく、ケアマネジャーやヘルパーという提供者側との調整の結果と考えていた。

しかし、利用者と提供者の判断が関わってくる「介護」において、何が「十分」であるかを判断するのは、非常に難しい。金子さんは、ケアプランの規定と本人の意向が異なってくる可能性とその困難を指摘している。

金子さん：だからそっち（ケアプラン）がいいんだけども、ちょっと今度（利用者が）精神的にっていう部分が出てきちゃうし、機械じゃないのでそこが難しいですよね。正しいものはこっちにあるんだけども、プランとして、例えばこうして、こうして、こうしたほうがいいってあるでしょ。でもだけどねっていう部分で、

齋　藤：ご本人の、やり方とか。

金子さん：ね。かと言って、じゃあこっちの人（利用者）のことばっか聞いてればいいのかっていうと、また違う部分がある。さっきの（介護保険制度のサービスの）上限の部分もありますし、ここが一番難しいですよね。そこの、この、何ていうのかしら、納得させるっていうんじゃ変ですけど、言い方が違うかもしれないけど。

（中略）何か、こう、少しずつでも、こうね、合致すればそれは簡単ですよね。「あー、よかった」ですんじゃうんだけど。そうじゃない場合に「じゃあどうするの」っていうことになったときに、じゃガーンと進めればいいのかっていったら、逆に元気なくなっちゃったとか。例えばね、部屋が綺麗になって、家具もピカピカになったけどどうなの？　精神的に何か元気なくなっちゃったとか、そういうこともあるかもしれない。

齋　藤：落ち着かないとか。うん。

金子さん：そう、落ち着かないとか。人ってね、あの、汚いのはいけないかもしれないですけど、でも例えば、雑然ていうか本人にとっては雑然じゃないんだけど、物があった方が落ち着く人と、スキッと何もないのが好きな人とっているから。

齋　藤：そうですね、うーん。

金子さん：だけど、そればっか聞いてたら駄目だよねっていう部分と、こういうふうに丸くなくってね、いろいろあると思うから、それは少しずつ近づいていくように、ここに基本的なことがあったとしたら、あの、ある程度まで全部ぴったりじゃなくてもいけるように、こちら側からも働きをかけて、あちら側も少しずつ柔らかく、こう、なってってくれれば、何の問題もないのかな。そこがもう毎日の、毎回というか……。

齋　藤：その日々、

金子さん：日々のね、変化。もちろん体調、もちろん変化していくし、精神的にだって毎日同じ人はいないじゃないですか。話を持っていき方のときも、やっぱりね、タイミングとか……。

齋　藤：その時その時で、求められるいいサービスっていうか、お互いの、一応関係みたいなのは変わってくるっていう、

金子さん：それで見直しをしていくとサービス内容が、例えば変わっていくとかあるじゃないですか。だから、やっぱりこれだっていう基本を決めたとしても、やっぱりちょっと、変わってきてますよかいうことで。まあ、それが理想ですよね。

金子さんは、ヘルパーの役割は、高齢者本人の意向とプランの目的の両者をすり合わせていくことだと考えていた。そのため、ヘルパーと高齢者が双方歩み寄りながら、プランを画一的なものではなく、日々の変化に合わせて変えていくことが重要だと感じていた。

二―三　「人間関係がうまくいくこと」

高倉さんは、次のように述べる。

高倉さん：人間関係がね。やっぱし介護の時に。一番こう重要な感じがしますね。

齋　藤：なるほど、

高倉さん：これがね。そうしないと、来ていただいても人間関係がうまくいっていないと、やっぱし相手も不安だしね、こう。

齋　藤：はい、

高倉さん：そういうふうに、だから一番最初は人間関係をうまくやることをやっぱし何かはあれしますね。

高倉さんは、項目を丁寧に読みながら、「人間関係」が「一番大切」だと語ってくれた。人間関係がうまくいっていないとサービスを受ける高齢者も不安があるだろうと考えていて、特に新しく担当になった際には「人間関係をうまくやること」に気を使うそうだ。

佐々木さんも、人間関係を選んでいる。

佐々木さん：人間関係…あ、でもこれは絶対。

齋　藤：あ、ここ。

佐々木さん：波長が合うことっていうのはもう…、最大ですね。

齋　藤：あ、はい。絶対、

佐々木さん：そう思いますね。人間…、人間関係ですね。まず、それができていないと……。あの、向こうも気を許さないと難しいですし。いろんなことはあるんですけど。やっぱり行ってこう相性がいいっていうか。「あ、この人なら」、で、やれるっていう。

齋　藤：うーん。

佐々木さん：あの、たとえすごくちゃんとできた人（ヘルパー）でも。このね波長が合わないと難しいんですよね。「仕事ができる・できない」じゃなくて。やっぱりそこに入った時に相手に気持ちが「許せるか・許せないか」。で、やるほうもそうですけど。私たち自身もそうですけど。

齋　藤：はい。

佐々木さん：やっぱりそこに気持ちよく仕事も。やっぱり相性がすごく大事です。

佐々木さんはホームヘルプサービスが、仕事として決められたことをきちんとこなすだけでなく、利用者と波長を合わさないとうまくいかないと感じていた。つまり、人間関係の構築が前提となり、仕事の評価につながると考えていた。

山崎さんも、同様に人間関係が重要だと考えていた。担当している敏子さんについては、共通の趣味のカラオケが、いい人間関係を構築するきっかけになっていると感じており、「午前とか、午後とか。私がいくとほら、って。全然そういう（趣味の）話をする前と、全然違う」と話してくれた。

このようにヘルパーは、仕事としての「介護」（身体介護や生活援助）をうまくやるための手段として、人間関係が重要だと感じていた。

第三節　小括

三―一　ヘルパーの「介護」観

ヘルパーは、「介護」についてホームヘルプサービスを想定して語っていた。ヘルパーには、「仕事」としての意味づけから語る人と、家族介護との比較による意味づけから語る人、受ける側の視点を想像して語る人がいた。

「仕事」として語られた事例をみていくと、高倉さんは介入することで高齢者の状況を改善するという、サービスの効果を重視していた。実際に高倉さんは、担当する治夫さんに対して、自分がサービスを提供することで健康状態が改善したと感じていた。これは、介護保険制度における医療的ケアの方向（特に改正後、「介護予防」として強調されている）にも重なる。

一方で、介護保険制度導入以前からサービスを提供している公務員ヘルパーの後藤さんと遠藤さんのように、サービスの実践において、利用者の回復という目に見える成果だけではない、仕事の難しさも語られていた。この理由として、利用者と提供者側でどうサービスをすり合わせていくのかという明確な基準のないまま、「利用者のため」という理念が強調されることが挙げられる。こうした「難しさ」は、利用者の状況によって常に生じる可能性があり、経験を積んだからといって、解消されるわけではない。ベテランともいえる二人が、今も悩みながらホームヘルプサービスの「仕事」をしているのは、こうした労働の根本的な困難を理解しているからともいえる。

次に、家族介護の経験があるヘルパーは、家族介護とホームヘルプサービスを比較しながら位置付けていた。家族介護とホームヘルプサービスには、「介護」の行為としての共通性がある一方で、ホームヘルプに特有の時間的・制度的制約という差異があるということが意識されていた。また、家族介護の経験のあるヘルパーは、提供者としてのヘルパーの視点だけではなく、介護を受ける高齢者や家族を配慮する視点を持っていた。

最後に、ヘルパーが利用者の視点から「介護」をとらえなおしている事例では、自分がサービスを受けるとしたら、という前提で語られていた。そこでは、介護をされる側の精神的な部分の強調と、高齢者の日常性への配慮が語られていた。こうした語りを行うヘルパーは、坂本さんのように若い自分と高齢者との身体的な違いや、鈴木さんのようにケアをする側とされる側の違いなど、介護をする側とされる側の非対称性を強く意識していた。

三—二　ヘルパーがホームヘルプサービスで重視するのもの

ヘルパーは、ホームヘルプにおいて、利用者の自己決定と、ニーズの充足、そして人間関係を重要な要素として挙げていた。

利用者を主体とすることは、介護保険制度の理念でもあり、対象者のヘルパーの多くがその重要性を感じていた。介護保険制度ではほとんどの場合、ケアマネジャーがケアプランを策定するが、ケアプランと高齢者の実際のニーズが異なる場合もある。A行政で措置制度時代からホームヘルプサービスを提供してきた遠藤さんや後藤さんは、ケアプランとニーズの齟齬を感じ、ヘルパーのサービスへの裁量権があった以前の方が高齢者のニーズにフレキシブルに対応できたと感じていた。

さらに、鈴木さんや横川さんが述べたように、利用者の自己決定と、利用者が十分な介護を受けることは重なっている部分がある。しかし、自己決定と同様に、高齢者が自分で必要だと考えるサービスが、必ずしも適切なサービスになるわけではない。「適切なサービス」はケアマネジャーの判断や、家族の状況なども含めて複合的な要素から決定してくる。大倉さんや金子さんが述べるように、利用者の意向とヘルパーの意向、さらにケアマネジャーの意向という複雑な要素が含まれるホームヘルプサービスでは、明確な基準を設定することが困難なのである。

こうした曖昧な基準の中での利用者の意向の尊重は、規制等によりサービス提供の規定が設定されている介護保険制度のサービス実践において、さまざまな困難をうみだす。介護労働安定センターによる労働者の意識調査（2011b）では、「利用者および家族についての悩み、不安、不満」について尋ねているが、全ての介護職で「利用者に適切なケアができているかが不安である」という項目を選ぶ人が四割~五割と最も高かったが、ヘルパーなどの訪問系の場合は、そうした悩みに加えて、「利用者は何をやってもらっても当然と思っている」（二八・四％）、「定められたサービス以外の仕事を要求される」（二〇・四％）が他のサービスよりも割合が高かった。この背景としては、ホームヘルプサービスの特徴があると考えられる。施設サービスと比べて、ホームヘルプサービスでは生活状況によるニーズの個別性が生じるが、提供時間や内容は施設サービスよりも制限される。そのため、ヘルパーにとって、利用者との仕事の範囲の調整が課題となってくる。

以上のように、ヘルパーは、「利用者」の意向や思いを重視するという制度の理念を共有し、内在化しつつサービスを提供している。このことは、利用者主体が実現できていないという問題をよりヘルパーに感じさせたり、利用者の意向と提供者の意向をどのように調整していくのか、その基準が見えないままサービスを提供するという、困難を生じさせたりしている。

ヘルパーのうちの数人は、このような複雑な状況で提供するサービスをより円滑に行う手段として、「人間関係」を位置づけていた。「人間関係」を選んだヘルパーは、高齢者との関係性をよくしないと仕事自体がうまくいかない、と考えていた。ホームヘルプサービスが、高齢者の自宅で行われるということや、両者の意向を組み込んだより曖昧な内容であることが、人間関係を強調させる一因にもなっている。

三―三　高齢者とヘルパーの意味づけの比較

最後に、第二章の高齢者の意識と本章のヘルパーの意識の比較を行いたい。

ヘルパーは「介護」を自身の仕事であるホームヘルプサービスとして意味づけていたのに対して、高齢者の場合は、より多様性がみられた。高齢者は、「介護」をホームヘルプサービスだけでなく、家族や友人などのインフォーマルな関係性の中で広く位置づけていた。これは、「介護」が高齢者にとって日々の生活という日常性の中に位置づけられていたこと、さらに、その生活の中ではホームヘルプサービスがごく一部であることを示す。こうした高齢者の意識は、ヘルパーの専門性や仕事としての意識とは対照的であった。

他方、ホームヘルプサービスの内容として語られる「介護」は、高齢者とヘルパーで共通性がみられた。両者とも、ホームヘルプサービスが、「仕事」としての側面がありつつも、そこには収まりきらない「会話」などの対人関係の側面を含むことが示されている。こうしたフォーマル・インフォーマルな特質は、より具体的なケアの相互行為の中で詳細を検討する必要があるだろう。

次に、ホームヘルプサービスで何を重視するのかについては、ヘルパーと高齢者とで選ぶ項目に大きな違いがあった。まず、高齢者の自己決定についてである。「利用者主体」（利用者が決定すること）の重要性を、高齢者は誰も挙げなかったが、ヘルパーは重要なものとして挙げていた。ではなぜ、高齢者は「自己決定」を挙げなかったのだろうか。

考えられる一つ目の理由として、高齢者が現状にある程度満足していて、特に自己決定が重要だと語らなかった可能性がある。

もう一つの理由は、「自己決定」が高齢者にとって現実的な選択肢として考えられていない（サービスの実践において、自己決定は無理だと考えている）、という可能性である。例えば治夫さんは、認定調査の結果に不満を持ち、医師に働きかけることで、要介護度を変更したり、ケアプランの内容を自身の望むようにケアマネジャーやヘルパー、事業所に交渉したりする、非常に戦略的な高齢者である。にもかかわらず、調査の際に自己決定の項目を見た時、筆者に次のように問いかけた。

治夫さん：この「何をしてもらうかをあなた（利用者が）自身で決められること」、こんなことはできるんですか？　決まっているんじゃないですか？　やることはみんな。

齋　藤：そうですね、ケアプランを決める時に、一応利用者主体ということで、利用される方が計画を決めるという、

治夫さん：でも「全部こういうふうに」って決まってくるみたいですよ。

齋　藤：そういう風に感じられますか？

治夫さん：ええ。

治夫さんは、「自己決定」は実際にはできず、「やることは決まっている」と感じていた。そして、その権限を持つのは、自分ではなく、ケアマネジャーだと考えていた。治夫さんと同様に認定調査の結果に不満を持ち、行政に働きかけた実さんも、サービスを決定するのは事業者だと考えていた。実さんは、サービスに不満があっても事業所を変更することはできないと述べる。

実　さん：ケアマネに言ってもダメなんだ。だめなの。ほとんどみんな変えてくれない。それはみんな言う

からね。そこ（事業所）に所属している人は駄目だって。他に変えてもらうって言ったって変えてくれない。

このように、一見積極的に働きかけを行って自己決定しているように見える高齢者でさえ、現行のサービス体制のもとでは、ケアマネジャーがサービスを決定しており、自分が主体となって決定することは難しいと考えていた。

逆に、ヘルパーはなぜこの項目を選んだのだろうか。事例からは、「利用者主体」の理念と現実の乖離に問題を感じている様子がうかがえる。このことから、高齢者よりもヘルパーの方が、より制度の理念である「利用者主体」を実現すべきものとして把握しているともいえる。

もう一点、高齢者とヘルパーで違いがみられたのが「人間関係」のとらえ方である。ヘルパーは、ホームヘルプサービスを提供する場合に「人間関係」が重要な要素であると認識していたが、高齢者は、正子さんを除いて、特にそのことを重視していなかった。ただし、正子さんは、保健師として長年ケアする側に立っていた経験もあり、自分と他の「素人」の高齢者とを区別している。人間関係の重要性についても、受ける側の高齢者でありつつ、与える側のことも考えながら発言しており、受け手と与え手の両方の視点から意味づけていると考えられる。

高齢者とヘルパーとの認識の違いが生じる理由として、一つは、ホームヘルプサービスにおいて、ヘルパーが思っているほど、高齢者が必ずしも人間関係だけを重視していない、ということが考えられる。第二章の介護の意味づけでみたように、高齢者がホームヘルプサービスにおいて求める「会話」と「仕事」のバランスには多様性がありつつも、高齢者は人間関係よりもヘルパーに「普通に」「仕事」をしてもらうことを重視していた。

第二が、ヘルパーの方が「仕事」として高齢者に接するため、「人間関係」をどのように構築するのかを明確に意識する、ということが考えられる。ふみさんが、会話や歌などを重視しながらも、それは「普通のこと」と認識していたのと対照的に、ヘルパーの語りでは、「仕事」を円滑にするためのツールとして「人間関係」を位置づけていた。つまり、高齢者は日常の一部として「会話」などのインフォーマルな要素を位置づけているのに対し、ヘルパーは業務の一部として位置づけていたという違いがあった。

以上、高齢者とヘルパーにはホームヘルプサービスの水準や人間関係の期待や意向に違いがみられた。また、このような期待や意向は、日々のホームヘルプサービスの実践から影響をうけて作り上げられていた。そこで、次の第四章と第五章では、実際に提供されているホームヘルプサービスの場で、高齢者とヘルパーの期待や意向がどのように重なり、異なるのか、また異なる場合はどのように調整されているのかについて検討していこう。

［注］

1　高倉さんは、ボランティアでは在宅の知的障害の子どもを一時的に預かるサービスを行っている。
2　Clare Ungerson（1987=1999）は、家族介護者の調査から、職業経験のある男性は女性と異なり、介護を以前の自分の経験した「仕事」の枠組みの中で捉える傾向があると指摘している。
3　坂本さんはヘルパーの仕事が「好き」なので、子育てが落ち着いたらフルタイムで働きたいという。
4　事業所のヘルパーに対する管理については、第六章で検討する。

第四章

ホームヘルプサービスはどのように調整されるのか

――サービスの範囲についての高齢者とヘルパーの認識の比較

第二章・第三章では、受け手と与え手の「介護」観を検討した。そこから、ケアの関係性の問題（ケアを受けることが孕む「受け入れがたさ」や、非対称性を前提とする意識）や、フォーマル・インフォーマルのゆらぎがあるホームヘルプサービスの特質（仕事の範囲の曖昧さや、ヘルパーと高齢者の関係性の多様性）、受け手と与え手の意味づけの違いが明らかになった。

第四章（本章）と第五章では、高齢者と担当ヘルパーのペアの一〇事例を対象に[1]、サービスの範囲（第四章）と人間関係（第五章）の二つの側面について、高齢者・ヘルパーの双方の認識を比較しながら、両者のケアの期待や利害がどのように調整されている／いないのか、その要因を明らかにする。

本章では、ホームヘルプサービスの範囲に関する調整についてみていく。第一章で述べたとおり、ホームヘルプサービスは高齢者の自宅で提供することからも、サービスの内容を明確に決めることが難しい。介護保険制度下では、ケアプランで内容が決められているが、ヘルパーの調査からはヘルパーがプラン外の提供を行うことや、細かな内容を現場の状況に合わせて提供することが報告されている（鈴木ら 2010）。そこでここでは、サービスの充足／非充足（高齢者の自己決定、サービスが十分か、高齢者が満足しているか）に関する高齢者とヘルパーの語りを比較し、サービスに関する多元的なリアリティを明らかにしつつ、調整の可能性について議論をしていく。

対象の高齢者は要介護度が軽度から重度までいるが、要介護度によりサービスの内容やフォーマル・インフォーマルのケア体制が異なる。木下康仁（2001: 103-106）は、高齢者の老いのプロセスに合わせて、ケアサービスを六段階に類型化しているが、このうちホームヘルプサービスの対象となるのは第二段階の「家事援助」（生活援助）と第三段階の「身体介護」である[2]。「家事援助」は、一人での生活が徐々に困難になる状態で、ＩＡＤＬに対応したサービスが提供される。ただし、ニーズが顕在化するかどうかは個人差が大きい。「身体介護」は一人での生活は援助なしには不可能な状態で、ＡＤＬに対応したサービスが提供される。そこで本章と次章では、軽度で生活援助中心の事例と重度で身体介護中心の事例に分類した上で分析を行う。

軽度の事例――節子さん（要介護度1）、清さん（要介護度1）、実さん（要介護度1）、きよさん（要介護度1）、正子さん（要介護度2）――は、高齢者がある程度自活でき、歩行に困難がある人もいるが、介助があれば外出が可能な程度である。家族がいる場合は、「介護」というよりも家事や通院介助などの役割を担う。ホームヘルプサービス以外ではデイサービスを利用している場合もある。

一方、重度の事例――悦子さん（要介護度4）、ふみさん（要介護度4）、佐和子さん（要介護度5）――は、高齢者が寝たきりで自立した生活を送ることは難しく、ケアニーズが高いため、ヘルパーの訪問回数は生活援助の場合と比べて多い。さらに、ヘルパーだけでは在宅生活を支えることは難しく、同居・近居の家族介護者がおり、日々の介護を担っている。ホームヘルプサービス以外では、訪問看護や家族介護者支援のためのショートステイサービスが利用されている。

尚、要介護度が中度で生活援助と身体介護の両方のサービスを同じ程度で利用する治夫さんと敏子さん（どちらも要介護度3）の事例については、入浴以外の家事は自分でほとんどのことができ、リハビリにより身体状況が改善している治夫さんは軽度のケースに、排泄介助を含め頻繁な身体介護が必要で、進行性の病のため徐々に身体状況が悪化する見通しの敏子さんは重度のケースに分類した。

第一節　軽度のケースにおけるサービスの調整

軽度の高齢者が中心的に利用する生活援助は、内容がある程度標準化されている身体介護と比較して、個々の高齢者による多様性が大きい。後藤・若松（2001）は、サービスの形態がサービス評価の規定要因になっており、最も高齢者とヘルパーの認識が異なるのが家事サービスだと指摘する。家事を中心とする生活援助では、何が適切なサービスなのかをめぐる高齢者とヘルパー間の認識の齟齬が生じやすく、その調整が課題となる。

一―一　高齢者が「適切なサービス」が提供されていないと考えるケース

一―一―一　正子さんと後藤さんの事例

正子さん（八六歳、要介護2）は、夫と子ども二人（別居の既婚の息子と同居の未婚の娘）がいるが、夫は有料老人ホームに入り、娘と二人暮らしをしている（ただし、娘とは疎遠で食事なども別）。身体状況はそれほど悪くなく家事なども基本的には自分でできるが、高齢のため生活援助（主に掃除）を週に一回利用している。調査の一ヶ月前にヘルパーが民間事業所からA行政に変更になった。

後藤さん（五二歳、A行政）は、一七年のキャリアがある公務員ヘルパーである。正子さんの所では、五人の担当でローテーションしながら、生活援助を行っている。

■高齢者・正子さんの認識――ヘルパーの変更によるサービスへの失望

ホームヘルプサービスについて、正子さんの大きな関心は、ヘルパーの事業所の変更とそれによるサービスの変化であった。最初にサービスを使ってから四年間は、民間の営利事業者の一人のヘルパー（七〇代の女性）が掃除を担当していた。

正子さん：あの、決められているあれ（規定）があるでしょ。それより、うんとやりすぎているのよ。
齋　藤：あー例えばどういったことを、
正子さん：普通はあの、ガラス拭いたり、台所のそういう所（流しの排水溝）拭いたりとかはいってないでしょ、家事介護（生活援助）にはね。そういうのをよくやってくれたのよ。自分のうちみたい。私なんてなんにも知らない。その方（ヘルパー）の方が全部あるとこ知ってたのよ。そういう風にしていたのよ。

正子さんによると以前の民間ヘルパーは、介護保険制度の規定で決められている普段使う場所以外も、掃除してくれていた（ただし、ヘルパー講習の講師をしたこともある正子さんは、介護保険制度について熟知しており、民間ヘルパーのサービスが制度の規定「以上」であることを理解していた）。さらに、民間ヘルパーの掃除の仕方はまるで「自分のうち」のように非常に丁寧だったそうだ。この民間ヘルパーは、さまざまな場面で正子さんを助けてくれた。例えば、正子さんが入院した際に、同居の娘はあてにならず、このヘルパーが自宅から入院に必要な着替えを持って来てくれた。入院中には「病院の食事がまずい」という正子さんのために好物を買って見舞いに来てくれた。

しかし、民間ヘルパーは現在の公務員ヘルパーに変更される。正子さんは民間ヘルパーに非常に満足していたようなので、どうして変更したのか疑問に思い尋ねたところ、次のような答えが返ってきた。

正子さん：それは、お宅の方でかえたんじゃない。
齋　藤：お宅っていうのは、ケアマネさん、
正子さん：そうですよ。向こう（民間ヘルパー）もさんざん泣いて、「悲しい、桜井（正子）さん」って。私だってがっかりよ。私が変えたんじゃないよ。それなんか、規則で変えなくちゃならないんだって。そんな規則あるのかしら。
齋　藤：そうですね……。
正子さん：だから、今役所に従っている。だから、（ヘルパーには）何にも言わないわよ、何があったって。今役所の人（ヘルパー）が来ても、「もうここはどうでもいいから、簡単にしていきなさい」、「どうぞどうぞ、どうでもいい」って。

正子さんも民間のヘルパーも継続を望んでいたが、ケアマネジャーから「同じ人は駄目だって。四年間も来ているから」と言われ、そうした規則があるなら仕方がないと変更した[3]。望まない形でヘルパーの変更をされたことで、正子さんはホームヘルプサービスに失望し、変更後の「役所」のホームヘルプサービスに「どうでもいい」と期待を持てなくなってしまった。

正子さんは、二つの事業所のヘルパーの対応は「ぜーんぜん違う」と言い、行政のサービスのやり方では「だめだ」と考えていた。介護保険制度においては、どの事業所でも利用者の自己負担は一律なので、「同じ金払ってこんなに違う」のであれば、行政のサービスは「つぶれてしまう」のではないか、と感じていた。

正子さんは、事業所の違いがあるサービスの具体例として掃除について話してくれた。公務員ヘルパー

の中には「洗面器を洗ってなかったり、座るあれ（椅子）を洗ってなかったり」、「洗面器に（汚れの）首輪がついていたり」ということもあるそうだ。そのため、正子さんはヘルパーにはできるだけ頼らずに自分で家事をする。

正子さん：（サービスは）向こうの言うとおり。だから、私お洗濯も自分でするわよ。苦しくってもね。
齋　藤：洗濯はお願いできないんですか？
正子さん：やってあげますって言うけどね。もう九時にくるでしょう。もうそん時には、お風呂のお湯で（洗濯）やって干しているわよ。私、六時に起きるから。それでね、お風呂掃除だって、こんなの（椅子）持ってって座らなきゃできない、苦しくって。だから。
齋　藤：冷蔵庫の中の掃除は、
正子さん：してくれたことない。前の人はしてくれたわよ。こんなとこまでって（くらい）きれいにしてくれるの。それから、だからね、私、お皿でもなんでも物がどこにあるか知らないの。自分の家みたいにぜーんぶ、ヘルパーさんがぜーんぶやってくれるから。だから、ここ（キッチン）なんかピッカピカだったの、前は。気持ち悪いんだって汚れていると。人によって違うの。ヘルパーによって、顔が違うみたいに。でも、こん（冷蔵庫）なかだと大掃除になっちゃうでしょ。だから私頼まない。前の方はしてくれていたからね。

正子さんは、制度の範囲に関わらず「自分の家のように」丁寧に掃除してくれた民間ヘルパーと比較して、現在の公務員ヘルパーは規定の部分のみで、やり方もあまり丁寧ではないと感じていた。そのため、掃除も洗濯も身体が苦しいながらも自分でやると言う。また、第二章でもみたように正子さんは看護師を

「医療のプロ」、ヘルパーを「家事をする人」と考えており、自分の体調が悪い時（起床時や入浴時やど心臓が痛むことがしばしばある）には頼れないと考えていた。これまでも正子さんは何度か具合が悪くなることがあったが、ヘルパーやケアマネジャーに相談することはなく、自分でタクシーや救急車を呼んで病院に行くようにしていた。

しかし、正子さんはこうした不満をヘルパーや事業者側に伝えようとは思わないと言う。その理由の一つは、先述した気に入ったヘルパーが自分の意思では継続できなかったことにより、ホームヘルプサービスに対して失望したためである。正子さんは現在のヘルパーに対してあまり期待しておらず、終了時間よりも一〇分前に「早く、そんなのきれいにしなくたっていいから、早く次のおうちに行ったらいいわよ」と移動をうながす。

正子さんがヘルパーに自分の意見を言わないもう一つの理由は、組織の労働者であるヘルパーの立場を理解しているためである。

正子さん：（苦情や不満は）言わない。一切言わない。
齋　藤：それは、言ってもしょうがないなぁ、って
正子さん：あぁ。それは個人対個人ならいいけれども、組織の中の個人でやっているからね、言ったたって無駄だから、言わない方がいいわよ。
齋　藤：それで、関係が悪くなったら、
正子さん：ね、かわいそうじゃない、来てる人が。やるのもやりにくいしね。だから、言わない。どうしてっていうとね。私も保健婦を七、八〇人使って、看護婦も準看も教えたわよ。保健婦も教えたわよ。保健婦もすごいものね。私だって、どれだけされたかわかんないけど。そういうのを使って

やってたからわかるのよ。だから、言ってやったって、無駄だってわかるもの。

正子さんは、自身の保健師としての経験から、ヘルパーが組織の中で働いているため裁量権が限られていて、事業所の方針によって対応が決まってくるということを理解していており、ヘルパーに要求をしてもヘルパーが大変になるだけだと考えていた。

■ヘルパー・後藤さんの認識——「仕切り直し」による適正化

正子さんは契約が長すぎるという理由でヘルパーを変更された、と述べていたが、サービス提供者側の後藤さんの意見は異なる。

後藤さん：民間のヘルパーさんだったのが私たちに代わって。（以前は）あまり使ってない部屋のお掃除をやってもらいたいとかあったんですけど。それが介護保険の中では難しいっていうのがあって。それでヘルパーを代えて、ちょっと仕切りなおしをしたっていうのがあるのかな。なので、私たちに代わってからは、それ以外のことは要求しないようになっている感じですね。

後藤さんの語りからは、正子さんが介護保険制度の規定以上の要求をしていたことが問題とされ、ヘルパーが変更になったことがうかがえる。規則に対して厳格なA行政に変更することで、正子さんは制度以上の「要求をしないようになった」ため、後藤さんは「仕切りなおし」ができたのではないか、と考えていた。先程みたように正子さんは、お気に入りのヘルパーを継続できないサービスに失望したため自分の要望を言わなくなったのだが、後藤さんは、「変更が功を奏して、制度のサービス範囲を理解してくれた」

と認識していた。後藤さんは正子さんと意見がぶつかることは「今はないです」と答え、「たぶん以前そういう（規則以上のことを要求する）ことがあって、今はそういうことを言わないようになっていますからね」と述べていた。

後藤さんはサービスにおいていつもゴミ捨てをしてから、決まった部屋を掃除する。正子さんの要介護度だと週一回のホームヘルプサービスだけでなく、もっとサービスを増やすこともできるのだが、正子さんも要望を出さず、別居の息子のサポートもあるため間に合っているのではないかと考えていた。ただし、ケアマネジャーは、正子さんが入浴の際などに不安があり、見守りがあった方がよい状態だと判断していた。しかし、正子さん本人はサービスを増やすことを希望していないので、後藤さんたちヘルパーは、「必要があればできますよ」と伝えるにとどめている。

後藤さん：ま、ご本人もすごくがんばりやさんですからね。
齋　藤：ご本人でずいぶんと自分のことを、
後藤さん：そうですね、苦しいながらも、動ける時には動いて。すごくきちんとした方ですからね。（中略）わりときちっとされていますからね。あんまり（これ以上必要だとは思わない）。わりと整理整頓されていないとこだと、（ヘルパーが）「ここもやんなくちゃ、ここもやんなくちゃって」なると思うんですが。（正子さんは）きちっとされているので、今のところ手を伸ばしてっていうところは、私自身は感じないんですけどね。

後藤さんは、正子さんはサービスの不足があれば伝えてくれる、意思表示ができる高齢者だと考えていた。家の状態はヘルパーから見ても「きちんと」しており、本人の要望がない現状では、サービスは充足しているのではないか、と考えていた。

さらに、サービスに対する正子さんの満足度について、後藤さんは次のように認識していた。

後藤さん：まぁ週に一回二時間の、その作業の中から見ると、その中でできる精一杯、まぁ精一杯っていったら大げさですけど、ま、（できる）ことはしているっていうことは見ていただいているのかな、って。ごめんなさい、意味判ります？　ま、もっと時間があればもっとしてもらえるのかも、って思うのかもしれませんが。今の時間でやる分に関しては、満足しているのかな、かな？

後藤さん：（正子さんは）私個人ということではなくて、ヘルパーは必要としてらっしゃると思います。

齋　藤：その期待に応えていると思いますか？

後藤さん：アハハ。「ああ、十分」とか言いたいですけどね。それはね。だから、さっきもちょっと、時間内の中の週一回の仕事は精一杯やらせていただいているので。あとで向こうからすごい答えが返ってきたりしてね。

後藤さんは決められたことを時間内で「精一杯」やっており、正子さんは満足してくれているのではないかと考えていた。ただし、「かな？」と疑問形であったり、「向こうからすごい答えが返ってきたり」と話すように、正子さん自身の評価はわからない部分もあり自分とは異なる可能性があることも認識していた。

一―一―二　きよさんと坂本さんの事例

きよさん（八四歳、要介護1）は、息子夫婦と孫との四人暮らしである。夫は数年前から認知症になり、グループホームへ入所している。きよさんは、週に一回の通院介助と二回の生活援助（主に掃除）を利用している。

担当ヘルパーは四名（生活援助と通院介助が二名、通院介助のみが二名）である。坂本さん（四二歳、株式会社D）は、以前は会社員としてフルタイムで働いていたが三年前に退職し登録ヘルパーになった。きよさんの所には二年前から通っており、主に生活援助を担当している。

■高齢者・きよさんの認識――ヘルパーとの家事についての感覚の違い

きよさんの家でも、生活援助の内容は正子さんと同じように掃除が中心である。きよさんはヘルパーを頼む際に、最初に自分のやり方や方針を伝える。さらに、「今度見えたらね。何をやっていただこうかなと思って考えておくんですよね」と事前に要望を決め、当日ヘルパーに伝えるようにしている。

きよさん：いろいろ助かっていますからね、自分でできないことを。早い話が椅子に座って、ぜんぶ「あなたあれとって」とか、「あれあっちにやって」とか、全部口だけで用が足りちゃうから、ありがたい。ありがたいと思っていますよ。それね、自分だったら、思ったって、自分でこっちやったりとかやったりしないけど。それね、口で言うと……みなさん二年も来ている人だから。「ハサミ出してこれ切ってね」って言うとちゃんとハサミを出して切ってくれるから。「あそこに入っているのよ」って言わなくても、みなさんハサミの場所もちゃんとわかっていて。さっと出してくださるからね。慣れていらっしゃるからね。

きよさんは、生活援助を担当するヘルパー（二名の担当、うち一名は坂本さん）に対して、「みなさんね、よくやってくださってとても助かっています」と感謝していた。ただし、きよさんの要望のすべてがヘルパーによって対応されるわけではなく、これまで何度かヘルパーと感覚の違いを感じることがあったと言う。例えば、きよさんが枕カバーをつけてもらおうと思ったら「今そんなの縫う人なんていないですよ」と安全ピンでとめられてしまった。ヘルパーは四〇代中心に若い人が多く、「力がありとても助かっている」というプラス面もあるが、裁縫などの家事がきよさんの思う水準に達していないというマイナス面もある。若いヘルパーとの感覚の違いについて、きよさんは次のように語っている。

きよさん：うーん、何かしょっちゅう（違うと感じることはありますね）。まあね、やっぱしヘルパーさんだっていろいろ個人差があるからね。まあ、私は、今の方でね、十分だと思っていますけどね。やっぱりものは自分の思った通りきちっと相手がやってくださるってことはありえないと私は思う……、思っていますからね。

齋　藤：ああ、うーん。

きよさん：ええ、そんな私の思う通りね、私は特に大正生まれですからね。ええ、ですからもういいのと。

きよさんは、大正生まれの自分と約四〇年の世代差があるヘルパーたちとの価値観の違いを感じおり、「自分の思う通り」に「きちっと」やってもらうことは「ありえない」と考えていた。サービスに満足しているというよりは、「もういい」という妥協の心境である。

きよさんが、現在のヘルパーとの意識の違いを世代差によるものだと考える理由は、最初に担当した七〇代ヘルパーがきよさんと感覚があっていたためである。

息子の妻：（きよさんと七〇代ヘルパーは）もう本当にツーカーなんですよ。こう、「あれ」言ったら、ぴったりで。それがまた素晴らしくて。
きよさん：それでまたね、和裁も洋裁もできるんですね。うん、ですから……。
息子の妻：だから、その方のときはねもう大変気に入っていたの。
齋　藤：じゃ、こういうことをやってくださいというのも言ったらもうきちんとやって、
きよさん：うん、そうなんです。だけど、まあ、本当の話ね。今の方、やっぱしそこまではいきませんよね。だから、（七〇代ヘルパーは）こういうね、洋服でも、「私ね、何とか羽織の裏とか何とかで、このブラウス縫ったのよ」なんて言ってくるぐらいの方だった。
息子の妻：まあ、それで介護もね、プロだったからね。
きよさん：そう、一〇年は老人病院にいたの。
息子の妻：老人のことがよく分かる。いや、そういう方と比べちゃうとね。
きよさん：一番、また、最初にそういう方がいらしたの、はぁ。

きよさんを最初に担当した七〇代のヘルパーは、病院での介護の経験があり、洋裁も和裁もできる人だった。きよさんと話があい、とても気に入っていたそうだが、年齢のこともあって長くは続けられなかった。きよさんは、最初の七〇代のヘルパーが満足できる人だったので、その人と坂本さんなど若い現在のヘルパーを比較してしまうと言う。

このようにきよさんは最初はサービスに満足しているように語っていたが、特に裁縫については、十分に満足してはいないようだった。

息子の妻：とてもうね、娘や嫁は付き合いきれないぐらい大変なんですよ。それもヘルパーさんは付き合ってくださるんですけどね。だけど、ほら、きちんとできる人と……。結構雑な方もいらっしゃるわけですよ。

齋　藤：うーん。じゃ、（ヘルパーが）お帰りになった後に、ご自分で。

息子の妻：だからね、大変満足にはなっていないんですよ。ですけど。お一人一人の人柄が大変明るかったり。あの、優しかったりで。あの、性格的に大変ね、明るい方が来てくださっているので母と話をしてくれますし。だから、そういう意味でね。

齋　藤：うん、はい。

息子の妻：だけど、その「仕事のことまでを言ったらきりがない」と私たちは言うんですけど。（きよさんは）結構文句を言っているんですよ、蒸し返せばやり方が気に入らないとかね。

齋　藤：あ、そうなんですね。

息子の妻：でも言わないで聞くわけだよね

きよさん：でもね、まあまあ。

息子の妻：でも、しょうがないって。

きよさん：自分じゃできないんですからね。

息子の妻の話では、きよさんは「大変きちんとした人」で自分のこだわりがあり、ヘルパーの仕事に満足できずに縫い物や片づけをもう一度自分でやりなおしたりすることもあった。きよさんは、息子の妻の話を認めつつも、「自分じゃできないんですから」とあきらめた様子で、ヘルパーに不満や要望を直接言わないとのことだった。

■ヘルパー・坂本さんの認識――教えてもらいながらのサービス

坂本さんは、きよさんについて「入った当時は足の運びが反動をつけないとよくなかったが、今スムーズに一歩でるようになった」と健康状態が良くなってきていると感じていた。坂本さんが担当するのは、掃除と裁縫、通院介助である。

坂本さん：大体病院行かれない日は、その衣類の整理ですね、春夏秋冬の。衣服をこう着ないものを片付けたりとか気長にいつもされていて。で、大体すごく丁寧にするので、それを教えていただきながら。

齋　藤：じゃ、きよさんがそばに来ていて座ってという感じなんですね。

坂本さん：はい、そうですね。一緒に何でもします。

坂本さんはきよさんの性格から、彼女が家事を「すごく丁寧」にする人だと理解し、そのやり方に合わせて「教えていただきながら」「一緒になんでも」すると言う。坂本さんはきよさんを、「しっかりしている」「自立に向けてすごく積極的な方」と認識しており、サービスについてもきよさんの意志を尊重しようとする姿勢がみられた。

坂本さん：だから、もう割とこう……。あのだんだん、分かってくると。生活パターンと、それからして欲しいことが、大体あの分かってきているので。だんだん楽になってくるんですけど、

齋　藤：あ、でも、最初は。

坂本さん：あの人（きよさん）はやり方が結構あるんですけどね。あの、覚えるとね、結構その通りにすれば喜んでくださるし。

齋　藤：独特の、じゃ、何かやっぱりおうちなりのっていうのがあるんですね。
坂本さん：そうですね。で、ご本人のね、ええ、ものじゃないから。

坂本さんは、きよさん本人の「やり方」があり、それがわかってくると仕事が「楽になってくる」、と言う。また、坂本さんは、きよさんのサービスは充足していると考えていた。

齋　藤：今のサービス提供の内容とかは、きよさんの状態には合っている、
坂本さん：はい、大丈夫だと思います。あの、何かちょっと不都合があったら、あの、ちゃんと、控えめではあるんですけど言ってくださる方なので。
齋　藤：そうなんですか。
坂本さん：はい。何かちょっとこう、こういうふうにしたほうがいい、して欲しいなというようなことは、うかがえるので大丈夫かなとは思うんですけどね。
齋　藤：じゃ、坂本さんも直接にそういうときはお話しになるという感じですね。
坂本さん：はい。あとは、あの、事業所のほうにも連絡してくださいということと、あと私のほうから事業所のほうに、
齋　藤：はい、連絡をされてね。
坂本さん：何かある場合だけですね、めったにないんですけれども。

坂本さんは、きよさんが自分の要望を細かく伝えてくれており、家族も事業所に連絡することもできるので、サービスについて意思決定ができていると考えていた。坂本さんは、きよさんの希望するサービス

の内容について、自分と意見が対立したことはないと述べる。きよさんは、「すごく気を使われる方」で「自分（きよさん）の体で無理だなっていうことも、私（坂本さん）も無理だと思う」位なので、積極的に坂本さんのほうからやっていくことも多いそうだ。

坂本さんに、きよさんの満足度をたずねると、次のように答えてくれた。

坂本さん：ああ、どうでしょうか。そう（満足していると）思いたいんですけども。あの、「よう助かるわ」とは言ってくださるし、笑顔で答えてくださるのでそうだとは思うんですけども、ただ、すごく気を、あれだけ使うから。かえって、あの、もう本当にどこまでしてあげようという感じなんですよね。

齋　藤：はい、

坂本さん：ええ、でも。一つ言われたら大体それにこう一つつけて、喜んでくださるようなことは見つけるようにはしているんですけどね。

坂本さんは、きよさんの態度（言葉や笑顔）から満足してくれていると思いつつ、遠慮深い性格のために言えていない要望もあるのではないかとも考えていおり、自分から積極的に働きかけようとしていた。

正子さんの事例でも、きよさんの事例でも、それぞれが独自のニーズ（正子さんの「自分の家のような丁寧な」掃除、きよさんの裁縫）を持っていたが、現在のヘルパーにそうした意向は十分に伝わっておらず、サービスに反映されていなかった。正子さんもきよさんも二人の要望にぴったりあったサービスを提供してくれていた以前のヘルパー（最初にサービスを利用した際に担当したヘルパー）のサービスを基準にして独自のニーズを作りあげていた。しかし、二人のニーズを充足してくれたホームヘルプサービスは、本人の意図しないヘルパーの変更（正子さんの場合は事業者やケアマネジャーの意向、きよさんの場合はヘルパーの意向）により、継続できなくなる。現在のヘルパーに代わった後は、二人は自分のサービスの要望をヘルパーに伝えようとしていなかった。正子さんは、以前のヘルパーを継続するという自らの希望が通らなかった経験から、サービスの調整を「あきらめ」ていた。また、以前のヘルパーと現在のヘルパーの対応の違いは、事業所の特質に起因すると考えており、個々のヘルパーに働きかけてもヘルパーが大変なだけで意味が無いと考えていた。きよさんは、裁縫や掃除についての価値観がそもそも異なっていると感じ、それは「世代差」によるものだと考えていた。また、きよさんは他者に対して大変遠慮深い性格のため、「もっときちんとして欲しい」という自分の要望を直接ヘルパーに伝えることに「とまどい」があった。きよさんの家族（息子の妻）はこのようなギャップを理解していたが、きよさん自身のニーズを変えていく必要もあると考えていたため、敢えてそうしたギャップを調整していなかった。このように、この事例の高齢者は、現在のヘルパーと対立することよりも、自分の意向を我慢して、現在のヘルパーができるサービスの範囲で納得して受け入れようとしていた。

高齢者側がヘルパーに対して不満の意思表示をしないため、両方のヘルパーとも高齢者が感じているサービスのギャップに気づいていない。きよさんも正子さんも普段のサービスに対しての意思表示はしているようにみえるため、後藤さんも坂本さんも本人たちの態度（言語化された要望や表情など）から満足しているのではないかと感じていた。ヘルパーと高齢者の認識のズレを如実に表わすのが、正子さんと後藤さんの「自分のうちのように」の解釈の違いである。

後藤さん：桜井（正子）さんは「いいのよ、おうちのようにやってくれていいのよ」って言いますけど。おうちのようにはできないですよね。それよりは丁寧にやりますけど。

事例でみたように正子さんは「うちのように」というのを、自分が利用する側にたって細かい所まで丁寧に掃除する、という意味で使っていたのだが、後藤さんは「仕事」としてではないので、丁寧でなくてもいい、と逆の意味で理解していた。

一―二　ヘルパーが「適切なサービス」が提供できていないと考えているケース

一―二―一　清さんと金子さんの事例

清さん（八五歳、要介護1）は、家族については「いない」とのことで[4]、一人暮らしをしている。清さんは足が不自由なので、週三回のホームヘルプサービスと週一回の訪問看護を利用している。ホームヘルプサービスの内容は生活援助（買い物・掃除）と身体介護（洗髪）、訪問看護の内容は脈拍・血圧のチェックやマッサージである。

ヘルパーの金子さん（五三歳、A行政）は、調査の二ヶ月前から清さんの担当になった。週に三回を五人のローテーションで担当し、生活援助（洗濯・掃除・買い物）と身体介護（洗髪）を行っている。

■高齢者・清さんの認識――だいたいは「僕のいうとおり」

現在利用しているヘルパーについての満足度をうかがうと、次のように答えてくれた。

清さん：……欲を言えばキリがないからなぁ。

齋　藤：そうですね、もし要望などがあれば教えてくだされば。

清　さ　ん：要望は別にないですかね。欲を言えばキリがないことだから……。僕は一人が好きですからね。フフフ。

清さんは、現状のサービスに対して明確な「要望」は語らなかった。清さんがサービスについて唯一自分の意見を述べたのは、ヘルパーの交代についてである。

清　さ　ん：ヘルパーは同じ人なんですがね、四月に代わるんですね。
齋　　藤：どうですか、代わるのは、
清　さ　ん：困ります。一番困ります。
齋　　藤：個人差があるんですかね？
清　さ　ん：個人差じゃなくてね、例えば「どこどこ買い物言ってくれ」って言っても、その場所を知らない。「どこどこ」って言っても、どこの店で何を売っているかも知らない。知らないですよね。その、（担当）地域が代わってしまうから。ヘルパーさんの。

清さんは、主なサービスである買い物がきちんとできなくなるためヘルパーが代わったことを不満に思っていた。清さんが利用しているA行政の公務員ヘルパーは事業所の方針で数年ごとにヘルパーの変更があり、そのたびに「がらりと変わっちゃうから、そりゃ困りますね。それで、この地域を知らないヘルパーさんがつくから……」と述べていた。「個人差」ではないと言うように、地理を把握することはヘルパーの個人の資質の問題ではなく慣れの問題だと考えていた。

ただし清さんは、「そうだなぁ。自分の欲出さないほうだから」と、こうした不満を口にすることは無いそうだ。清さんは先述したとおり、自分の要望を相手に訴えるのを避けるタイプであった。買物、掃除と洗髪というサービス内容について、清さんは次のように述べている。

清さん：内容は、ほとんど、僕の要求に従っていますから、

齋　藤：じゃあ、これ以上はなくても大丈夫、ということですか？

清さん：そうですね。

清さんは、担当者の交代頻度以外は、自分の要求にあったサービスが十分提供されていると感じていた。

■ヘルパー・金子さんの認識──本人の要望と「仕事」としてのサービス

金子さんは、清さんについて前任者から申し送りで、「本人のペースがあってあんまりせかされるのが嫌だ」と聞いていたため、サービスの提供に入る前に、できるだけ清さんの話を聞くのだと言う。

金子さん：まずお顔を見てお話しをして、それからということがあって、あと、ご本人にね、聞きながらという部分も大きくありますね。あの、決まってはいるんですけれども、勝手に、こう、パパパっと、何ていうんですか、やられると嫌だということをはっきり言われてますので。
齋　藤：じゃ、その日、その日で、
金子さん：一応、（やる内容は）一緒なんですけども、順番というのはその日によって、きっちりかっちりこうですっていうのではないということですね。やはり、ご本人のその時の精神状態とかいろいろありまして、便秘だったとかね。おトイレに入っていらっしゃる時は、私たちはちょうど、訪

問時間でうかがうこともあるので、そうすると、まず待っているような状況ですよね。ご本人が出てくるまで。勝手に何でもできないので、「待っててください」っていうふうに言われると、待たせていただいてってことがありますので……。

金子さんからは清さんからの要望もあり、サービスの提供の順番を清さんに尋ねながら臨機応変に対応していた。こうした金子さんの対応が、先述した清さんの「僕の要求に従っています」という評価につながっている。

しかし、清さんのその日の状態に合わせたサービス提供は、時間制限のある介護保険制度では難しい。

金子さん：（サービスの予定は）ずれてしまいますね、かなり。あの、ご本人の意向ばっかり聞いていると仕事が進まないんですよ。そこが一番の問題かなと私自身も思ってますし、あの、チームのなかでもそういう話は出てます。

金子さんは、清さんに合わせてサービス提供をしようとすると時間内にプランの内容が終わらなくなることを「問題」として認識していた。こうした利用者との個別の問題について、金子さんはA行政の事業所の同じチーム（清さんの他の担当者もいる）に相談して、清さんのケースではできるだけ「時間内」に「対応」するという方針を決めていた。時間内で終わらない場合は、担当している他のヘルパーや、清さん本人に説明する。

さらに金子さんは、サービスの範囲についても問題を感じていた。

金子さん：（清さんの家は）物が結構ごちゃごちゃっとしてると思うんですけども、あれもいじらないでくれと。わからなくなっちゃうと。

齋　藤：あ、自分でちゃんと、整理……。

金子さん：はい。あんまりじっくり、こう、されると嫌だっていうのが。何か、強くあるみたいなんですね。だから、何か「これでやってください」っていうことだからね。まあ、素直にというか、「はい」ということで。まあ、一応、私の場合はどかして、やりますが。あったとこに置くようには気を付けてますね。ないとか言われてしまうと困るので。

齋　藤：じゃあ、あんまりお掃除といっても、大幅なお掃除というよりは埃をちょっと取るぐらいなんですね。

金子さん：そうですね。だから、最初行ったとき、かなり埃があったのでびっくりしましたけど。「あらー」とか思って。でも「しょうがないのかな」とか思いながら。

金子さんは初めて清さんの家に訪問した時に、埃がたまっており驚いたが、今では清さんの要望に合わせて、細かい掃除などはしないと言う。しかし、金子さんは、こうした清さんの意思を尊重したサービス提供に、とまどいも感じていた。

金子さん：難しいですよ。うーん。あのね、こっちとしては「こうして、ああして、こうしたら一番ベター」というのがあるとしますよね。だけど決して（清さんは）それを望んでいない。すると、なかなか難しいものもあって。また、行ったばっかりの人に意見されるのも感情的にどうなのかなってこともあるじゃないですか。正しいことであっても。だから、やっぱりちょっと様子を見るという部分もありますよね。こちら側としては。相手の観察もありますし。

「ベター」、「正しい」という言葉でも見られるように、金子さんは、きれいな部屋にするのが適切なサービスだと考えていた。しかし、金子さんは清さんを担当して時間がそれほどたっておらず人間関係ができてない状況なので、自分の意見を控え、「相手」を「観察」しながら「様子見」をしている。

このようなサービスについて、清さんが満足しているかどうかをきいたところ、次のように語っている。

金子さん：うん。大丈夫だと思います。むしろやらないでって、ね、ほんと決められたこと以外はあまりおっしゃらないみたいなので、うん、大丈夫と思うんですけど。

金子さんは、現状ではヘルパーとしての自分の考えよりも清さんの生活に合わせたサービスを提供しており、清さんからそれ以外の要望もないため、満足しているのではないかと考えていた。また、清さんは食事（配食サービスの手配）や洗濯など「自分でできることは自分でする」高齢者であり、近所に友人もいるため、独居であってもあまり問題は無いと考えていた。

一―二―二　節子さんと遠藤さんの事例

節子さん（八六歳、要介護1）は一七年前に夫を亡くし現在一人暮らしである。別居の既婚の息子が一〇日に一回ほど訪ね、通院介助や買い物などをしている[5]。節子さんは、心臓が弱く、家事をするのも大変なため、訪問看護を週一回とホームヘルプサービスを週三回（主に買い物、掃除）利用している。入浴が一人でできないため、週一回のデイサービスも利用していた。

遠藤さん（五五歳、A行政）は一六年間ヘルパーとして勤務している。節子さんの所に三年前から通っている。週三回のホームヘルプサービスを清さんの事例と同様に五人のローテーションで担当し、主に掃除や洗濯などの生活援助を提供している。

■高齢者・節子さんの認識――「気がつく」人

節子さんは心臓病のため前年まで入退院を繰り返していた。現在は、月一回の通院以外はほとんど外出もしないという。

節子さん：だからね、これからお天気になったら少し外に連れてってもらったら、って言うけど。これから、暑くなっちゃって駄目なのよ。
齋　藤：かえって、心臓が心配で、
節子さん：だから、ほとんどうちにいるわね。でも、しょうがないわね。
齋　藤：また秋ぐらいになったら、
節子さん：それまで夏越せるかどうか。私夏駄目なの。それで、汗疹がびっしりできちゃってね。だから、夏越せるかどうか、って自分でも思ってるんだけどね。ちょっとわかんないわね。

節子さんは自分の健康状態に不安を感じていた。節子さんは介護保険制度導入以前に心臓病で倒れて以来A行政のホームヘルプサービスを利用している。サービスの内容は自分の希望というよりもA行政のケアマネジャーの意向にそって決めている、と節子さんは考えていた。

齋　藤：（サービスの内容は）こういうのをやって欲しいということで決まったんですか。

節子さん：いやそういうんじゃなくて。ヘルパーさんの所の○○さん（ケアマネジャー）から、掃除とか買い物とか、だいたい決めて、

齋　藤：節子さんの方から言えました？　こういうことをしたいというのは、

節子さん：いや別に、意見ってないしね。今、掃除は掃除機かけるのはちょっと無理だから、掃除機お願いしてね。あと、台所、小さい所の洗濯、あとはごろごろしてます。（中略）今ね、病院の先生がもっと広げたいんだったら、広げてもいいですよって言ったんですけど、○○さん（ケアマネジャー）がなんか、今で間に合っているからって。

節子さんは、サービスの内容はケアマネジャーが「決めるもの」で、内容や時間についても、事業所の都合で決まっていると考えていた。ただし、ケアマネジャーの意見だけではなく、次のように、節子さん自身もサービスをこれ以上増やさなくても大丈夫だと感じている。

節子さん：これ以上手伝ってもらいたいことは無いわね。まぁ、手伝ってもらいたいと思っても、自分でできることは自分でやってしまうの。あの、やっぱりね、少し自分で身体動かしてできることはしないとね、できなくなっちゃうじゃないの。私そういう気持ちがあるからね。頼むより自分でできることがあったらね、自分で、やってしまう。だから、デイケアに行ってもお風呂に入る時に、みんな脱がしてもらったり着せたりしてもらったりするけど、私は自分で脱いで、自分で全部着て。まぁ、背中は拭いてもらって、ドライヤーはかけてもらうけど。あとはできることは、自分で全部やっちゃうの。なんか、その方が、少しでも身体動かしている方がいいんじゃないかなぁ、って。

節子さんには、第二章のきよさんのようにサービスに頼りすぎずに「自分でできることをしよう」という意識がみられた。そのため、サービスをこれ以上頼もうとは思っていなかった。現状のサービスに対して、節子さんは「満足していますよ」と述べる。

節子さん：とにかく私は、ヘルパーさんの所はヘルパーさんに任せてあげる。わからないでしょう、私たちには。細かいことはね。

齋　藤：説明に来た時にわかりづらかったですか？

節子さん：だから、介護度が1とか2とかいうけど、どの程度が1でどの程度が2なのか、はっきりわからないでしょう。だから、今の点で満足しています。

節子さんはサービスについてはよくわからないのでヘルパーに任せており、現状で「満足」しているという。先述したとおり、サービスの内容はケアマネジャーに「決めてもらっている」と感じており、自分の意思決定というよりも提供者側の意見を受け入れていた。

ただし、詳しく話をきいていくと、節子さんはヘルパー全員に満足しているわけではなかった。A行政ではチームケアを行っており、一人の利用者に五人の担当者がいるが、事業所の方針により数年で交代になる[6]。節子さんは新しく加わったヘルパーの買い物の仕方（自分の希望したのと違うものや、一人暮らしでは食べきれない量を買ってくる）に不満を持っていた。しかし、節子さんは、このヘルパーの対応を「慣れ」の問題だと考えており、本人に指摘することはないと言う。「その人の時はね、あまり買い物たくさん頼まないの」と自分の方で対処しようとしていた。

このように節子さんは、サービスでの問題や不満を表面化させずに我慢していた。節子さんの対応の背景には、別居の息子の影響もある。節子さんが息子に相談したところ、「人間いろいろあるから、お母さんが我儘だ」と言われたので、ヘルパーに不満がありながらも、気持ちをおさえこんでいた。

一方で、節子さんは、他のヘルパーに対しては、「親切だ」と評価していた。中でも遠藤さんに対しては、作ってくれる料理が「すごくおいしいのよね」と言っていた。筆者が「味の違いはありますか？」と聞くと、「うん。やっぱりいろんな人がいるし」と、調理に関して個人差が大きいとのことだった。ただし、調理に関する好みについても、「私は世話になっているんだから、なんとも言わないけどね」とヘルパー側に意見を伝えないようだった。また、ヘルパーの「いい」と思う要素として、買い物に関して次のことも挙げてくれた。

節子さん：で、気のつく人はね、おかずこれじゃ足りないから、こういうのも食べるだろうって、なすの煮びたしとかね、そういうのを買ってきて来るの。そういうのはありがたいのよね。

節子さんは、ヘルパーについて評価する点を「気がつく」としている。その例として、遠藤さんが買い物の際に、自分が挙げたリスト以外にも、栄養バランスを考えて買ってきてくれることが嬉しかったと述べている。節子さんは、一人暮らしの自分の生活や健康状態を配慮してくれる遠藤さんを「気のつく人」として評価していた。

■ヘルパー・遠藤さんの認識——お話の要求とサービス提供

遠藤さんは、節子さんの身体状況について「医師から年相応でまぁまぁ」だと言われていることもあり、「本人が思っているほど悪くはない」と考えていた。ただし、節子さんの精神的な不安はとても強いと感じていた。

遠藤さん：（訪問に）行きますよね。そうすると、何ていうのかしら、訪問日まで、誰とも口をきかないっていうことがありまして。週三回、私どもが入っていて、デイサービスが一回、それから、訪問看護婦さんが一回入ってるんですね。で、隣近所のお付き合いはあるけれども、皆さん、そう活発に付き合ってるわけじゃないから、誰とも口をきかないっていうことが、あるわけですね。そうすると、あの、「サービスよりも何よりもまず話を聞いて欲しい」っていうことなんですね。そでも、私どもは、「効率性を考えてサービスするように」言われてますよね。そうすると、お話し相手の時間ていうのは、特別取れないわけですよね。

で、なるだけ早く彼女からして欲しいことかとか、聞き出したいんですけれどね、それがなかなか、こう、ずるずると…。だから買い物一つ聞くのにも、かなりお時間がかかっちゃう。その間、あのね、自分の具合の悪いこととか、気になることとか、寂しいとかってお話があるわけですね。で、まあ、それは無視できないと。でも、やらなければならないことは結構あるわけですよね。

遠藤さんは、節子さんが独居で寂しいため、掃除などのサービスよりも話を聞いて欲しい人だと感じていた（実際に、節子さんが「掃除をやらなくてもいい」、と言うこともあるそうだ）。しかし、遠藤さんの事業所ではヘルパーの仕事としての「効率性」を重視しており、「お話」だけの時間を取ることはできない。また、節子さんが、当日にサービスの内容を変更することもよくあるそうだ。

遠藤さん：プランとして決まってるんですよ。何曜日、何曜日でね。でも、彼女の気分次第でそれはいつでも崩されちゃう。で、こちらが働きかけないと、あの、働きかけても「NO」っていう場合もあるわけですね。だからこちらがうまく、そうはいかないから、持っていく。

齋　藤：すごくそういう技術って言ったら変ですけれど、話しながら納得していただいてサービスを提供するっていう手間とか時間はかかりますよね。

遠藤さん：うん。でも、ほら、もう慣れてるから、それを苦だとは思わないけど。

遠藤さんは、節子さんの話を聞いて欲しいという要望に対応するのは難しいと感じていた。ケアプランについて、「彼女が求めているのはお話ですが、（サービスは）掃除や食事や買い物が中心です」と語る。

遠藤さん：で、本人は、「やらなくていい」っておっしゃるわけですよ。お食事の面もお掃除の面も。あの、トイレ掃除とかね、お部屋の掃除もみんなやらなくてもいいというふうにおっしゃるけども、できていないからそうはいきませんよね。だから、それを、並べながらやると。で、本人はそう言いながらも、「やらなくていい」とおっしゃいながらも、後で「やってくれなかった」って言う。あの、次の人に訴えになるわけですね。ですから、できるだけね、お話を聞きながら作業をしようっていう感じで働きかけてるわけですね。

あと、かなり節約家なのでなかなか洗濯をさせてくれないとかいろいろあるわけですね。お料理なんかも、野菜をもっと十分に摂らなければいけないっていうかね。あと、糖尿もおありなので、その辺もして差し上げなきゃいけないわけですよね。そうすると、一人暮らしだとどうしても、残飯の量っていうのがありますね。で、あと、野菜の量にしても、その次、お料理するまでに時間がかかるから結局無駄になる部分ていうのがあるわけですよね。

齋　　藤：うーん。そうですね。

遠藤さん：で、それを説得しながら、無駄にならないようにするから野菜を買わせて調理させてちょうだいっていうふうになるわけです。それで、彼女が「欲しくない」って言っても、お体のためにはこういうものが必要ですし、特に、あの、お腹の具合が悪いって訴えがあるわけですよね。そうすると、お腹のためには繊維質のものをきちっと摂らなきゃいけないからっていうので、まあ、説得しながらっていう感じです。だから、なかなか効率よい作業ができないけれども、まあ、いたしかたないかなっていう。もうお話を聞いて欲しい、お話をしたいっていうのが強いから。

節子さんは、掃除などを「やらなくてもいい」と言うそうだ。しかし、部屋はちらかっており、掃除はケアプランとしても組まれている。本当に節子さんの訴えをきいて、掃除をしないでいると、今度はやらなかったと苦情を言われる。そのため、遠藤さんは節子さんの話を聞きながらも、決まった内容はやるようにしていた。また、遠藤さんは、節子さんの食生活では野菜が足りていないと感じており、節子さんから「欲しくない」と言われても「身体のためだから」と説得をしながら、調理や買い物で野菜を取り入れていた。節子さんへのサービスについて、遠藤さんは「効率的な作業はできない」と感じつつも、節子さんが「お話をしたいっていうのが強いから」「しかたがない」ととらえていた。

さらに、前の語りでもわかるように、節子さんは、家事自体にもさまざまなこだわりがある。

遠藤さん：もっと綺麗にして差し上げたいとか、もっとこうして差し上げたいとかってありますよね。だから、料理にしても、その、包丁もほんとにね、「えー、これで調理するのは……」っていうような包丁なんです。古くてね、こんな細くてね、買うと言って買ってくれないし。湯沸かし器も壊れているしね。だから、湯沸かし器は、彼女も茶わんを洗うし、調理はするわけですよね。たまにね。そうすると、心臓病があるから冷たい水に触れるっていうのはよくないから「買いましょう」って。「買ったほうがいいんじゃないですか」っていうのはお勧めします。そうすると、「春になったら買うわ」って。で、今は何か動くの嫌みたいな感じなんですよ。で、春になると、もうそれは「暖かいから」っていう感じで、結局いろんなものが壊れてるけれども、もうあるものでやるしかない。うん。

齋　　藤：どうですか。何か意見がぶつかったりとか合わなかったりっていうことは、

遠藤さん：うーん。ないですね。うん。こちらがもうすぐに、「あー、まだそういう段階じゃないんだ」と待つしかないかな。

節子さんの家では、ここで語られている給湯器だけでなく、洗濯機、掃除機、トイレなどが壊れているが、「いつ死ぬかわからないから、直したり買ったりしても無駄だ」と修理しないため、洗濯は手洗いかコインランドリーになる。遠藤さんは、「して差し上げたい」と思うことを節子さんに伝えつつ、それが受け入れられない場合は、状況にあわせて「あるものでやる」という対応をしていた。ケアプランの範囲ではないが、節子さんの家で壊れたものを修理したり、その場にある布などを使って炬燵カバーを作ったりしたこともあるそうだ。また、節子さんと意見が異なる時は、自分の意見をさげることで衝突を避けていた。ただし、トレイ掃除については、本人が拒んでも汚れていて大変そうだったので「強引にやった」。遠藤さんは、このような自分の対応について、節子さんは「気に入らない時もあると思う」と感じていた。遠藤さんは、節子さんが自分のサービスに満足していると思うか、という問いに次のように答えている。

遠藤さん：うーん。まあ一応満足……、いるときは満足していただいてるんだと思うんですね。あの、満足してるか、してないかっていうのは、見送るか見送らないかによって違うと思うんですよ。あの、お名残惜しそうに見送ってくださる時には満足してると思います。で、ちょっと不満がある時には見送ってくれてないときだと思います。あの、具合の悪いときもありますけどね。うん。

齋　藤：そうですか。

遠藤さん：それで彼女の満足度っていうのは、大体感じます。

遠藤さんは節子さんのサービスの満足度を「見送り」という行動から判断しており、節子さんは自分のサービスには満足してくれていると感じていた。

一―二―三　実さんと仁科さんの事例

実さん（八三歳、要介護1）は、脳梗塞のため半身不随になった。要介護認定に加え、障害1級でもある。介護保険サービスとして、週二回のデイサービスと週三回のホームヘルプサービス（掃除、買い物、調理）を利用している。未婚の息子と同居しているが、息子は朝早く仕事に行き夜遅く帰ってくるためあまり接触はない。

ヘルパーの仁科さん（五〇歳、株式会社D）は、実さんの二人の担当のうちの一人で、週に二回訪問している。実さんを担当してからの期間は二年である。

■高齢者・実さんの認識――「まぁこんなもんじゃないか」

実さんはサービスを始めた当初、あるNPOを利用していた。ところがこの事業所のヘルパーは、時間に遅れたり、仕事の引き継ぎが十分でなかったりと「職業意識が乏し」く、実さんはヘルパーに「女性が職業を持つことをちゃんと自覚しろ」と注意をしたが改善されず、その後現在のD社に変更してもらった。D社のヘルパーについて実さんは「今の人（仁科さんともう一人の担当）はいいですよ」と述べる。仁科さんに対しては、「完全な主婦。この人の（方）が料理がおいしい。主婦さすがにプロだからね。料理は」と満足していた。実さんは糖尿病のため、医師から野菜を中心の食生活にするよう勧められているが、息子はあまり料理はせず、実さん自身も「普段は何もないってしょうがない、肉を取り出して焼いたりとか。魚を食べたりとか」の程度である。そのため、野菜中心の健康的な料理を作ってくれるヘルパーが来る日は「安心しますね。その日は食事の関係はいいから」と感じていた。

さらに、掃除については、ヘルパーに次のように要望を伝えている。

実さん：初めての人には私こういう風にいうの。あのね、「あなたのうちも私のうちもたいして違わないって思うんだけど。多少私のうちの方が変わっているって思うけどね」。あの、「そんなに変わりゃしないからね、うちでやっているみたいにやってくれりゃ結構だから」って。

実さんは、ヘルパーに特別な専門性を期待するのではなく、「うちでやっている」のと同じレベルのサービスで十分だと考えていた。ただし、「多少私のうちの方が変わっている」と言うように、実さんの家の独自性もある。実さんは半身不随で立ち上がるのが困難なため、家具を全て低い位置に配置している。こうした実さんの生活状況に合わせて家事をしてもらいたいと考えているため、ヘルパーに細かく指示をする。別のヘルパーに変わると「教育が、いちいち教育しなきゃいけないから、嫌になっちゃう」と述べており、ヘルパーはできるだけ同じ、慣れた人がいいと考えていた[7]。

実さんは自分の要望を言語化して細かく伝えていたが、一方でヘルパーの「気づき」も期待している。

齋　藤：どうですか、気がつくという感じですか、ヘルパーの方は？
実さん：いや、気がつかない人が多いね。例えば今寒かったでしょ。だからそこにストーブがあったの、小さいの。これがいつまでたっても片付かない。黙っていると。今度は扇風機もあるでしょ。テレビの裏に。今度は扇風機がでてこないんだ、そこにあるのに。今度は暑くなっちゃうんだから、扇風機。まぁ扇風機ないんじゃないんだから、あるんだから出せばいいのに。
齋　藤：そうですね。
実さん：そこんとこが、気がつかないんだね。
齋　藤：言われるまでは、
実さん：やらないの。（デイ）センターに行ってそういう話をしてきたことがあるの。そうると、「久保田（実）さん、そういうのは自分で言った方がいいよ」って。そんなの職業意識がある人は自分で、そんなこともできないんじゃ困るじゃないのって。寒いも暑いもわかんないんじゃ。そういうことありますよね。そういう気の利かなさっていうのはね。
齋　藤：そういうことは言います？
実さん：いや、できるだけ言わないようにしています。
齋　藤：それは、やっぱり、ちょっと言ったら、関係が、とか
実さん：それは、言い方次第だからね。
齋　藤：では、どうして言わないんですか？
実さん：本人に気付いて欲しいから。人間なんて一事が万事だから。それが気がつかない人は他も気がつ

かないよね。

実さんは、自主的に判断して支援するヘルパーは少なく、言わなければなにもしない人が多いという。しかし、実さんは「気づき」も職業意識の一つだと考えており、ヘルパーに言わずに見守っていた。ただし、実さんが「こっちがどうしてもやってもらいたいと頼んでいたことをやってもらわない時は、言いますよ」と言うように、サービスとして重要なことに関してはヘルパーにきちんと伝える。

サービスが充足しているか、という点について、実さんは次のように述べる。

実さん：今、本来わかると思いますが、身体介護と食事介護わかれていますから。まぁ、わかれたその範囲内でやってくれれば結構ですから。（中略）まぁ、たとえばヘルパーさんにきちんと仕事をしてくれ、まぁ今の仕事の程度でヘルパーさんの能力があんなもんじゃないかなってこっちも容認できる程度だから。それじゃないですかね。それ以上はきりがないから。

実さんは介護保険制度のサービスの範囲の中でヘルパーの能力を鑑みて自分のサービスの期待を作りあげていた。また、デイサービスの際に他の利用者から聞くヘルパーの話と比較して、今の担当者は仁科さんももう一人もきちんと対応してくれていると感じていた。そのため、現在の状況を「十分、何が十分かよくわからないけど。まぁコト足りていますね」と評価しており、これ以上増やすことは考えていなかった。

さらに、実さんは対象者の中で唯一自分の経済状況を「悪い」と評価しており（実際に実さんは無年金で収入がない）、経済状況からもサービスを増やすことを望んでいなかった。

実さん：（認定調査で）介護度いっぺんね、3になったことがあるのよ。それまで1だったのに。3になっちゃったんだよ。それでね、介護度が変わると変化するものがあるのよ。料金が変化します。それですぐ（自治体の担当者を）呼んでもらって、「あなたね、あなた、私の状態まったく一つも変わってない、なのにどうして料金が変わるのよ」って。「その答えをちゃんとすぐに出してくれ」って言ったんだよ。そうしたらすぐ1に戻りましたね。（中略）（要介護度が3になると）余計なお金かかっちゃうから。だから1に戻してくれって。「俺がなんにも状態が変わんないんだから、どうして料金だけ変わるんだ」って怒ったんだよね、役所の人来たから。

齋　藤：そうしたら、すぐ

実さん：すぐ戻った。だから、いいかげん。そうとういいかげんなんですよ。

実さんは、自分にはこれ以上のサービスは必要ないと考えており、要介護度を高くする（結果的に負担金額も上昇する）認定結果に対して自治体に苦情を申し入れた。自治体はすぐに要介護度を戻したが、こうした対応から、実さんは審査が「いいかげん」だと不信感を持つとともに、必要なサービスの基準は自分で判断しようと考えるようになった。

■ヘルパー・仁科さんの認識――経済状況とサービスのジレンマ

実さんのところでは、仁科さんは生活援助として調理（「お昼と夕食の用意」）を中心に、掃除や洗濯、買い物を行っている。サービスの内容や手順は、「最初訪問した時に、（実さんから）そういう指示がありまして、その後は特別なければそのままずっとそうしてますから」とのことだった。また必要なことは実さんが「その都度」細かく指示をだしている。実さんの求めることは、全てサービスの規定の範囲内のことである。

仁科さん：一応、あの、家事援助ということなので、まったく、あの、何ていうの、（身体）介護に関するものに関しては、（実さんは）拒否、拒否って「いいです、いいです」っておっしゃる。よく（介護保険制度について）研究なさってるからおっしゃるんですね。でも、ここを歩いていかれるときとか、うーん、そうね、そういうときにちょっと、こう、手を貸すっていうのが必要かなと思いますけど、でも、ご本人は全然必要としてませんので手は貸しません。

このように、仁科さんは実さんの言語化された要望に従い、必要としてないことに関してはあえて手をかさない。それが実さんの立場にたったサービスだと考えていた。

一方で仁科さんは、現在の状況では実さんへのサービスが足りていないのではないか、とも感じていた。

仁科さん：空いてる日が、まだ、今日は多分お家にいらっしゃると思うんです。今日とか日曜日、こういう時も、ヘルパーがお入りになった方がよろしいんじゃないのかなと思う時はございます。

齋　藤：空いてる日が無いように。

仁科さん：うん、無いように。ていうのは、一応ご自分で、あの、私たちが入らない時にはなさってるような……。あ、なさってるんですよ、確かに。お魚焼いたりとか。でも、やっぱり体がつらい時がおありの時もあるようなんですね。そういう時には、例えば、お食事召し上がってるんだか、召し上がってないんだかわからない。うん。でも、愚痴は全然こぼ……、言いませんけど。私たちに言わないんですけれど、あの、召し上がってないんじゃないかなって思われる節があるんですね。うん。それで、脳梗塞だけじゃなくて糖尿病もございますから。

仁科さんが、毎日サービスがあった方がよいと考えるのは、実さんの食事の面についての心配からである。実さんは糖尿病があり、一人ではきちんとした食事をとることが難しく、時々食事をとらない日があるようだった。実さんには同居の息子がいるが、仁科さんは「息子さんは掃除も食事の準備もしない」と述べている。以前息子が一週間の旅行で不在だった時に冷蔵庫が空だったことがあり、食糧の確保についてヘルパーが息子に連絡するようになった。冷蔵庫の中に在庫がなくなると、仁科さんともう一人の担当ヘルパーとで、息子に置手紙をして買い出しをしてもらう（ヘルパーから、直接利用者の家族へ連絡することはできない）。ただし、置手紙のため、息子が確認しない場合は、食糧が補充されることはない。仁科さんが毎日サービスを使ったらいいと考えたのは、こうした家族の支援の不足を感じているためである。しかし、仁科さんは、次のように、実さんの経済状況からサービスを増やすことが難しいとも考えていた。

仁科さん：ただ、あの、お金がかかることですから、そういうことは私たちヘルパーは余計なことは申し上げることできないんですね。
齋　藤：そうですね。
仁科さん：久保田（実）さん自体、ほら、収入が全く無いですから。息子さんの扶養の中に入ってらっしゃるんですよ。で、息子さんも、やっぱり実情は大変らしいんですね。内情は。だから、いくら、例えば千円、二千円のお金でも大変だと思うんです。だから、余計なことは言えないけれど、木曜日と日曜日の日も入ったほうがよろしいんじゃないのかなと思うのは……。

仁科さんはサービスの決定をするのはケアマネジャーでありヘルパーの自分がサービスについて提案をするのは「余計なこと」だと感じていた。さらに、実さんは長年自営業だったため年金もなく無収入である。息子の経済状況も苦しいらしく、一割の自己負担があるサービスを増やすことは非常に難しいだろうと判断していた。仁科さんは、実さんが自治体に苦情を入れた件について、次のように語っている。

仁科さん：だって、われわれがちょっとって言っても、ご本人が（要介護度）1がいいっておっしゃってるから。

齋　藤：ご本人が……。そうですよね。

仁科さん：そうですよ。ご本人ですもの。われわれがどうのこうの、われわれが負担してあげたり、例えば同情とかって失礼でしょ。それで、負担もできないじゃないですか。生活の面倒を見てあげることできません。だから、ご本人が1でいいとおっしゃったら、それを受け入れるしかないんですよ。

仁科さんは、自分では実さんの経済的な問題を解決することはできないため、本人の意見を優先し、ヘルパーとしての役割の中でできることをしようと考えていた。

仁科さん：私たちが入ってるのも二時間半って、これ、ぎりぎり。本当はね、私とかもう一人入ってる人はもう慣れちゃってるから二時間半。もう一人の人はやっぱり二時間半ではきついって言ってるんですね。仕事の、あの要求（に対して）。うん。だけど、もうこれがぎりぎりの線なんじゃないですか。三時間とかは無理だと思うんですね。

経済的な状況から、実さんのホームヘルプサービスは一回の時間数も少ない。仁科さんは、規定時間内に作業の全てをするのは慣れている自分たちでも「ぎりぎり」だが、実さんの状況からサービスを増やすことは難しいため、今の条件の中で実さんの要求に沿ったサービスを提供しようと努力していた。

以上の事例では、高齢者はヘルパーのサービスに満足しているが、ヘルパーは専門職の視点から高齢者の生活状況に問題があると感じ、サービスを通じて「標準的な生活」へ導こうとしていた。

このような「生活の問題」はヘルパーの側のみで認識されており、高齢者側はあまり認識していなかった。金子さんは「お話」をして本人の希望をききながらのサービス提供の時間的限界を感じ、掃除も本来はもっときれいにした方がいいと考えていた。清さんは、現在のサービスに対しての不満というよりは、ヘルパーの交代によりサービスの質が維持されないことを問題と感じていた。遠藤さんは、節子さんが生活援助ではなく「お話」を求めることや、家事へのこだわり（壊れたものを大切にする）などに問題を感じていた。節子さんは、遠藤さんのサービスは評価しているが他のヘルパーについては不満があるというヘルパーの個人差を問題として語っていた。特に遠藤さんと節子さんの事例では、節子さんの述べる自己認識（遠慮がちでヘルパーに従う）と遠藤さんの述べる節子さんの印象（話好きでサービスにも強い要求がある）とは大きく異なっていた。仁科さんは糖尿病で食事をとることが難しい実さんには、毎日のサービスが必要だと感じていたが、実さんの経済状況からサービスを増やすことはできないと考えていた。実さんは、自分の経済状況の中で、「適切なサービス」を決めており、その基準に達している現状のサービスに満足していた。

これらの事例では、ヘルパーが考える「標準的な生活」と高齢者の「個々の生活」のせめぎ合いが生じている。高齢者は自らの生活の中で生じる要求について、ホームヘルプサービスの中で対応できる範囲を考えて意思表示をしていた（特に実さんはデイサービスでの他の利用者の意見とも比較しながら「適切なサービスの範囲」を考えていた)。ヘルパーは高齢者を尊重し人間関係の構築を図りつつ、高齢者を「標準的な生活」へ導いていこうと働きかけていた。ただし、仁科さんはサービスの不足の原因が実さんの経済状況というヘルパーとして対処できない問題のため、自身で働きかけることはせず、実さんの言語化された要望のみに対応するようにしていた。

サービスの水準に関する認識の違いや葛藤の感じ方は、高齢者とヘルパーとで異なっており、ヘルパーのほうがより問題を感じていた。その理由として、第一が、生活援助における高齢者とヘルパーの立場が違うためである。生活の主体である高齢者にとっては、当たり前の状況であり問題を感じていないが、外部者であるヘルパーは「標準的な生活」(高齢者の健康を維持する生活)という視点から問題を感じている。第二が、第三章でもみたとおり、ヘルパーはサービス提供場面で「高齢者の意思を尊重」しなければならないと考えているためである。ヘルパーは高齢者との間でサービスについての認識のギャップを感じても、高齢者との衝突をさけるために自分の意見を抑えていた(特に金子さんは担当になって日が浅いということで、まず人間関係を構築することが必要だと感じていた)。

一—三　高齢者とヘルパーの双方が「適切なサービス」が提供できていると考えているケース

一—三—一　治夫さんと高倉さんの事例

治夫さん(八五歳、要介護3)は、約三〇年前に妻を亡くしてから一人暮らしをしている。別居の既婚の娘が週に一回家事などをしに、別居の既婚の息子が月に一～二回車での通院介助のために訪れる。治夫さんが介護を必要とするようになったきっかけは脳梗塞の発病であり、それまでは非常に健康だった。「一人暮らしなので心配だから」ということで、毎日なんらかのサービスを利用している。週五日のホームヘルプサービス(週一日が訪問入浴で、残りが生活援助で掃除や食事の準備、担当のヘルパーは四名)と、週二日のデイサービスを利用している。

ヘルパーの高倉さん（六七歳、株式会社D）は対象者の中で唯一の男性ヘルパーである。三年前から治夫さんの担当で（担当ヘルパーの中では最も長い）、週に二回の訪問入浴と生活援助を行っている。

■高齢者・治夫さんの認識――「うちのやり方」に合わせたサービス

治夫さんは、「お風呂のおじさん」（高倉さん）による入浴介助と、掃除や炊事などの生活援助を利用している（生活援助については、他のヘルパーも担当している）。ただし、炊事については、味噌汁など「介護のおばさん（ヘルパー）が作ったんじゃ味が……」ということで、材料を切るところまでやってもらい、後は自分で調理する。治夫さんは生活援助について次のように述べている。

治夫さん：それぞれのうちでやり方違うでしょ？　うちはうちのやり方があるから。で、僕は、その、もう三〇年ばかし一人で住んでるから、自分のやり方は皆決めてあるから、その通りにやってもらうように言わないといけませんからね。

何十年も一人暮らしをしている治夫さんには「うちのやり方」があり、それに合わせたサービスをヘルパーにも求めていた。

治夫さん：（やってもらいたいことは）大体やってもらってますね
齋　藤：もらってますか？　自分で、こう、やりたいことを決められてるなっていう感じですかね。
治夫さん：そうですね。まあ多少不満なとこもありますけど。

齋　藤：多少？

治夫さん：（不満）なところもありますけど。例えば掃除の仕方なんか。この、掃き方なんですけど、ベランダの。掃除なんか、お風呂へ入れてくれる高倉さんていう方なんですけど、その方はこう見てね、ベランダが汚れてたら、「あ、汚れてますよ」って言って（僕が）言わなくてもやってくれるんです。デイサービスで聞くとそんなこと全然やってもらえないです。（中略）（ヘルパーは）割と勤務時間も正確に来ますし、終わりまでちゃんといて仕事を全部やって。まあ、その、高倉さんみたいにもうちょっと……。僕は一人住まいだからね、家族がいればいいんだけどもね、家族はいないんだから、そのことを考えて、もっと自分からやるような、それはちょっと欲張ったり何かして……。

治夫さんはいつもデイサービスで他の高齢者とヘルパーの話をするそうで、そこで聞いた話と自分の担当ヘルパーとを比較して十分だと感じていた。ただし、ヘルパーには個人差があり、治夫さんはよく「気がつき」自分が「言わなくてもやってくれる」高倉さんを高く評価していた。

家事援助以外に治夫さんのホームヘルプサービスで特徴的だったのは、外出介助である。筆者が調査にうかがったときに、治夫さんはヘルパーと散歩をして帰ってくるところだった。

治夫さん：今日はちょっと、あの、買い物に。……ほんとは散歩。何かこのごろね、介護（保険制度）えらく難しくなっちゃったらしいんですよ。それで何か、いろんなことしてはいけないらしいんですよ。

齋　藤：そうですか。

治夫さん：だけどうちに来る人は大変いい人ばかりでね、何でもやってくれるんです。ほんとはやっちゃいけないんだけど。散歩にも、散歩なんか付いてくの、その、資格がない人だからね。介護の人は。散歩に付いていくのは、何か医学的にその資格を持ってないと本当はしちゃいけないんだそうですよ。

齋　藤：でも、行きたいっていうふうにおっしゃったら連れてって……。

治夫さん：うん。くれるんです。うん。

齋　藤：それは毎回ですか。毎回いつでも……。

治夫さん：それはもう散歩はね、もう毎日、必ず介護の人が。雨が降らない限りは、毎日必ず行くようにしてるんです。

治夫さんは片足に麻痺が残っており、自分のリハビリのために毎日の散歩が必要だと考えていた。しかし、サービスでの散歩（リハビリ）には医学的な資格が必要であり、介護保険制度ではヘルパーには認められていない（このことは治夫さんもよく理解している）。そこで、担当ヘルパーやケアマネジャーと交渉したところ、ケアプラン上は買い物ということにして、雨の日以外はほぼ毎日散歩につれていってもらえるようになった。

こうした制度外のサービスについても、治夫さんはデイサービスの他の利用者の話と比較している。

治夫さん：デイサービスで聞くとね、今その介護（保険制度）ではやることは決まってて、お使いに、今日みたいに僕と買い物行くでしょ。その人は買い物しかやらないの。掃除やってくれって言ったって掃除は絶対やらない。（でも）それじゃ仕事にならない。掃除の人はね、お使いに行ってくれっても行ってくれない。「私の仕事は掃除ですから、お使いには行けない」そういう人もいるんだそうです。

治夫さんは、介護保険制度の規則を理解しつつも、その枠にとらわれず、自分の生活に必要な支援からサービスを組み立てようとしていた。治夫さんの生活状況を理解し、サービスを提供してくれるヘルパーを評価していた。さらに、治夫さんは評価するヘルパーを「いい人」と表現しており、仕事での対応が人格的な側面の評価にもつながっていた。

■ヘルパー高倉さんの認識――生活にあわせた援助

高倉さんは、治夫さんの生活状況をよく理解しており、一人暮らしの男性ではあるが自分で家事もある程度でき、生活していくのに心配のない人だと認識していた。一方で、治夫さんの「うちのやり方」を重視する生活援助については、次のような「難しさ」も感じていた。

高倉さん：ただね、あそこのうちはね、いろいろと、ものを大事にし過ぎるというかね。我々（ヘルパー）だったら全部片付けたいんですけれど。さわらせてくれないんですよね。
齋　藤：はい。うーん。
高倉さん：もう、買い物してきた袋から何から全部取っておかなきゃいけないですよ。で、あんまりさわると駄目なんで、そこはちょっと難しいですけど。
齋　藤：なるほど。
高倉さん：だから、本人が全部やっているんですけどね。あの、洗濯だとか、それから、買い物もそうだし、自分の炊事のご飯の支度だとか全部自分でなさるわけですよね。

齋　藤：そうなんですか。

高倉さん：ええ。それもリハビリの一環としてやっているんですけどね。ですから、あまり手伝い過ぎて、きれいにしちゃうとね、もうよくないと思っていますね。

治夫さんはものを大切にするため、家にはたくさんのものがある。高倉さんは、ヘルパーとしては「片づけたい」「きれいにしたい」と思う気持ちもあったが、治夫さんの「そのままにして欲しい」という気持ちも理解していた。高倉さんは、ヘルパーとしての考えとは異なる治夫さんの流儀に合わせるのは「ちょっと難しい」ながらも、できるだけ対応していた。

さらに、ホームヘルプサービスの内容として、散歩以外にも治夫さんの要求が制度の規定以上のものがあるかどうか、という質問をしたところ、次のような答えが返ってきた。

高倉さん：結局ね、やってもらいたいっていうのは、布団を干したりね。こちらで前もって指示された以外に、物を片付けたり。植木鉢をね、片付けてお水をあげたり。まあ、そういうことはありますけどね。

齋　藤：そういう場合はじゃその場で。

高倉さん：ええ、そう対処してね。

齋　藤：対処してできることは、

高倉さん：ええ、やっていますね。そんな、あの、堅苦しく、「それはできません」とか、「これはどう」ってことは言わないでね。

高倉さんは、治夫さんの「やってもらいたい」ことを理解しており、指示されずとも、たとえそれが部分的には規定外のサービスであっても、状況に応じて対応していた。

こうしたサービスを続ける中で、高倉さんは、自分が担当したことで治夫さんの健康状態が良くなってきていると感じていた。

高倉さん：（治夫さんの状態は）いいと思いますよね。非常に最初から入った時から比べると、よくなられてきたんですけどね。

齋　藤：それはどんな感じですか？

高倉さん：あの、まず右半身が動かなかったのがね。だいぶ手が自分で挙げられるようになって。頭なんかでもこう少し動けるようになってですね。

齋　藤：はい。（頭を）掻いたり、

高倉さん：それから歩行のほうも、割合と右足がこう引きずって歩くようだったのが、非常にこう歩けるようになって、私は、あの状態はいいほうだって考えています。

治夫さんは身体の片側の麻痺を治すためのリハビリに積極的だったが、高倉さんは散歩を含めリハビリを行うことにとても肯定的で三年間サポートをし続けた。その結果、治夫さんの動かなかった手や頭や足がだいぶ動くようになったと言う。第三章でみたとおり、高倉さんは自らの仕事の意義を「利用者の健康状態の改善」としてとらえており、治夫さんのリハビリの効果は、高倉さんの労働のやりがいや自信につながっていた。

高倉さんはこのような自分のサービス提供について、治夫さんが満足しているだろうと考えていた。

高倉さん：私はね、喜んでいただいていると。
齋　藤：すみません。ちょっと答えにくい質問かもしれないんですが、
高倉さん：いや、いや、そんなことないですよ。うん、あの、非常によくしていただいていると、私は思ってますんですけどね。そうしないと、なかなか続く……、長くね、結構もう三年以上ですから。
齋　藤：ああ、はい。
高倉さん：続けられないんじゃないかと思いますけどね。

これまでみた他のヘルパーは高齢者の満足度について答えづらそうに、自分の認識と相手の認識が異なるかもしれないという留保つきで語っていたのに対して、高倉さんは治夫さんが満足していると確信しているようだった。その理由の一つは、他のヘルパーは交代されることもある中で三年間という長期にわたり担当を続けていることである。もう一つの理由は、治夫さんとの意思の疎通である。

高倉さん：さっき言ったように（治夫さんは）満足していらっしゃるんでね。そういうふうに考えていますんで。向こうからの要望がすぐ言いやすいようにね。こっちは、あの、向けてますけどね。そうすると、何してくれとか家のごみを捨ててきてくれとかね。その、部屋の中の片付けなんか重い物は、私がそこのうちで男ですから、そういう男の、仕事のようなものはやるようにしていますけどね。

高倉さんは、治夫さんが「要望を言いやすい」状況を作っているため、お互いの意思疎通ができており、

不満に思うことはないだろう、と考えていた。

この事例では、高齢者とヘルパーがともにある程度「適切」なサービスが提供できていると考えていた。ではその理由はなんであろうか。

高齢者の治夫さんは、自分の生活にとって必要なサービスの範囲を明確に意識していた。これまでのヘルパーの経験や担当ヘルパー間での比較や、先述した実さんと同様にデイサービスの場での他の利用者の経験との比較から、「適切」なサービス像をつくりあげていた。ヘルパーやケアマネジャーに対しての意思表示も明確で、散歩や掃除などやって欲しいと思うことを伝えて対応してもらっていた[8]。ただし、日々のサービスの中で生じる細かな事柄について、常に明確な意思表示を行うことについては、負担を感じており、ヘルパーの「気づき」を期待し、自分のニーズを言わなくてもわかって欲しいと感じていた。

このような治夫さんの期待に応えていたのが高倉さんである。高倉さんは、治夫さんの要望に応えるだけでなく、要望を「言いやすいようにもっていく」ことで満足のいくようなサービスを提供していた。また、言語化された要求に対応するだけでなく、言語化されないがやって欲しいと思っていることを理解し、治夫さんに言われる前に行うことで、「よく気がつくヘルパー」として高く評価されていた。

第二節　重度のケースにおけるサービスの調整

重度の身体介護が中心の場合は、軽度の生活援助とは異なり、サービスそのものの内容は明確であるが、高齢者とヘルパーの二者以外のケアの担い手（家族や他のヘルパー）が影響を与えながら、二者間の「適切なサービス」が調整されている。

二―一　ヘルパーが「適切なサービス」が提供できていないと考えているケース

二―一―一　敏子さんと山崎さんの事例

敏子さん（七六歳、要介護3）は、パーキンソン病のため、身体に麻痺がでてきており、歩行が困難である。独居のため、週に四回、一時間半ずつホームヘルプサービス（買い物、調理などの生活援助と排泄介助の身体介助）を利用している。近居の一人娘は、フルタイムで働きながら食事や介護などさまざまなサポートをしている。

山崎さん（六四歳、NPO・C）は、敏子さんを担当してから一年近くになる。敏子さんの所には週に二回通い、生活援助と身体介助の両方を行っている。

■高齢者・敏子さんの認識――「十分ってわけにいかないけど、まぁまぁ」

週に四回のホームヘルプサービスの際は二名のヘルパーが二回ずつきているが、サービス内容は確定しており「だいたいおんなじ調子でやってもらいますから」と大きく質の違いはないと言う。敏子さんは、現在のホームヘルプサービスを次のように評価している。

敏子さん：まぁ十分ってわけにいかないけど、まぁまぁじゃない。
齋　藤：もし、十分というくらいできるとしたら、何をしてもらいたいですか？
敏子さん：うーん。なんですかね、お風呂。ですかね。
娘　：お風呂、そうだね。でも、私が早く帰れば必ずいれているものね。
敏子さん：うん、帰れる時はね。

敏子さんは現在のサービスは「まあまあ」だと感じているが、主たる介護者の娘の仕事の都合で毎日入浴ができないため、入浴に関してはサービスを増やせればと考えていた。

ヘルパーに対して敏子さんは、「うーんそりゃ神経使いますね、多少はね。でも全部はわからないからね、お互いね」と、ヘルパーは自分のことを配慮してくれるが、お互いの意向が「全部」わかるわけではないので、自分の意向どおりに対応してもらうのは難しいと感じていた。そのため、敏子さんは気づいた点は、ヘルパーに言うことにしている。

敏子さん：（意見は）言える、そうだね。言いやすい。
娘　　：細かいところはヘルパーさんに言っているんです。
敏子さん：うん。
齋　藤：直接。それは、特に言いにくくはないですか？
敏子さん：ないです、ない。

このようにヘルパーと敏子さんは意思の疎通が図れていたが、ケアマネジャー（ヘルパーと同じNPO・Cに所属）については、「何をやる人だかわかんない」「ケアマネは何を目的にきているのか」と役割を認識していなかった。ケアマネジャーについては、別居の娘も、直接会う機会がなく要望を伝えられないと感じていた。ヘルパーの役割を超える問題について敏子さんは、ケアマネジャーよりも事業所の所長（NPO・Cの代表の飯田さん）を身近に感じており、頼りにしていた。飯田さんは「地域のつながり」を重視したサービス提供を行っており[9]、利用者からも親しみやすい事業所となっている。敏子さんは、今後自分の体調が崩れた時も飯田さんに直接電話をして相談するだろうと述べ、「飯田さんを通じないとだめなの。全てものごとは」と、ケアマネジャーではなく事業所の代表がサービスの調整に関して主要な役割を果たしていた。

以上から、敏子さんはヘルパーの満足度を次のように感じていた。

敏子さん：まぁ普通ですね。特別満足しているわけではないし。自分の、専属で、専属で、ついているわけじゃないし。

第二章でみたように、敏子さんは自分の「専属」で状況に合わせて必要なケアをしてくれる家族介護者の娘と比較してヘルパーを評価しており、不満ではないが特別満足ではないという意見になっている。

■ヘルパー・山崎さんの認識――家族の役割への期待

山崎さんによると、敏子さんの体調は変化が激しいようで、トータルとしては「あまりよくない」と感じていた。山崎さんは敏子さんの家では、「料理を作ったり。『○○を買ってきて』、って言われてその間に作りますね。そしてトイレに行ったり」と家事と排泄介助を中心に二時間のサービスを提供していた。山崎さんが敏子さんへのサービスで、特に難しいと感じるのが排泄介助である。

山崎さん：自分でトイレしたいと思って行くでしょ。で、でなかったたっていう時。じゃあ「時間で帰りますから」って五分過ぎて、また「あの、山崎さん申し訳ないんだけど、トイレしたいんだけどいーい？」とか言うと「駄目」って言えないでしょ。

齋　藤：ええ、そうですね。
山崎さん：で、連れてきます。連れてくとまた遅れる。
齋　藤：うーん。じゃあ、時間外でトイレのときは、（事業所の）社長に言ってます？
山崎さん：うん。「あの、遅れましたから」って言います。言います。
齋　藤：あ、じゃ、その次に組まれてる方は、大体ちょっと少し来る時間が遅れてしまうということにはなっちゃうんですね。
山崎さん：そう、そうなんです。はい。うん、だからどうしても、こう、長引くから、「社長、あそこの家ね、うーん、何ていうか、時間遅れて」、「すぐにできないけどいい？」「じゃ、聞いてみる」とかってなります。
齋　藤：もともとそうやって組んでもらったほうがいいですよね。多分。
山崎さん：そう、うん。どうしても時間（とおりに）絶対いかないんです。

排泄介助は、敏子さんに限らず決められた時間に合わせることが難しいものである。このような場合は、山崎さんは事業所に相談し、排泄介助に配慮したサービスの組み方に変更してもらう。ただし、普段のサービスでケアプラン以外のことを頼まれることはなく、排泄介助だけ例外として対応していた。

山崎さんは、敏子さんについて「台所でできるだけ作ろうとしたり、トイレに行こうとしたり」、ある程度自立しており、サービスの内容に関しても「敏子さんが決めます」と自己決定もできていると認識していた。山崎さんのサービスに対して、敏子さんは「満足していると思いますけど。すごい喜んでくれているみたいなんで」と述べていた。

山崎さんは敏子さんとの関係について問題は感じていなかったが、家族については思う所があるようだった。山崎さんは以前から、敏子さんの家に段差が多く危険だと感じていた。

山崎さん：(敏子さんが）一人でいるとき、だから転んでね、それで、ここ（額）真っ赤になって腫れてね。
齋　藤：あ、そうですか。
山崎さん：(敏子さんが）「昨日なったんです」って。「お医者さん行ったの？」って言ったら「いや、行かない」って。だんだんと腫れてきたりするからね、触ると温かいんですよ。熱、持って。
齋　藤：え、大丈夫ですか。
山崎さん：うん。で、タオルで私、冷やしてね。冷やしたら「うん。気持ちいい」って言ってた。うん。
齋　藤：でも危ないですよね。
山崎さん：うん。だから、「娘さんに泊まってもらったら」って言ったんですよ。基本的に明日、普通に休みだったからね。あまりにもほっとくと、その後どんどん腫れて。
齋　藤：そうですよね。何か悪いことになってしまったら手遅れになりますもんね。
山崎さん：そう。びっくりしちゃってさ。ほんで、私も（自分の）親なら連れていくんだけどと思ってさぁ、余計なこと。
齋　藤：あ、でも見てたらそう思いますよね。どなたも連れてかないんだったら。
山崎さん：うん。それで、「(病院に）行ったほうがいいよ」って、また帰りにまた言ったんですよ。そしたら、次の休みにね、病院行ったんですね。そいで、薬と塗り薬もらったって言ってました。

山崎さんが訪問した時、敏子さんの額はとても腫れ上がっていて（「内出血みたいに真っ赤になっていた」）病院に行った方がいい状態だった。しかし山崎さんは、自分はヘルパーの立場なので余計なことはできないと思い、「娘さんに来てもらって病院につれていってもらったらいいよ」と敏子さんに助言するにとどめた。結局翌日に娘が病院に連れて行ったが、こうした経験から、家族の見守りやサポートが十分ではないと感じているようだった。山崎さんは敏子さんが転んで怪我をしたり危険なため、住宅改修のサービスを勧めていたが、決定権のある娘と接触があまりない。敏子さんを通じて伝えてもらうようにしているが、なかなか改善はみられないとのことだった。

二−一−二　悦子さんと横川さんの事例

悦子さん（六五歳、要介護4）は、三年前に肝移植の手術をし、三ヶ月ほど入院した後ほぼ寝たきりとなった。清拭や排泄介助、散歩など、週五回のホームヘルプサービスと訪問看護という非常に多くのサービスを限度額近くまで使っていた。夫は一〇年前に亡くなり単身世帯だが、兄家族がすぐ隣に、既婚の娘と息子が近居しており、日中の食事については兄の妻が、そのほかの介護を娘が担っていた。

横川さん（五三歳、株式会社D）は、五年前にヘルパー2級をとり、現在はヘルパー1級を持ち登録型ヘルパーとして働いている。悦子さんのところには、一年前から、週に三回、一日に二回（朝一時間夕方三〇分）通っている。

■高齢者・悦子さんの認識――「慣れている人がいい」

寝たきりの悦子さんは「私は散歩に連れて行ってもらうのが、大事ですね」と述べる。

齋　藤：できれば、毎日散歩に、

悦子さん：行きたい。今雨だからね。あとできれば、もっと時間を増やしてもらいたいな、と思う。

齋　藤：今はどのくらいなんですか？
悦子さん：だから、朝の一回だから、一時間。
齋　藤：でも、その中に取り換えとかも入りますよね。
悦子さん：そう、そう。だから、なんていうか、四〇分くらい。
齋　藤：コースとかは選べます？　自分で、
悦子さん：コースは本当は、下にほら、あれ、遊園じゃない、公園があるんですよ。それであそこに行きたいな、っていうのはしますけど。どうしても坂おりなくちゃいけないので、坂は大変だ、というので平な所だけ。

悦子さんは、サービスに対してあまり不満はないとのことだったが、できればもっと長い時間車椅子で外出したい、と思っていた。

悦子さんは寝たきりで毎日のサービスが必要なため、訪問するヘルパーの数も多くなる。二名（横川さんともう一名）は固定だが、他の数名は入れ替わりになるという。筆者が、ヘルパーの数が多いので、個人差があるのではないか、と聞いたところ、多少言いにくそうにしながらも、次のように答えてくれた。

悦子さん：個人差はありますよ。朝、（固定の二人のうち）もう一人の人（横川さん）が来ているんですよ。その人はいいですよ。
齋　藤：どういう点がいいですかね？
悦子さん：いいっていうか、慣れがあるのかも。私も慣れがあるのかもしれないけど。ベテランだから、その人はすごく慣れている。あの人（横川さんではない担当ヘルパー）は、まだ若くて、五年間やってないみたいよ。

齋　藤：そうするとやっぱり違いますか？

悦子さん：そうですね。でも、私リフトを使っていますから、リフトを、あんまり、うん。上手じゃない、のかな。

齋　藤：慣れている方の方がスムーズに、

悦子さん：私も、そうね、安心してできる、というかね。

悦子さんはベテランヘルパーである横川さんが、自分も相手も「慣れている」から「いい」と感じていた。一方で、もう一人のヘルパーについては、若くて経験が浅く、悦子さんの身体介護で必要なリフトの扱いも上手ではない。ヘルパーは経験によって身体介護の技術に差があり、慣れている横川さんのほうが「安心できる」ということだった。

このリフトの扱いは、悦子さんのサービスの中でもとても重要なものである。悦子さんは、以前一度だけヘルパーの交代を要求したことがあった。そのヘルパーは「『落っことさないかな』とかなんとかって言って」、「機械のね、扱いが。びくびくしながら」やっていたため、「こっちも安心してできないから」と担当を代えてもらった。

サービス内容について、今以上に何か必要なことはないか、と質問をしたところ、悦子さんは次のように応えてくれた。

悦子さん：そういうことは、あまりないですね。だいたい、あの、自分たちでやってもらいたいのを全部やってもらっている。

齋　藤：では、決まったことで、
悦子さん：決まったことだから。私は、あの、ほらオムツ交換と体位交換をしてもらっている、と。
齋　藤：それ以外に、他に自分がこうしてもらいたいこととかは、
悦子さん：そういうのは、あんまり。

悦子さんは限度額いっぱいに利用しており、「自分たち」と述べるように自分と家族が考える生活に必要なサービス内容（排泄介助と外出介助）を提供してもらっている、と感じていた。ヘルパーはこの決まった内容にそって提供してくれているため、今以上の要求はないと言う。ケアマネジャー（ヘルパーと同じ、D社所属）との関係も良好で、よく連絡をとり、相談もするそうで、サービスの希望があれば取り入れてもらえると考えていた。

このように、悦子さんはヘルパーに対して、自分の要望に合わせたサービスを適切に行ってくれていると感じており、「すごーっくではないけど、満足だね」と述べていた。

■ヘルパー・横川さんの認識――決まったことを丁寧に

横川さんが悦子さんの家でする普段のホームヘルプサービスは、朝の場合は排泄介助と簡単な掃除、外出介助で、夕方は排泄介助のみである。家族（仕事をしている近居の娘）の支援があるので、それ以外のことを担当している。サービスの内容と手順は、横川さんが担当になる前から決まっており、同じ内容を継続している。悦子さんから仕事の範囲を超えた要求はあるのか、と質問すると次のように答えてくれた。

横川さん：あ、それはないですね。うん。それに付随したことに対して、じゃあ、自分でできないからお茶

ここにセットしておきますとかね、ベッドの周りがちょっと片付けてなかったら危ないから片付けるとかね。汚れてるならちょっと片付けてふいちゃうねっていう感じになってくるんですよね。

悦子さんへのサービスは基本的には決まったことをこなすという感じであり、それ以上の要求をされることはないという。ただし、横川さんが述べるように、その時に「付随したこと」（ちょっとした片付けなど）を気がついたらやるそうだ。横川さんは、悦子さんへのサービス提供の際に気をつけていることとして、次のように述べている。

横川さん：うーん。やっぱり丁寧にっていうか、あの、きちんとおむつ当てるのもきれいにふいてあげるのもっていうことしかできないですよね。うーん。濡れていたらきれいにやって、次に換えてあげたんだったら靴下履かせてあげるとかね。一応「暑いですか、寒いですか、クーラー入れますか」とかっていう環境、周りのあれをね、考えてあげるしかできないですよね。

横川さんは、サービス提供に関して、決まった内容をやりながらも、排泄介助については「丁寧にすること」や、悦子さんの体調を聞きながら、室温や衣服などで環境を整えることを配慮していた。

こうした横川さんのサービスに対して、悦子さんのほうは満足しているかどうか、という筆者の問いに対して、横川さんは、「こっちの方が聞きたいんですけど」と笑いながらも、次のように話してくれた。

横川さん：これとこれをやってもらうんだっていう気持ちがあると思うので、それだけをきちんとやって終了すればいいかなっていうのもありますね。うん。

悦子さんの場合は、サービスとしてして欲しいことが明確で内容が確定しており、それをきちんと行えているため満足しているのではないか、と考えていた。横川さんは、ヘルパーは「この方はこうだからこのサービスをお願いしますっていう」内容を「きちんとやるっていうことが仕事」だと考えており、悦子さんに対してこのような仕事ができていると感じている。

ただし、横川さんは悦子さんへのサービスは充足していると考えていたが、家族介護者の事を考えるともっとサービスがあった方がいいと感じていた。横川さんはサービスの内容の決定はケアマネジャーの役割で「私の範囲じゃない」ため直接悦子さんに話すことはないが、「家族の負担が結構強くなって」きておりサービスが「多ければ多いほどいいですよね。あればあるほど」と考えていた。

横川さん：（悦子さんの娘は）ちょうど働き盛りなんですね。だから、夜中にもみたり、朝行くときみたり、休みの時にみ続けてるから。何か私の娘と同じような感覚に見えちゃうから。うん。ちょっとね、あんまり負担かけてもかわいそうかなっていうところはありますよね。

横川さんは、自分の娘と同年代の悦子さんの娘が、毎日働きながら介護することを気遣っていた。こうした家族介護者を支援の対象とするまなざしは、横川さん自身が家族介護を経験していたことも影響している。

これらの事例では、ヘルパーの「適切なサービス」の判断に家族が大きく影響している。

敏子さんは、ヘルパーには「個人差が無い」と、自分の要求に合った内容を提供してくれていると感じていた。ヘルパーに対しても意見をいいやすく意思疎通ができるだけでなく、事業所が近所のため、組織の代表とも頻繁に連絡をとり、サービスの要望を伝えていた。家族介護者と比較してヘルパーは「まぁまぁ」の担い手と考えていた。ヘルパーの山崎さんは、規定の家事援助や排泄介助については満足いくサービスが提供できていると感じていたが、住宅環境がパーキンソン病の敏子さんには危険があるため、住宅改修のサービスを利用した方が良いと考えていた。また、山崎さんは、サービスだけでなく別居の娘に対しても見守りや介護が足りていないと感じていたが、娘と直接会う機会がないため、自分の意見を伝えることはできないでいた。

悦子さんは、寝たきりのため担当ヘルパーは多い。生活援助の事例と同様に、ヘルパー間の比較を行っており、リフトの技術など慣れている横川さんを評価していた。横川さんは決まったことを丁寧にするのが大切であるとの考えのもと、悦子さんにも対応していた。ただし、横川さんは悦子さんに対するサービスは充足しているが、家族への支援が足りていないと考えていた。

二―二　高齢者とヘルパーの双方が「適切なサービス」が提供されていると考えるケース

二―二―一　ふみさんと鈴木さんの事例

夫を一〇年前に亡くし、娘夫婦と同居するふみさん（九九歳・要介護4）は、九〇歳のころに寝たきりになりサービスを使うようになった。現在は、週一回の訪問入浴と、週四日のホームヘルプサービス（二時間三回、一時間一回）と、平日はほぼ毎日サービスを利用している。

ヘルパーは二名で、ふみさんが寝たきりになった時から約一〇年担当しているAヘルパーと、インタビューに応じてくれた鈴木さんである。鈴木さん（五〇歳、社会福祉協議会B）は、介護保険制度のヘルパーとしては六年目になるが、それ以前は社会福祉協議会で有償ボランティアのヘルパー（協力会員）もしており、ヘルパーの経験は長い。ふみさんのところには、四年前から通っている。

■高齢者・ふみさんの認識――「歌とお話」

普段寝たきりのため、ふみさんは外へ出たいという要望が強い。

ふみさん：それがね、とにかく足がこれ（うまく動かない）ですからね。これは、いいなんて考えることは、一つもないです。ただ、椅子に腰かけて、お庭に出ただけでもね、いいんですけどね。（中略）こうやって（首を窓の方に向ける）表の方ばっかり眺めてます。そこの、「空、空がいいな」、と思うだけ。人さんに、

娘　　：この範囲しか生活がね、

ふみさん：人さんに、お目にかかりたいの。で、ここ（窓）あけますとね、どなたかがお通りになりますよね、

齋　藤：はい。

ふみさん：「あー、よかったなぁ」、と思うのね。これで、悪かったら。だから、足だけが、

齋　藤：そうですね、お話もしっかりされていますしね。じゃあ、もしできるのだったら、お外に行ったりとか、そういうことがいいなぁと思います？

ふみさん：そうですね、それだけです。

娘　　：ですから、ごめんなさい。この間のお正月とかは、みんな家族や親戚が集まりまして、向こうの部屋に車いすでつれていきまして。みんなで。そういうことはありますけどね。ほとんど、まぁ、四六時中こういう（寝たきりの）状態なんですけど。

ふみさんは、歩けないため、ほとんどの時間を家の中のベッドの上で過ごしている。ふみさんは、本当は外出して外の人に「お目にかかりたい」が、現在の介護体制では難しくなかなかできないようだ。そのため、窓から外の風景や道行く人々を眺めていた。こうしたふみさんの気持ちは、ホームヘルプサービスへの期待にも影響していた。

ふみさん：まぁ、私が見られない外のご様子だとかね、そういうことが、何より、たくさん来てくださるから、
齋　藤：身体を拭いたりとか、そういうことも、
ふみさん：えぇ、えぇ。来ると、暖かいお湯で、きれいに拭いてくれます。
齋　藤：お話なんかもされるんですか？
ふみさん：えぇ。こちらから、聞きますでしょ、「表の様子はどうですか、こうですか？」するといろいろお話がありますけど。私が聞きたいことを聞かせてもらうんです。
齋　藤：外の情報とか、
ふみさん：ええ。そうですね。表の、どんなお花が咲いているか、いろいろ。（中略）もう、この百歳の年じゃね、一緒にお話ししていれば。自分が東京育ちのあれで、小さい時のいろんな、まぁ、様子を話したり。私の方の様子を話しますと、「あぁ、そうですね、こうですね」って今のことを聞かせてくれるんですけど。やっぱり今も昔も東京は東京ですからね。よくわかってますよ。フフ。

ふみさんは、ホームヘルプサービスについて、「きれいに拭いてくれる」という身体介護だけでなく、ヘルパーとの「お話」と「歌」を重視していた。訪問するヘルパーはみなサービスの合間にふみさんと一緒に歌を歌う。ふみさんは、「歌っていいですよね、心を豊かにしてくださいますからね」と言い、サー

ビスの中心的な要素と位置づけていた。いつも枕元に自分で書いた歌集を置いておき、ヘルパーが来た時に一緒に見ながら歌う。

こうしたサービスの内容の決定や事業者・ヘルパーへの働きかけは、娘が行っている。

齋　藤：ご自分でこういったサービスを頼みたいっていうのは、決められますか？　娘さんが、決められます？

娘　　：そうですね。

ふみさん：いやぁ。そういうことは決まっていると思いますからね。こういう方はこういうことをしてくださるんだってことを。こっちは江戸っ子ですからね、

娘　　：江戸っ子って、

ふみさん：余計な、そういうことを頼むっていうのは、ね。そういうことは。こちらの真面目な方がいらしゃっているんだから。今日は、こういうことをしてらっしゃいっていうことで、来てらっしゃると思うからね。まじめにやってくれると思うんだから。なんにも、言わない。今日はあっち、あなたの方から、来た人の方から、「今日はあぁしましょう、こうしましょう」、って。だから、今日は何をやってくれるかは、覚えていないんですよ。するとね、きちんと身体のことからね、食べ物ね、こうやってこうやって、いろんなね、こうやって、健康になるような食べ物とかね。まじめな話とかしているから嬉しいんですよ。最後に楽しい歌を歌って、

娘がふみさんの要望を取り入れる形でサービスを組んでおり[10]、ふみさんはその内容に満足しているようだった。また、ふみさんは自身を「江戸っ子」というように、「既に決まっている」サービスの内容

について何か意見をいうことは「余計」だと考えていた。このように、ふみさんの場合は、同居の家族が本人の意向を配慮してサービスの調整を行っていた。

■ヘルパー鈴木さんの認識――身体介護と「お話」

鈴木さんのふみさんの所でのホームヘルプサービスの流れは、「お話が好きなおばあちゃんなので、お話しして。仕事の依頼の内容は、寝巻きの交換と清拭とオムツ交換とシーツとタオルの交換がありますので、お話しして落ち着いた時に作業を開始しますけど」ということで、ふみさんが話好きであるということを考慮して、「お話」をしてからサービスを提供していた。しかし、こうしたやり方には、時間的な問題もあると言う。

鈴木さん：ただ、正直、あの、一時間でというのは、あの……。実際のね、介護の作業は一時間あればできると思いますけど。ある程度やっぱりコミュニケーションって必要なんで、それがないと、ちょっと正直……。

齋　藤：うーん、足りない。

鈴木さん：オーバーはしています。だからちょっと早めに行って、うかがって、まあ、ちょっとオーバー?

決められた一時間のホームヘルプサービスの時間内で、清拭などの身体介護は対応できるが、ふみさんが求める「お話」の部分は難しい。そのため、鈴木さんは「お話」に関しては、規定外の時間に無償で対応している。ただし、それ以外のサービスの部分については、娘が介護保険制度を十分に理解しており、範囲を超えるようなことを要求されたことはない。

身体介護については、鈴木さんは清拭がふみさんを含め利用者にとって重要だと感じていた。

鈴木さん：で、やっぱりあの背中やなんかタオルで拭くと気持ちいいですよね。

齋　藤：うん、ええ。

鈴木さん：だから大体、清拭が入っている方って清拭をすると、「ああ、気持ちいい」というのはおっしゃるんで、それを聞くと、「あ、じゃ、これって絶対やるべきだわ」とは思います、うん。

鈴木さんが丁寧に身体をふくと、ふみさんは本当に気持ちよさそうにするため、こうしたサービスを「絶対にやるべきだわ」と思うとのことだった。ふみさんが、鈴木さんのサービスに対して、満足していると思うか、という筆者の質問に対しては、次のように答えてくれた。

鈴木さん：あのね、松本（ふみ）さんのこう性格から言って、一応どなたとでもこううまくはやってくださるから。何でもこう感謝する、するように自分でしていらっしゃる方だから。やり足りなかったり、「えっ」と思っても、「私がね、動けないから悪いわね」って思ってくださる方です。

齋　藤：ああ、はい。見ている感じでは満足されているように、

鈴木さん：と、思います。何か、あの、もうちょっとこう希望はあるんじゃないかなと思うけど……。

齋　藤：はい、ああ、あまりおっしゃらない。

鈴木さん：反対に、「もう、私は幸せよ」っておっしゃる。

鈴木さんはふみさんが、「何でもこう感謝」（しようと）する性格のため、サービスに不満があったとし

ても自分の責任と考えて、直接言わないのではないか、と考えていた。

ふみさんのような寝たきりで要介護度も高い高齢者の場合は、在宅での家族介護者の役割が重要になる。

鈴木さん：本当に皮膚なんかもきれいにしていますし、あの、お嬢さんのことなんかでも、「よくしてくれるから」ってことは（ふみさんが）おっしゃいますよ。

齋　藤：ああ、はい。

鈴木さん：私には言うんですけど、本人が来ると何かついつい……。

齋　藤：あ、もうちょっときつく。

鈴木さん：きついことはおっしゃいますけどね、もう、うーん。あの、あのご家族すごく、うん、うまくいってますね。やっぱりおばあちゃまのことを一応たてていらっしゃるから。

鈴木さんは、ふみさんが皮膚もきれいで娘から十分な介護を受けていると考えていた。ふみさんは娘に直接言わないような感謝の言葉をヘルパーの鈴木さんには話すことがあり、鈴木さんはふみさんの家族は「うまくいっている」と感じていた。

ふみさんの娘は介護の担い手としてだけでなく、サービスの内容の決定や交渉の役割も担っている。ふみさんの認識と同様に鈴木さんもサービスの内容は「大体娘さんが決めていらっしゃると思いますけど。まあ、（ふみさんは）嫌だったら嫌だということはおっしゃるし、まあ、話せばこう納得してくださる感じですから」と、家族（娘）が決めていると感じていた。しかし、ふみさんの要望と家族の意見が異なることもある。

鈴木さん：（ふみさんは）何かできれば、無理がなければ、「ちょっと外に行きたいわ」っていうことをおっしゃるんで、あの、車いすで移動できたらいいということは前にちょっとね、話はしたんですけど。

齋　藤：はい。

鈴木さん：そうしたら、ご家族のほうで、やっぱりちょっと座っているのは無理だし、移動が……、ベッドからね、車いすの移動というのはちょっと無理だから、いいですということだったんですけど。

鈴木さんは、ふみさん本人が外出をしたいという要望があることから、福祉用具として車いすをレンタルすることを提案したが、家族のほうから外出のサポートは負担が大きいと断られた。このようにサービスが、ふみさん自身の要望とは異なる家族の意向で決定されることもある。

さらに、サービスのプランにも家族介護者の存在が影響している。

鈴木さん：ご家族も高齢になっていらっしゃるのね。あの、主に面倒を見ていらっしゃる娘さん夫婦が。だからまあそちらのご家族のほうのご負担のことを考えて、なるべくショートステイを利用するようにというプランがメインになっているんだと思うんで。以前よりは、ちょっと活動時間が、やっぱり減りましたよね。

ふみさんは百歳近い高齢のため、子ども世代といっても娘も高齢（七〇代）になる。ケアマネジャーは高齢の家族介護者の負担を考え、当初の訪問を中心としたサービスから、ショートステイなど介護者のレスパイトケアを取り入れたプランに変更し、四回のホームヘルプサービスのうち一回の提供時間を二時間から一時間に削減した。こうしたプランの変更は、家族に対する支援の効果がある一方で、ヘルパーの鈴木さんにとっては、前述したとおり「お話」の時間が足りない、という問題になっていた。

鈴木さんは、積極的に家族と関わりながら、サービスを提供していたが、その背景には、次のような考えがある。

鈴木さん：私ね、ヘルパーというのはね、結局、ご家族の負担を減らすのが、うん、（重要）だと思っているんです。思っちゃうんです、すごく。

齋　藤：はい。これは、じゃ、利用者さんというよりも家族の負担をどれだけ減らすっていうことを一番に考えられているということで。

鈴木さん：まあ、その、介護度の程度にもよると思いますけど。まあ、あの、ふみさんクラスの、まあ、ちょっとね、あの、動けない方なんかは特にご家族が負担ですよね。

齋　藤：あ、はい。重度の方、うーん。

鈴木さん：でもう（家族に）本当ストレスがたまるとやっぱり、結局、みているおばあちゃまの方にこう行きますから、そう、そうしてこう（娘がふみさんを）すごいピシャッとしちゃうんで。

ふみさんの場合は、家族介護者の娘も高齢で身体的にも精神的にも負担が大きい。そして、余裕がなくなるとふみさんへイライラの矛先が向くと言う。鈴木さんは、介護される高齢者が安全に在宅生活を継続するためにも、家族介護者へのサポートが重要だと考えていた。

この事例では、高齢者の求めるサービスが「適切なサービス」として標準化され、提供されている。ふみさんは、身体介護に加え「歌」と「会話」を重視していたため、娘がふみさんの要望に合わせて対応してくれるヘルパーを選択している。二名のヘルパーとの継続的な関わりから、インフォーマルな要素を含めた希望通りのサービスを受けることができていた。

鈴木さんは、高齢者の要望が明確であるため、自身のサービス提供が高齢者の要望を満たしていると感じていた。身体介護の特徴として、直接的な身体接触があることが挙げられるが、鈴木さんが述べるように清拭は相手の感情がダイレクトに伝わってくるため、評価がわかりやすい。さらに、二―一の事例と同様に、ヘルパーもケアマネジャーも、家族介護者が高齢者の在宅生活を支える主要な担い手であると考えており、老老介護のふみさんの家族への支援を含めたサービスが行われていた。

二―三　高齢者とヘルパーの双方が「適切なサービス」が提供されていないと考えるケース

二―三―一　佐和子さんと佐々木さんの事例

佐和子さん（八一歳、要介護5）は夫との二人暮らしで、六年前から膝関節症のため、寝たきり状態になった。リウマチになり手足が腫れ、日常生活にもかなりの支援が必要である。毎日三回のホームヘルプサービスと週一回の訪問看護、隔週の訪問入浴を利用している。担当ヘルパーの数も多く、三つの事業所と契約しており[11]、ヘルパーは一〇人以上いる。

ヘルパーの佐々木さん（五六歳、社会福祉協議会B）は、Bで一〇年近く有償ボランティア（協力会員）としてヘルパーをしていた。その後、介護保険制度の導入とともに資格を取得した。佐和子さんの担当は二年目で、週に一回、昼食の介助と排泄介助を行っている。

■高齢者・佐和子さんの認識――ヘルパーの「個人差」

佐和子さんは対象者の中で最も要介護度が高く、サービスの利用量も多い。佐和子さんの所には、毎日数回ヘルパー（三つの会社から一〇人）が訪れるため、自分の時間はほとんど無い。

齋　藤：普段、ヘルパーさんとかが来ていない時は、テレビとか、

佐和子さん：でも、（ヘルパーが来るのは）朝八時からでしょ。お昼が一二時から一時まででしょ。夜がやっぱり、えー、五時から六時半まで、一時間半でしょ。だからほとんどヘルパーさんがいるから。

齋　藤：じゃあ、いない時っていうのは、あんまり

佐和子さん：無いですね。

齋　藤：じゃあ、間の時間ご主人とお話ししたりとか、

佐和子さん：話している暇も無いです。

佐和子さんはたくさんのサービスを利用しているため、ヘルパーの「個人差」を強く感じていた。ヘルパー全体でサービスの質が保たれていないにもかかわらず「お金が高いってこと」に対して「不満」を感じていた。佐和子さんによると、ヘルパーには、「やる人とやらない人」がいたり、「基礎ができていない」人がいるという。佐和子さんがまず話してくれたのは、経験の違いである。ある事業所では、経験の浅いヘルパーを「何でもできる」と紹介してきたが、あまりにもひどい対応だったため、ケアマネジャーに相談してその事業所のヘルパーは断ることにした。

佐和子さん：できないヘルパーはやらないもんね。

齋　藤：それも人によりますかね、

佐和子さん：ねぇ。

齋　藤　：では、安心できる人もいるけれど、

佐和子さん：それもやっぱり、三人のうち一人だよね。

齋　藤　：あー三分の一くらいですか。

佐和子さん：できる人っていうのは。できない人っていうのは、何をやっていいかわかんないでうろうろするだけ。だからね、ケアマネジャーさんが、要するに時間を、「もし多かったら、三〇分くらいにまとめて帰してもいいですよ」って言われている。

これまでの多数のヘルパーの中でも「できる人」は「三人に一人」しかおらず残りの「できない人」は、時間が余っても何もしない。ケアマネジャーからこうした場合にヘルパーを帰してもいいと言われているが、佐和子さんが直接ヘルパーに帰って欲しいというのは難しい。逆に、「できる人」として佐和子さんが気に入っているのが四〇代のヘルパーである。

佐和子さん：やっぱり四八（歳）くらいの人ね。

齋　藤　：これは、何がいいんでしょうか。

佐和子さん：もう六〇（歳）近くなるとだめですよ。何人か来ているけど。六〇近いと、自分の身体が大変なんですよね。

齋　藤　：じゃあ、抱えたりとかするのに、安心してまかせられるのが、その年代の方が、

佐和子さん：そうねえ。（中略）結局私手足がきかないから、身体が動かせる人っていうので、会社のほうで吟味してよこしてもらっているんですよ。でもその中でももう六〇近い人はやらないっていうこと。

齋　藤　：それで、少し若い人のほうがいいということですね。

佐和子さん：そういうこと。

佐和子さんは、身体介護が中心のため、体力があり抱えるのにも安心感がある若い世代のヘルパーがいいと考えていた。また、身体的な意味だけではなく、六〇代以上のこれまで担当したヘルパーが、佐和子さんの目からみると「定年前だからやる気のない」ように見え、若い世代の人がいいと思ったようだ。しかし、「いい人は辞めていってしまう」、「この人上手くて、おとなしくていい感じだな、って思うと辞めてっちゃうんですよ。みんな」と、満足できるヘルパーを得ることは難しいと感じていた。

ホームヘルプサービスの時間が長く、ヘルパーの数も多い佐和子さんは、ヘルパーは入れ替わり立ち代わりになり、それぞれのヘルパーと個別の関係性を築くというよりは、最低限の「仕事」を達成してくれれば良いと考えていた。

一方で、事業所も異なる多人数のヘルパーを管理する際に、重要な役割を果たしていたのがケアマネジャーである。

齋　藤：その（ケアマネジャーが訪問する）時に、「ヘルパーさんどうですか」、という話はしていますか？
佐和子さん：してます。でね、とてもいい人でね、ケアマネさん。うちのケアマネさんは、いい人。
齋　藤：そうなんですか。合っているんですね。じゃあ、何かあったときに相談しやすい人、
佐和子さん：「なんでも相談してください」って。
齋　藤：そうですか。
佐和子さん：会社の方（ヘルパーや事業所）と、うち、利用者と、まぁ早い話が「裁判官」のような人ですよ。両方に肩をもたないっていう。うん。

齋　藤　：では、ヘルパーさんにこうして欲しいなっていうのは、ケアマネさんの方で、

佐和子さん：一応ケアマネさんに言って、配慮してもらうっていうか、ケアマネさんに言って（希望するサービスが）入るようにしてもらうっていうか。もちろんケアマネさんに言わないと、通らないものなんですよね。

佐和子さんにとって、ケアマネジャーはヘルパーや事業者側でもなく自分たち利用者側でもない「中立の裁判官のような人」であり、佐和子さんや家族の要望をきいてサービスに繋げる役割を担っている人であった。

さらに、佐和子さんの在宅での生活を支えるのは、家族である。ヘルパーに対しては個人差によって可否があったが、介護をする家族については、肯定的な意見がきかれた。佐和子さんを介護する家族として、まず同居の夫が挙げられる。

佐和子さん：うちでお父さん（夫）がいつも手伝ってくれてるもの。

齋　藤　：そうですか。ヘルパーさんがいらっしゃっているときにもお手伝いされているんですか。

夫　：まあ手伝うっていうほどでもないけど。ちょっとね。

齋　藤　：じゃあ、特にその間、人が来てる間は休もうっていうことは、

夫　：まぁないね。休むっていうのはないね。

佐和子さんの夫は八〇代と高齢だが、ヘルパーの訪問時は常に付き添い、身体介護を手伝っている。また、夫はさまざまな連絡の窓口や、介護保険制度内外のサービスの支払いや事務手続きも担当していた。夫だ

けではなく、佐和子さんには別居の娘・息子もいる。

佐和子さん：うちはね、娘が毎日食事の支度にくるのね。お父さんができないから。あと息子が、土・日とお姉さんを休ませるためにくるわけ。だから、うちの人には、お父さんもよくやってくれているし、十分満足しているっていうか、そんな幸せなことないって思います。

佐和子さんの別居の娘は、平日毎日食事を作りにきて、オムツの交換もする。土日は、息子が手伝いにくる。先述したように、夫も介護をしてくれている。こうした家族のサポートに対して佐和子さんは「そんな幸せなことない」ととても感謝していた。

■ヘルパー・佐々木さんの認識──ヘルパー同士の連携の困難

佐和子さんの所には、たくさんのヘルパーが来ているが、事業所の違いがありヘルパー間の連絡は在宅ノートの記述をお互いに確認する程度だ。ただし、佐和子さんのところにある事業所間で共有の連絡ノートは、水分量や行ったサービスの内容（清拭や食事介助、着替えなど）のみで、細かな情報はあまり書かれていない。そのため、トラブルが起きた時の対応が難しいと言う。以前佐々木さんが訪問すると、佐和子さんの肌にとびひ（伝染性膿痂疹）のようなものができていた。「どうしてもおかしい」と感じて他の日に担当しているヘルパーの事業所や家族に連絡をして、家族が病院につれていくことで、悪化せずにすんだ。しかし、佐々木さんは、他のヘルパーの所属事業所に自分が直接連絡したことは、「何か言いつけているみたいな」感じになるのではないか、「そのへん難しい」と言う。

とびひの問題だけでなく、佐々木さんは、佐和子さんの皮膚の病気を気にかけていた。佐和子さんは、排尿が大変なためにバルーンカテーテルを入れているが、皮膚の病気の原因にもなっており、その処置に疑問を感じていた。

佐々木さん：そのね、(佐和子さん自身は) おむつの中が濡れてとても不愉快だっていうことは (あって)。もうそれ (バルーンをすること) が本当はいいことなのか、すごく……。
齋　藤　：うーん。ご本人としては、
佐々木さん：もう私もびっくりしましたけど。かわいそうっていうか。
齋　藤　：まあ、ぬれるよりはということなのでしょうけど、
佐々木さん：あと、やっぱり痛いみたいだし、取り換えたりするのが。で、やっぱりあんなに入れっぱなしだったら。いや、この患者はやっぱし (娘や息子との) 同居をね。
齋　藤　：あ、そういうところは、心配され……。
佐々木さん：うん、ちょっと。何かもっと手があれば、あれ、入れなくてもね、いい。まだ、あの、ちょっと分からないんですけど、どっちがいいか。
齋　藤　：うーん、ちょっとそこらへんはもう。
佐々木さん：ねえ、皮膚的なことね。今のああいう状態で。蒸れたらもっとひどくなっちゃうかもしれないし。そのへんはちょっと私も素人で。わからないんですけど。

佐和子さんはバルーンカテーテルが入っていることで、オムツの中が濡れて皮膚トラブルになったり、取り外しの際に痛がったりするようで、佐々木さんはバルーンが必要なのかと疑問に思っていた。佐々木さんはもし、夫だけではなく排泄介助も手伝える娘や他の家族と同居できれば、こうした佐和子さんに負

担のかかる処置をしなくてもいいのではないか、と感じていた。しかし、佐々木さんはヘルパーとして医療的処置については「素人」なため、この意見を直接佐和子さんに言うことはない。

また佐々木さんは、サービスの内容を家族が決めていると感じていた。

齋　藤：じゃ、こちらでもうやることは大体決まっていて、それをやっていらっしゃる。

佐々木さん：あ、そうですね。あ、もちろんその流れっていうか、こういうふうにしてこうするんですよという話はうかがいましたけど。これとこれをして欲しい、して欲しいって言うか。まあ、そうですね。こんなかたちで一応作業が終わりますみたいなかたちで、ご主人から……。

齋　藤：はい、佐和子さんはご自身でこう、こういうふうなことをやってほしいってことを決めていらっしゃるという感じはします？

佐々木さん：あ、そんな感じはしないです。

齋　藤：しないですか。

佐々木さん：はい。

齋　藤：で、もうご家族との間でこういう。

佐々木さん：ええ、そうですね。

佐々木さんは決まった内容の他に、佐和子さんのために、ヘルパーとしてできるだけのことを工夫してサービスを提供していた。

佐々木さん：私の場合、時間余るんですね。一時間の間に。で、本来その身体マッサージしたりとか。どういうものかなと思ったんですけど。やっぱり二〇分か一五分余るので。あの、やっぱりどうしても体、ぐったり寝ていますので。ちょっとこうマッサージしてあげたりして。それはとっても嬉しいみたいで。

齋　藤：ああ、そうですか。

佐々木さん：ええ。楽しみにしてくださっているんですけど。

齋　藤：そうですよね。ちょっとこう動くのもね、ままならない状況ですもんね。

佐々木さん：そうなんです。だから、少しこう全部こう体（を）マッサージしてあげるんですけど。

齋　藤：でも他の方がやっているかどうかとか全然分からないですもんね。

佐々木さん：そうなんです。だから、それを余計なことをし（たこと）になるのかそのへんがすごく難しくて。やっぱり比較しますでしょう？　必ずね。

齋　藤：ええ、利用者の方は。この方はやってくださったのに、この方はって。

佐々木さん：そうなんです。だから、たくさん入っている中でそういうことをしていいのか少し迷いましたけど。

佐々木さんは、余った時間を佐和子さんへのマッサージにあてていた。これは、ケアプランとして決まっているものではなく、自分の判断で行っていると言う（ただし、事業所には伝えて了解をとっている）。マッサージは佐和子さんには喜んでもらえるが、他のヘルパーと比較した際に適切なのかどうか、不安にも思っていた。佐々木さんの語りからは「結局どこまでしていいか」ということもわからない、複数の担い手の中で適切なサービスの範囲を決めることの難しさが感じられる。

他の寝たきりの高齢者のヘルパーと同様に佐々木さんも、家族介護者の負担について懸念していた。

佐々木さん：（佐和子さんの家族は）見ていてやっぱり一生懸命じゃないですか。もう本当一生懸命なんですよ、こちらの、あの、ご家族がね。だから、せめて何かこうね。やっぱり、あんまりこう行き詰まらないうちに。少し楽にできたら一番ね。（佐和子さんが）居づらくなったら気の毒じゃないですか。（佐和子さん）ご自身がここにいることがとても、ご主人がやっぱり入院されれば。あの、（佐和子さんは）「いつまでも長いことこうしているのは（家族が）気の毒だ」みたいな話をいっぱいなさるんですね。で、そういうのをもう思ってしまうのも気の毒だし。ご家族だってね、やっぱりそうならないように。

佐和子さんの主たる介護者の夫は、八〇代と高齢で自身の身体も衰えてきている。佐和子さんも夫への負担を気にしており、佐々木さんは在宅生活を維持するためには、家族への支援としてのサービスが必要だと考えていた。

佐々木さん：結構、（サービスは）すごい入っているというか。びっちりと朝・昼・晩、朝・昼・晩なんですけど。結局、そうですね。まあ、お洗濯なんかも、（毎日）娘さんがしたりしているから。そのへんは（ヘルパーが）してあげて、して帰ってきているぐらいの。何かちょっとご飯もちょっとしてあげて。私たちが差し上げたら。そのぐらいのことだったらずいぶん違うかなって。

齋　藤：ああ、うん。じゃ、もう少し家族をサポートしてという、

佐々木さん：そうですね。ちょっとその（家族の）負担を考えると。もう少しそのヘルパーのほうに入ってもらった方が（いいんじゃないか）。

佐々木さんは、「私はケアマネじゃないのでこういうことを言う立場ではないけれど」と言いながらも、サービスを増やし、ヘルパーがもっと家族を支援することが必要なのではないか、と考えていた。

この事例では、重度の高齢者で週に何度もホームヘルプサービスを利用し、多数のヘルパーの担当がいるケースにおいて、複数のヘルパーの間でいかにサービスの範囲を調整するのかが課題となっていた。高齢者の佐和子さんは、固定しない多人数のヘルパーが担当なため、個別のヘルパーの評価ではなく、ヘルパー全体を総合して評価を行っていた。佐和子さんは、ヘルパーの質がバラバラなことを問題だと感じ、オムツ交換の適切さなど、最低限の質の担保を求めていた。また、多数のヘルパーの調整を助ける手段として、ケアマネジャーの役割が重要視されていた。

ヘルパーの佐々木さんは、寝たきりで皮膚状態も良くない佐和子さんの身体の状況を憂慮しており、ヘルパーとしてできる限りのことをしようとマッサージを行っていた。しかし、事業所も異なる多数のヘルパーの中で自分の行為が適切なサービスになるのか、不安に思っていた。佐々木さんは重度の寝たきりの他の事例（ふみさん、悦子さん）と同様に、家族介護者への支援の視点を持っており、そのためにより多くのサービスが必要だと考えていた。

第三節　小括

三―一　軽度のケースにおけるサービスの調整

軽度の生活援助では、高齢者の生活の多様性に応じて「どこまでをサービスの範囲とするのか」に幅があり、高齢者とヘルパーとでサービスの認識の多様性がみられる。第二章で高齢者が「普通」という言葉で語っていたように、高齢者は自身の生活で生じるニーズの全てをサービスとして要求するのではなく、高齢者なりの「適切なサービス」を考えて要求している。一方ヘルパーは第三章でみたように、制度で規定される範囲の中で、「自己決定の理念」に基づき、できる限り高齢者の要望にそった「適切なサービス」を提供しようと考えていた。ここではまず、両者が考える「適切なサービス」への期待がどのように形作られるのかを確認したうえで、調整の困難／可能性とその要因を明らかにする。

三－一－一 「適切なサービス」への期待はどのように形作られるのか

高齢者はどのように「適切なサービス」を考えるのか。高齢者とヘルパーの関係は、一見二者関係にみえるが、高齢者のヘルパーへの期待は、ペア以外のヘルパーとの比較から作りあげられていた。ヘルパーの経験の比較には、次の二つがある。

第一が、自分が利用しているヘルパー同士の比較である。事例の高齢者は軽度でも全て複数の担当ヘルパーがいる[12]。高齢者は、同じケアプランのサービス提供でもヘルパーの対応には違いがあると述べ、比較する中でペアのヘルパーを評価していた。さらに、現在の担当だけでなく、過去のヘルパーの経験も比較されていた。きよさんと正子さんの事例では、二人とも過去のヘルパー（二人にとって最初のヘルパー）が自分たちの要望にあったサービスを提供してくれており、その対応が基準となって現在のヘルパーに満足できないでいた。

第二が、他のサービス利用者の経験との比較である。実さんと治夫さんは、デイサービスで他の利用者たちとサービスについて情報共有しながら、自分たちのヘルパーを評価していた。かれらは多様な属性の高齢者の経験と比較することで、自分の経験だけで比較する高齢者よりも、サービスへの期待を相対化することが可能になっていた[13]。

では、こうしたヘルパーによる違いを高齢者はどのように理解しているのか。高齢者はヘルパーの対応の違いを、慣れ、個人の資質、事業所の方針、の三つから生じると考えていた。「慣れ」と言われているものには、高齢者の個別の生活の特性を理解することと、継続によりサービスの技術が向上すること、という二点が含まれている。清さんが「個人差ではなく慣れ」と言うとおり、どのヘルパーでも継続することによって習得できるものとして考えられていた。一方で、「個人の資質」は、習得できる技術ではなく、ヘルパーの個人の特性として考えられていた。例えば、ヘルパーが「察して」やってくれるという「気づき」は、節子さんや治夫さん、実さんが述べるように「気づく人」と「気づかない人」という形で語られる。さらにヘルパー個人のレベルだけではなく、事業所というメゾレベルの特徴もヘルパーの対応に影響していると考えられている。実さんは、以前利用したＮＰＯの事業所のヘルパーの質が低かったため、その事業所は全体的に教育がなっていないと考えていた。正子さんは、制度の規定以上に提供してくれる以前のヘルパーと規定を順守する現在のヘルパーの違いを事業所の違いだと考えていた。これらの認識は、高齢者がヘルパーに対してどのように意思表示をするのかとも関連している。個人の資質や事業所の方針から生じるヘルパーの違いについては、ヘルパーに訴えてもどうしようもない（変えることは難しい）ものとして納得していた。

一方で、ヘルパーの考える「適切なサービス」はどのように形成されているのか。第三章でもみたように、ヘルパーは基本的に高齢者の意思を尊重しようとしており、生活援助についてもできるだけ高齢者の生活スタイルに合わせようとする。しかし、制度的なケアや福祉の専門職として考える「標準的な生活」（高齢者の安全や健康の維持）と高齢者の生活状況が異なる場合がある。金子さんと遠藤さんは、独居の高齢者の生活やそれに合わせたサービスに問題を感じており、高齢者の要望に従いながらも、できるかぎり適切な水準に近づけていこうと考えていた。登録型ヘルパーが高齢者とヘルパーの二者関係で互いの価値観の間で「適切さ」の基準が曖昧になりやすいのに対して、二人ともA行政に所属しケアマネジャーやヘルパーの担当者同士の話し合いや情報共有が頻繁にされるチームケアという体制の中におり、「適切なサービス」を標準化しやすい状況にあった。

さらに、ヘルパーの考える「適切なサービス」には、労働としての効率性も含まれてくる。金子さんや遠藤さんが述べるように、時間制限のある介護保険制度下のサービスでは、会話をして高齢者のやりたいことを聞きだしながら、効率的にサービスを提供することは難しい。加えて、高齢者の事例でみたように、「気づき」を重視する高齢者は、全ての要望を言語化するわけではない。また、遠藤さんが述べるように言語化された要望は、高齢者の本当の要望とは異なる場合もある。生活援助では、高齢者のインフォーマルな生活に基づく要望を、標準化していく役割がヘルパーに課されており、それが労働のやりづらさに繋がっている。

ただし、高倉さんは、「気づき」を重視する治夫さんに臨機応変に対応していたが、金子さんや遠藤さんのように、困難とは感じていなかった。それは、臨機応変なサービスといいながらも、「でもやって欲しいことは決まってるんですよ」と述べているように、内容を確定して対処していたためである。つまり、生活援助の中でできることを限定化して対処することで、高齢者の生活の多様性への対応とヘルパーとしての効率的な労働を両立することが可能になっている。

三―一―二　高齢者とヘルパーの認識の調整――意思の疎通はいかにして可能か

高齢者とヘルパーの間で認識に違いが生じている事例では、高齢者が要望を言わない場合と、ヘルパーが意見を言わない場合がある。

高齢者が意見を言わない理由は次の二つが考えられる。第一が高齢者の働きかけによってサービスが変わらない、と考えていることである。先述した、サービス対応の違いが「事業所の特質」(正子さん)、世代差という「個人的な資質」(きよさん)の場合、高齢者は調整をあきらめ、現状のサービスを受け入れている。第二が、サービスの要望を言語化することの負担である。生活援助の対象は、高齢者にとって「普通」の自分の生活であり、どの部分をサービスの要望として言語化しなければならないのかがわかりづらい。

対してヘルパーが意見を言わない理由は、次の二つが挙げられる。第一が高齢者の意思を尊重しているためである。制度で強調されている利用者主体の理念をヘルパーは内在化しており、できる限り高齢者の意思決定を尊重しようと考えていた。第二が、円滑なサービス提供のためである。ただし、金子さんや遠藤さんの語りでみたように、ヘルパーは利用者との人間関係が十分に構築され、相手が意見を受け入れるようになったら、自分の思う「適切なサービス」に近づけていこうと考えていた。つまり、ヘルパーは「適切なサービス」を高齢者に合わせて変えるのではなく、高齢者の生活の方を合わせていこうとしているのである。正子さんやきよさんが、満足のいくサービスを「諦め」て現状で納得していたのとは、対照的である。

高齢者とヘルパーに共通して認識の齟齬の背景にあるのは、衝突をできるだけ避けようとする相手への配慮の姿勢である。両者ともサービスの円滑な提供のために、相手の意見と異なるだろう自分の意見はできるだけ言わないように心掛けていた。

一方で、意思の疎通が可能になっている場合は、どのような要因があるのだろうか。実さんと仁科さんの事例では、実さんは自分の要求の範囲を明確に意思表示し、仁科さんは、自分で判断することはせずに、実さんの言語化された要求にのみ対応していた。治夫さんは他の高齢者と同様に「気づき」を重視するが、高倉さんは治夫さんの「気づき」として求めてくる内容を明確にしてサービスの中に取り入れていた。さらに、常に治夫さんが「要望を言いやすいように」対応し、意思の疎通を図る心がけをしていた。

三―二　重度のケースにおけるサービスの調整

重度の身体介護では、生活援助と比べてサービスの内容（排泄介助など）は明確であり、何を行うのかについての高齢者とヘルパーの認識の違いはそれほど生じていない。身体介護の事例では、高齢者が重度のため、ヘルパーの人数も多く、週当たりの訪問時間も長い。また、ヘルパーだけでは十分な介護を得られず、家族が主要な担い手となっている。高齢者とヘルパーの語りからは、二者間の調整に、このようなフォーマル・インフォーマルの担い手のあり方が影響していることがわかる。

三―二―一　複数のヘルパーが与える影響

在宅の重度の要介護者の場合は、利用するヘルパーの数が多くなる。

同じ重度の高齢者でも、ヘルパーの人数や関わり方で、サービスの充足の状況は異なる。同一事業所で固定のヘルパーが継続的にサービスを行っている場合は、高齢者の意向に即したサービスが提供されていた。敏子さんは生活援助の高齢者と同様に「気づき」があるヘルパーを特に評価していたが、ヘルパー間の個人差はあまりないと、どのヘルパーも敏子さんの要望に対応していると考えていた。ふみさんは、娘がふみさんの好きな歌を一緒に歌える二人のヘルパー（うち一名が鈴木さん）を選択し、ふみさんの要望にそったサービスが安定的に提供されていた。

ヘルパーの基本的な対応は、多少可変的な要素（敏子さんの場合は排泄介助の時間、ふみさんの場合は歌と会話）はあっても、ある程度確定しており、サービスが標準化されていた。担当ヘルパー全員とケアマネジャーが同一組織であることも、サービスの標準化を可能にする要因となっていた。鈴木さんが述べるように、身体介護の場合は高齢者のケアに対する直接的な反応が得られるため、評価がわかりやすい[14]。西浦功（2005: 51）は、笑顔などの「利用者の直接反応や身体接触的活動といった『身体性』」がヘルパーの動機づけになっており、生活援助よりも身体介護の方がヘルパーのアイデンティティを構築しやすいと指摘する。

対して重度で毎日の介護が必要な場合は、固定のヘルパーのみでサービスを受けることは難しく、佐和子さんと悦子さんの事例のように、数多くのヘルパーが担当することになる。高齢者が、複数のヘルパーを比較してサービスを評価するのは、軽度の場合と共通していた。ただし重度の場合は、求めるサービスの内容が明確な身体介護の技術に関するもの（悦子さんがリフトの操作の技術、佐和子さんが排泄介助の適切さや、体位交換の安定性）であり、個人の資質というよりも「慣れ」の問題として考えられていた。また、固定ではない人も含め数多くのヘルパーが来る場合、サービスの質を標準化するのは難しい。佐和子さんは、これまでのヘルパーの質がバラバラだったため、「最低限の水準」を求める。これらの事例の高齢者は、ヘルパーとの個別の関係性を期待するのではなく、ヘルパーを集団として認識していた。また、数多くのヘルパーに対処するために、軽度の事例よりも、ケアマネジャーの役割が重要だと考えられていた。

一方でヘルパーは、組織状況によって認識が異なっていた。横川さんは、ケアマネジャーとともに株式会社Dに勤めており、もう一人の固定ヘルパーや他のヘルパーも同じ事業所に勤務している。Dでは在宅ノートを活用しており横川さんはそのノートをみて、「あ、お昼はこうだったのねってご本人に確認して」他の担当者の状況と合わせながらサービスを提供しており、サービスが標準化できている。横川さんは「決まったことをやっている」ため、満足してもらっているのではないか、と考えていた。これまでの事例でもみたように、サービスの内容が確定していることは、仕事としての成果が見えやすく、ヘルパーの労働のやりやすさにつながっている。佐々木さんは社会福祉協議会Bに勤めているが、佐和子さんは自費のサービスも含め、三つの事業所のヘルパーを利用しており、ケアマネジャーも佐々木さんの事業所とは異なる。佐和子さんの家に細かな状況を記した在宅ノートはあるが、他の事業所のもので佐々木さんはみることができない（社会福祉法人Bでは在宅ノートはあまり活用していない）ため、ヘルパー同士の連携が難しいと感じていた。佐々木さんは時間があまると佐和子さんにマッサージをしていたが、そうした対応がサービスの標準化という意味で問題ではないかと感じていた。

三―二―二　家族介護者が与える影響

さらに、二四時間ケアが難しい介護保険制度下では、ヘルパーだけでなく、家族がケアの担い手として主要な役割を果たす。

高齢者にとって家族は、介護の面でも情緒的な面でも重要な要素であると考えられていた。高齢者は、ヘルパーと比較して家族を自分に合ったケアを適切に提供してくれる存在として認識していた。敏子さんは「自分が困った時にやさしく」支えてくれるのはヘルパーではなく娘だと言う。佐和子さんは、ヘルパーの質には問題を感じていたが、夫・娘・息子と家族みんなで支えてくれる状況について、「そんな幸せなことはない」と介護だけではなく情緒的な側面を充足してくれるとして家族に感謝していた。

一方ヘルパーは、高齢者を支援する際に、フォーマル・インフォーマルネットワークの状況を鑑みて自分の役割を決めている。特に家族の役割をどう認識するかで、ヘルパーの考える「適切なサービス」は異なってくる。

まず、「介護者としての家族」には、ヘルパーが支えられない日常を支える存在としての役割を期待していた。敏子さんの事例では、山崎さんは娘に安全の確保という役割を期待していたが、それが十分に果たされないことにもどかしさを感じていた。重度で寝たきりの佐和子さん、悦子さん、ふみさんの事例では、ヘルパーは家族が十分な介護役割を担っていていると考えており、次に述べるようにむしろその負担について懸念されていた。

次に、「支援の対象としての家族」では、ヘルパーは家族介護者への支援の視点を持っており、重度で寝たきりの高齢者をみる家族介護者の負担軽減が目指されていた。ふみさんや佐和子さんの場合はさらに老老介護の問題があり、悦子さんや敏子さんの場合は、有職の娘が介護を担うことでの仕事と介護の両立という問題がある。特に家族介護者としての経験を持つ佐々木さんや鈴木さんは、家族への支援の重要性を感じていた。

最後にサービスの「意思決定者としての家族」が挙げられる。介護保険制度では高齢者が利用者とされているが、特に高齢者が寝たきりの場合は、サービスの情報を得ながら選択したり、複数のサービスを管理し事業所とやりとりしたりすることは難しい。そのため、家族が意思決定の主体としてヘルパーやケアマネジャーとの調整を行っていた。つまり、現実的に、高齢者と家族との共同的な意思決定になっており、ヘルパーも家族を意思決定の主体として認識していた。ただし、家族は高齢者の意向を代替するだけでなく、家族の独自の意向をサービスに反映させることもある。ふみさんは外出を希望していたが、娘は介助の大変さから、車いすのレンタルを拒否した。敏子さんは入浴サービスを利用したいと考えていたが、娘は自分の行っている現在の介助で十分だと考えていた。

〔注〕

1　対象事例については、第一章参照のこと。

2　その他の類型は、第一段階の「一般援助」（自立して単独で生活でき、サービスの対象外）、第四段階の「看護的援助」（かなり進んだ慢性的疾患の管理や機能的維持段階の障害があり、長期療養が必要）、第五段階の「医療的援助」（急性期で医師による治療）、第六段階の「終末期援助」（ターミナルケア）である。それぞれのサービスは入れ子関係にあり、段階の上のサービスにはそれまでのサービスが全て含まれる。

3　ただし、正子さんのこのような変更の経緯に関する認識は、後にみるサービス提供者側の認識とは大きく異なる。

4　清さん本人は語らなかったが、ヘルパーの話では、子どもはおらず数年前に奥さんが亡くなっている。第二章や本章の語りで出てくる清さんの近所の友人女性二名は、もともとは奥さんの友人だったそうだ。

5　節子さんは息子家族との同居を望んでいたが、息子の妻と折り合いが悪く息子から部屋が狭いことを理由に断られた。息子から同居を拒絶され、節子さんは友達に、「私とうとう見捨てられちゃったわ」と話したそうだ。節子さんは、経済的に生活はできるので「大丈夫」と語っていたが、どこか自分を納得させているようだった。

6　こうした変更は清さんの事例でもみられたが、A行政の特徴である。

7　こうした生活援助に関する「慣れ」を重視する傾向は、節子さんや清さん、後述する治夫さんの事例でもみられ、第二章でみたように、高齢者がヘルパーの「継続性」を求める主な理由となっている。

8　第三章でも述べたように、治夫さんは認定調査で要介護度が下げられた際に、毎日のサービスが受けられなくなるため、かかりつけの医師にも協力してもらい認定調査をやり直して元の要介護度に戻した。

9　NPO・Cを含め事業所の特徴については第六章で詳述する。

10　例えば娘はヘルパーを依頼する際、「歌が好きな方」という条件を出している。

11　佐和子さんの話では、事業所が三つになったのは、ケアマネジャーが変更になったためで、それ以前は一つの事業所だった。

12　特にA行政で生活援助を利用しているケース（清さん、節子さん、正子さん）では、利用割合が少ない軽度の場合でも、チームケアのため担当人数が多くなる。

13　ただし、デイサービスを利用しているからといって、常にこのような情報共有が行われるわけではない。節子さんもデイサービスを利用しているが、二人のような情報共有はしていなかった。

14　同様に、軽度の事例でみたヘルパーの坂本さんも、生活援助よりも「より親密にその方と心が通じ合えるというのは、やっぱり身体（介護）のほう」だと述べていた。

第五章

高齢者とヘルパーの人間関係

──「仕事」と「友人」の狭間で

第四章では、ホームヘルプサービスの範囲に焦点化し、高齢者とヘルパーの認識を比較した。本章では、高齢者とヘルパーの人間関係について、それぞれの認識をみていこう。

ホームヘルプサービスにおける人間関係は、アメリカの受け手・与え手を対象とした質的研究において検討されてきた。ホームヘルプサービスにおける関係性は、制度に規定された雇用関係に基づくフォーマルなものにもかかわらず、インフォーマルな「友人」や「家族」に類似する特徴を含むことが指摘されている（Eustis and Fischer 1991、Aronson and Neysmith, 1996、Piercy 2000）。

Eustis と Fischer（1991）は、利用者の視点からの関係性の認識と実際の行動から、利用者とヘルパーの関係性を四つのモデル――プライベートモデル、非対称モデル、同僚モデル、パブリックモデル[1]に分類した。同僚モデルは障害者に当てはまり、その他のモデルは高齢者に当てはまっていた。

さらに、高齢者とヘルパーの情緒的な関係性に焦点化した Piercy（2000）は、Eustis と Fischer のプライベートモデルを詳しく検討している。ヘルパーと高齢者双方の「自己開示（self-disclosure）」と「資源のやりとり（resource exchange）」を基準に、「友人のような関係」「友人関係」「家族のような関係」という三つの位相を示した。

このように先行研究では、高齢者／ヘルパーが両者の関係性をどう認識するのか、制度の規定以上のサービス提供があるのか、ヘルパーと高齢者の社交があるのかに基づいて関係性を分析している。ただし、先行研究は、高齢者とヘルパーのペアの事例の特徴に基づいた分析や、双方の視点の違いによる人間関係の認識の比較は十分に行われていない。

そこで本章では、高齢者とヘルパーの双方の認識に着目し、高齢者とヘルパーが自分たちの関係性を雇用関係に基づいていると考え、ケアプランの範囲内でサービスが行われている場合は、「仕事としての関係性（worker-client relationship）」とする。対して、高齢者とヘルパーが、自分たちの関係性を雇用関係にとどまらない友人や家族のような関係性だと考え、サービスの規定以外のインフォーマルなかかわりがある場合は「個人的な関係性（private relationship）」とする[2]。この二つの関係性を軸に、高齢者とヘルパーの認識をそれぞれの事例のコンテクストに即して記述していくことで、人間関係として考えられているものの内実や双方の評価の視点の違いを明らかにする。サービスの範囲については、既に五章で検討したため、本章では特に人間関係に着目し分析を行う。

ホームヘルプサービスの人間関係としては、「仕事としての関係性」と「個人的な関係性」をそれぞれ期待する場合と、両方を期待する場合が考えられる。ただし、高齢者の場合は、第二章でみたとおり、「会話」を重視している場合でもヘルパーに対して「個人的な関係性」のみを求めているわけではなく、「仕事としての関係性」に加えて「個人的な関係性」の構築を求めていた。そこで、本章では高齢者の人間関係への認識を基に分類し、ペアのヘルパーの認識との組み合わせをみていく。前章と同様に、高齢者の状態によって、インフォーマルネットワークやサービスの頻度、ヘルパーのかかわり方は大きく異なる。そこで、本章でも軽度の事例と重度の事例に分類し、高齢者とヘルパーの人間関係の認識を探る。

第一節　軽度のケースにおける高齢者とヘルパーの人間関係

軽度の高齢者は、ある程度自立しており介助があれば自分でも外出もできる。インフォーマルネットワークも継続している傾向があり、制限がありながらも自分の生活スタイルを維持している。

一―一　高齢者が個人的な関係性も期待するケース

ここでは、高齢者がヘルパーとの関係性に個人的な要素（友人関係につながるような）が含まれると認識している事例を取り上げる。ヘルパーが仕事としての関係性に留めたい事例（正子さんと後藤さん、節子さんと遠藤さん）と、ヘルパーが個人的な関係性を受け入れる事例（治夫さんと高倉さん）をみていこう。

一―一―一　正子さんと後藤さんの事例

■高齢者・正子さんの認識――「いわゆる役所の人」

正子さん（八六歳、要介護2）は夫が施設におり、未婚の娘と同居しているが食事なども別であまり接触はない。別居の息子がたまに訪れ必要な支援を行っている。自分一人で外出もでき、隣人やかつての仕事仲間の友人との付き合いもある。

正子さんは、第二章でみたとおり、ホームヘルプサービスにおいてヘルパーと高齢者の「人間関係」が重要であり、「会話が四割・掃除が六割」と「会話」も必要だと考えていた。

以前の民間ヘルパーは、第四章で述べたような日常生活の包括的な支援という「仕事」の部分だけでなく、情緒的な側面についても正子さんの期待に応えてくれていた。正子さんと民間ヘルパーとは、ホームヘルプサービスの時に、「お茶飲んだりね、お昼一緒にしたり」（この場合は正子さんがお昼を作ってあげていた）していた。ヘルパーとの交流は正子さんにとってとても楽しいものだったらしく、「民間の人とはいつまでも一緒にいたいと思う」と語っていた。

民間ヘルパーは正子さんの担当を外れた後も、正子さんとの交流を続けた。正子さんは民間ヘルパーに「今は堂々と（お昼を一緒に）食べられるわよ、仕事してないから」と言ったそうだ。現在も民間ヘルパーは、仕事に行く前に正子さんの家を訪ねてお昼を一緒に食べたりお茶をする。正子さんと民間ヘルパーはホームヘルプサービスを通じて「友人のような」関係性になったが、契約終了後に仕事が介在しない完全な「友人関係」へと移行したといえる。

一方で、正子さんは、現在の公務員ヘルパーとの人間関係は民間ヘルパーとは大きく異なると言う。正子さんは後藤さんを「合わないというんじゃないけど、あれなの、いわゆる、役所の方」だと言う。

正子さん：「あなた方も暑いんだから、お茶飲んでって」って。でもだめなの。私一人だからこのとおり頂き物がたくさんあるでしょう。今もね、応接間においてあるけど、あの、あれが、メロンが腐っちゃったの。「二つばかり片づけてよ」って言っても、「駄目だ」って役所の方は。知ってるけどね。「捨てちゃもったいないから、持ってってよ」って。でも駄目だって。

後藤さんをはじめ公務員ヘルパーは、「お茶も飲んじゃいけない、あれしちゃいけない」とまともに話すこともできない。正子さんにとってお茶やお菓子を出すことや、頂きものをお裾分けすることは、「みんなに喜んでもらう。それだって私は嬉しいわよ」というように自宅に訪れる客人に対する配慮の一端である。しかし、公務員ヘルパーは飲食や物のやりとりを厳しく禁止されており、会話らしい会話もあまりできず、淡々と掃除をこなすだけだという。ヘルパーに日常的な付き合いを期待している正子さんにとってこのような対応は冷たく感じ、民間ヘルパーとは「いつまでも一緒にいたい」が、公務員ヘルパーは「早く帰ってくれりゃいい」と思っていた。

■ヘルパー・後藤さんの認識――関係が「なあなあになる」ことへの危惧

後藤さん（五二歳、A行政）が務める行政の事業所では、ヘルパーが五、六人のチームを組みローテーション制で利用者を担当している。こうした事業所のローテーションという方針について後藤さんは次のように考えていた。

後藤さん：利用者の状況をみて、誰が行っても大丈夫というか、特別拒否反応がなければ、私たちも同じくらいのレベルなので、（誰が担当になっても）いいのかなって。その人に拒否反応がある場合はしないんですけど。大丈夫そうな人は。たとえば私で気がつかないところとか、いろんな人と関わっていただくのも悪くないかな、って私個人的には思っているんですけど。一人で関わっていると、なあなあとなるっていうか。なんかすごく情が出てくるっていうか。

後藤さんは、高齢者と一対一の関係になる（「一人で関わる」）ことでヘルパーと利用者が「なあなあ」になることや、ヘルパーが相手に対して「情が出てくる」ことを問題であると感じていた。そのため、あまり利用者と親しくなりすぎない、A行政の方針を評価していた。これは、ヘルパーとの会話や人間関係を重視する正子さんとは対照的である。

正子さんとの人間関係については、「そうですね。桜井（正子）さんもそのへんがお上手っていうか。人のことを悪く言われる方ではないので。どなたが行ってもトラブルはないって感じてますけど」と語っていた。また、利用者の立場から考えると、という質問では、次のように答えている。

後藤さん：ま、できるだけ相手の方の立場でこういう風にしてもらったら嬉しいかもしれないって。こういう風にしたら助かるかもしれないってありますけど。時間とか計画とかありますし。ただ桜井（正子）さんの場合はきちっとされてますから。きちっとされてるので、今のところは手をのばしたことはないです。

後藤さんは、他の担当の高齢者については自分が判断して本人の要求以上に支援することがあるが、正子さんはきちんとしているため、特別な支援が必要ないと考えていた。さらに後藤さんは、正子さんとの人間関係について次のようにも語っていた。

後藤さん：（正子さんの所で働くのは）あの、好き。嫌いじゃないし。好きな方に入ると思います。本当にお仕事をずっとしてきた方で、会話もお仕事をする、こちら側のこともある程度理解されていらっしゃることもありますし。お仕事が特にやりにくいってことはないですね。

後藤さんは、元保健師の正子さんが、自分たちヘルパーの立場をよく理解してくれるため話しやすいと言う。第四章の正子さんの語りでみたように、正子さんは組織に所属して働くヘルパーの状況を理解して、後藤さんを含めヘルパーたちに無理な要求はしないようにしていた。後藤さんは、こうした正子さんの対応を評価しており、正子さんの所で働くことは「好き」だと述べる。

一―一―二　節子さんと遠藤さんの事例

■高齢者・節子さんの認識――「思いやりのある人」

節子さん（八六歳、要介護1）は夫を亡くして単身世帯であり、既婚の一人息子が一〇日に一度おとずれ、月一回の通院介助などをする。心臓が悪く体調に不安があるため、一人で外出することはほとんどない。友人はいるが、節子さんも友人も外出が難しいため、たまに電話する程度であり、話好きの節子さんはとても寂しく思っていた。第二章でもみたように、親しかった隣人との付き合いはなくなった。節子さんの面倒をよくみてくれていた五〇代の女性は、夫の介護のために疎遠になってしまった。また、節子さんに積極的に世話をしようとする六〇代の女性は、以前金銭トラブル（引っ越ししてきたばかりの節子さんに借金を申し入れてきた）があり、頼れないと考えていた。

このようなインフォーマルネットワークの弱体化にともない、節子さんは「（頼りになるのは）結局ヘルパーさんね」と考えるようになった。その中でも節子さんは、遠藤さんに対して「思いやりのある人」だと感じていた。

節子さん：思いやりのある人もいますよ。
齋　藤：今いらっしゃっている中でも、
節子さん：います。遠藤さんとかね。（遠藤さんは）最初来た時は、おっかなそうな人だなって思ったんだけど。ところが親切でね、よく面倒を見てくれて。
齋　藤：そうしたら、合っているなぁ、と

節子さん：そうですね。（中略）やっぱり（遠藤さんのように）慣れている人の方が。気心もわかっているし。

齋　藤：お話するのも楽しい感じですか？

節子さん：そうですね。

第四章でみたように、節子さんの健康状態を気遣ってくれる遠藤さんを「親切」だと評価していた。さらに、継続的なサービスの中で「気心もわかっている」と感じていた。

ただし、正子さんのケースと同様に、人間関係の期待は相手によって異なり、どのヘルパーに対しても「話をするのが楽しい」わけではない。節子さんは第四章でも述べたサービスを要望どおりに提供してくれないヘルパーに対しては、態度（家の中でも帽子をかぶっている、言葉遣いが悪い、勤務中にタバコを吸いたそうにする）に違和感を覚えていた。そのヘルパーが節子さんの家は「居心地がいい」と言い、「用が終わってからも帰らない」時には、節子さんは「他の人だったら別だけど」「時間が終わったら帰って欲しい」と負担に感じていた。

■ヘルパー・遠藤さんの認識――「お話し相手」として関わることの限界

遠藤さん（五五歳、A行政）は、節子さんのところで働くことについての印象をきくと、「彼女は無理難題を言う人ではないし、話も好きでユーモアもわかる方なのでぜんぜん問題はありません」と答えていた。しかし、先述したとおり、決められた時間の中で、話をしたがる節子さんに対応するのは難しいと感じていた。

遠藤さん：（節子さんは）寂しくて寂しくてしょうがない方だから、ほんとだったら毎日来て欲しいっっていうふうには思ってると思います。だから彼女は決して満足してるとは思いません。

齋　藤：うーん。サービスとして、でもそれに何か、こういうことを入れてあげたらっていうことは思われますか。

遠藤さん：ですから、その、彼女の気分によって、サービスが、定期的に何かをさせてくれるわけではないわけですね。で、いつも、病状が不安定なわけです。病状（は）安定してるかもしれないけど彼女の気持ちが不安定だから、それが反映されて、あの、いろいろ訴えがあるわけですよね。で、そのなかでこれとこれをしようっていうふうに組み立てても、結局、病院へとか、彼女の気持ちっていうか、体の状況をなだめるっていうかね。落ち着かせるために時間を費やされたりなんかしますので、えー、何ていうのかな、やって差し上げたいことはいっぱいあります。でも、それに合わせてサービスを供給するっていうのは、きっと、ね、ルール的には難しいのかなって。だから、あの、落ち着いたところで、いろいろ家事作業したいですしね。でもその時はもう時間が来てしまってるっていう場合はあって、十分お掃除ができなかったりしてると思います。

遠藤さんは節子さんを「寂しくて寂しくてしょうがない方」だと思っており、体調の変化についての「訴え」は彼女の不安な気持ちを反映していると考えていた。しかし、節子さんの状況を理解しながらも、「ルール」のあるサービスにおいて自分が「寄り添う」ことは難しいと感じていた。実際に、話がきけなかったり、逆に掃除ができなかったりすることもある。節子さんが最もヘルパーとの会話を求めているのは、帰り際である。

遠藤さん：そう感じるのは、作業終わって時間が来ると帰りますよね。その時に、あの、（節子さんが）「もう帰っちゃうの？」って。「また一人になるの、寂しいよ」って言うから。あの、そういうことだと思います。

齋　藤：あの、そういうふうに言われて、だからやっぱり帰りづらくて、時間より少し長くいてしまったっていうことありますか。

遠藤さん：えーとね、場合によってですよね。「もう死にたい」だの何だの始まったら、それは放っとけませんからね。ある程度落ち着くまでっていうことはありますけども、でもそれがずーっとですから……。ずーっとそれはやっていられないから。「あ、この日はいてあげなければいけないな」っていう時には、多少の延長はします。

齋　藤：その時、大体多少っていうのは一〇分とか一五分とか……。

遠藤さん：えーっと、そうですね。

齋　藤：次のお仕事にもよりますよね。

遠藤さん：よりますね。うん。まあ、長くて一五分ですね。一五分以上はいません。いられませんね。ルール的にね。

遠藤さんがホームヘルプサービスを終了して帰る時に、節子さんは引き留めようとする。それはよくあることで、節子さんが特に不安定で「いてあげなければいけない」と思う時（例えば、死を口にするほど不安定な時）のみ、遠藤さんは時間を延長してそばにいてあげるそうだ。しかし、時間が決まっているヘルパーはいつまでもそばにいられるわけではない。遠藤さんは、節子さんの側に流されることはなく、一五分までの延長という「ルール」を設定し、親密になりすぎないように関係を調整していた。

ヘルパーに話し相手としての役割を求める節子さんについて、遠藤さんは、ヘルパー以外の人ともかかわった方がいいと考えていた。以前は、近所の人がお手伝いをしたり、食事を作ってくれたりした。それに対して節子さんは「昔の日本人」のため、何かお返しをしなくてはならないと考えた[3]。しかし、節子さんはだんだんとお返しをすることや近所の人にやってもらうことが「負担」になり、顔を合わせるのすら避けるようになったという。

遠藤さん：もっと、その、何ていうのかしら、気持ちをね、変えれば。だって（節子さんは）お話したいんだから、お話すればいいわけですよね。私ども（ヘルパー）じゃなくってもっといろんな方とっていうのありますよね。それなのにそういうことを考えて自分で遠ざけてる部分もあるわけです。

遠藤さんは、独居で寂しい節子さんの気持ちを理解しつつ、「お話」の相手は自分たちヘルパーだけでなくてもよいのではないか、と考えていた。

一―一―三　治夫さんと高倉さんの事例

■治夫さんの認識――「何をやってもちゃんと心得ている」

治夫さん（八五歳、要介護3）は、妻を亡くして独居であるが、インフォーマルネットワークは充実している。既婚の娘や息子が週一回は訪れるだけでなく、治夫さんが教師をしていた頃の教え子が同じマンションに住んでおり、何かと気にかけてくれる。デイサービスでも気の合う友人がおり、高齢者同士でいろいろな話をするそうだ。

第四章でみたとおり、治夫さんは、四人の担当ヘルパーの中で高倉さんを最も気に入っていたが、人間関係についても非常にうまくいっているようだった。

治夫さん：僕はもう、その、お風呂へ入れてくれるおじさん（が気に入っている）。
齋　藤：あ、いいですか。
治夫さん：その人はね、登山家なんですよ。もう世界中の山を回っている人でね。もう日本の山はもうみんな回って、登っちゃったかな。
齋　藤：サービスの時には、よくお話されたりとか。
治夫さん：ええ。もうその人は、もう大変よく……いろんな話をしますよ。

治夫さんは海外の文化に強い関心があり、以前は世界各国を旅行し、現在も時間があれば外国語を勉強している。高倉さんも、海外を旅した経験があるそうで、共通の話題もありサービス中は話が弾みとても楽しいとのことだ。

治夫さんは、四人のヘルパー「全員がいい人」と言いつつも、その中には個人差があり、「ここやらないと」と思っていることを気づいてくれる人と気づいてくれない人がいる、と述べる。四人のヘルパーの中でも、治夫さんが特に気にいっているのが、「お風呂のおじさん」（高倉さん）である。その理由について、次のように語っている。

治夫さん：（高倉さんは）以前デパートで洋服を作ってた人だったらしいです。だからね、アイロンかけなんか本職なの。だから、うちでやってるクリーニング屋よりよっぽどうまいです。で、僕がアイロンかけたのをデイサービスに着ていくと、みんながびっくりしてて、「治夫さん、自分でアイロンかけんの?」って言うから、「ばかやろう。自分でかけてもできないよ」って。「ヘルパーで上手な人がいてね」、って話すと羨ましがられるよ。

齋　藤：そうなんですね。プロなんですね。

治　夫：うん。そいで、その人（高倉さん）は大変、親切に何でもやってくれるし、

治夫さんは高倉さんの高い技術をとても気に入っていたが、それ以外にも高倉さんが、自分に合わせたサービスをしてくれることを、高く評価していた。

治夫さん：あの、ベランダの木の手入れなんかは、（他の）ヘルパーさんじゃちょっと。その、お風呂へ入れてくれるおじさん（高倉さん）は、何をやってもちゃんと心得てやってくれますけど。で、この花を僕は家内がいるときに買ってきた、もう三〇年ばかりこの花を養ってるんです。

他のヘルパーも治夫さんの家の流儀を覚え対応してくれるが、細かい所は高倉さんのように対応できないと言う。特に、治夫さんが亡き妻との思い出の品として大事に育てている草花については、高倉さん以外は水をあげたりはしない[4]。第四章でも見たとおり、高倉さんは言われなくても治夫さんのやって欲しいことを気づき、適切に対応してくれていた。さらに、入浴介助の場面でも高倉さんは治夫さんの体調に合わせたサービスを行ってくれている。

治夫さん：高倉さんはもう本当にお風呂に入れてもね、「今日は血圧が少し高いから」、で、「熱いお湯に入ると駄目だから今日はぬるくします」。そいで、入る時間もあの、「長く入るといけないから、今日は、五分にしようね」と。「（今日は）一〇分にしましょう」ということで、ちゃんと調節をき

ちんとしてくれるんです。入浴する時にも。そういう点は非常に助かりますね。

このような高倉さんのホームヘルプサービスを治夫さんは高く評価しており、「人助けの誠意」だと感じていた。つまり、ヘルパーの日々のサービスの場面での配慮（自分の状態に合わせた対応）を人格的な側面（「誠意」「いい人」）として評価していた。

こうした二人の信頼関係の背景には、三年間という継続的なサービスの提供がある。第二章で述べたように、治夫さんはサービスで最も重要だと思うことについて、「同じ人がくること」、「慣れている人がくること」を挙げており、継続的なサービス提供によって、このような人間関係が構築されている。

■ヘルパー・高倉さんの認識――「話が通じる」「行くのが楽しみ」

高倉さん（六七歳、株式会社D）は、第三章でみたように、「（ヘルパーに）来ていただいても人間関係がうまくいっていないと、やっぱしもう相手も不安だしね」と、サービスにおいて「人間関係」が最も重要だと感じていた。第四章でも述べたように、高倉さんはケアプランどおりに杓子定規に提供するのではなく、治夫さんの「やって欲しいこと」に細かに対応していた。その中には、先ほど治夫さんが語った奥さんとの思い出の花に水をあげることも含まれていた。

さらに高倉さんに、治夫さんのところで働くことについてうかがうと、次のように語ってくれた。

高倉さん：あの、話が通じますんでね、よく話し合いをしているんですよ。
齋　藤：はい。
高倉さん：で、いろいろ、あそこへ行ったとか。（普段）どうしたっていう話をよくしますんでね、あの非

常に（話が合いますね）。あの人学校の先生だったんでね、

齋　藤：ああ、そうですね。

高倉さん：その韓国語だとか中国語だとかベトナム語だとかね、結構やっていましたよね。それからそういう中国の敦煌（とんこう）へ行った話だとかね、結構話をするんですよ。だから、コミュニケーションも非常に取れてね。私、行くのは楽しみに行って、行ってますけどね。

高倉さんは、治夫さんが外国語や外国旅行など話題が豊富で博学なため、自分の知らないことを教えてもらったりすることもあり、「話が通じる」「コミュニケーション」が取れる、と感じていた。治夫さんの認識と同様に、高倉さんも治夫さんへの訪問を「楽しみ」にしていた。

高倉さん：ただ、ちょっと頑固ですんでね。

齋　藤：あ、あそうですか。

高倉さん：あの、ええ、あまり何て言うんですか、頑固っていうか、その、話が固いんで、堅い人ですからね。そういう点はあるんですけど、私なんかはそれでいいと思いますけどね、その人の性格ですから。

高倉さんは、治夫さんの性格を「頑固」だと感じていていた。治夫さんの頑固さはサービスへのこだわりにつながっており、ヘルパーによってはやりにくいと感じる人もいるそうだが、高倉さんは「それでいい」と個性の一つとして受け入れて対応していた。

高齢者が個人的な関係性も期待するケースでは、それがヘルパーに受け入れられない場合（正子さん、節子さん）と受け入れられる場合（治夫さん）があった。

正子さんの事例では、両者の期待する関係性の違いが明確にあらわれていた。正子さんは会話を重視するなど、ヘルパーと「友人のような」関係性を作りたいと思っていた。一方で、後藤さんは、高齢者とヘルパーはあまり親しくなると、サービス提供に支障を及ぼす（適切なサービスの範囲以上の提供になる可能性がある）と考えており、利用者との距離を保つような人間関係の構築を行おうとしていた。構造的に一対一の関係性を作りづらい体制になっているA行政での働き方（チームケア）は、後藤さんの考えをより実現しやすくしていた。

節子さんの事例では、高齢者が求める会話やかかわりを、ヘルパーの遠藤さんが認識しながらも、仕事としての役割の範囲では十分に対応できない、と感じていた（そのため遠藤さんは、自分の対応に節子さんは「満足はしていないと思う」と述べていた）。ただし、この事例では、両者の視点が大きく異なっていることに、留意が必要である。節子さんは、正子さんのように自身の「お話」というニーズが対応されていないことではなく、あるヘルパーの服装や態度などの問題を指摘していた。第四章の事例も含めて、節子さんの語りのみでは、ヘルパーに「お話」だけを求めているようにはみえないのである。

治夫さんと高倉さんには、「友人関係」に近い親密な関係性があった。お互いに趣味について話が合う、と考えていた。男性介護者と男性利用者という同性同士で比較的年代の近いことも影響している[5]。約三年担当をしているという継続性も、こうした人間関係の側面を支えていた。さらに、会話だけでなく、治夫さんは「仕事」の面でも高倉さんをとても気に入っていた。デイサービスの友人に自慢できるほどアイロンがけが上手いという技術面だけでなく、第四章でも述べたように、言わなくても治夫さんが大切にしている花に水をやってくれるという「気づき」が評価されていた。また、入浴介助の際に自分の体調を気遣い配慮してくれることが、「誠意」として受け取られていた。

高倉さんは、治夫さんの性格の癖を理解して、それに合わせて対応していた。前章でみたように治夫さんとの意思疎通が十分にできていることや、担当を変えられることなく三年以上続いているという実績からも、治夫さんが自分を評価してくれているだろうと考えていた。

一―二　高齢者が個人的な関係性を期待しないケース

ここでは、高齢者がヘルパーとの関係性を仕事としての関係として認識しており、ヘルパーも仕事としての関係性を前提として関わっている事例（実さんと仁科さん、清さんと金子さん）と、ヘルパーが個人的な関係性の視点を持っている事例（きよさんと坂本さん）をみていこう。

一―二―一　実さんと仁科さんの事例

■高齢者・実さんの認識――ヘルパーは仕事を「ちゃんとやってくれれば」

実さん（八三歳、要介護1）は一三年前に妻を亡くし、現在は整体師の未婚の息子と二人暮らしである。息子は忙しく、毎日の食事も別であまり会話も無い。別居の既婚の娘が二人いるが交流はほとんど無い[6]。ヘルパーの他にはデイサービスを利用しており、治夫さんと同様にデイサービスに友人がいる。

実さんは、普段の生活について、次のように語ってくれた。

実さん：（窓を開けた時吹いてくる）自然の風と、後、ここはこういう（外にあまり出られない）生活をしていると、社会のことはわかんなくなっちゃうから。ここ（窓の外）を通る車みると判断ができるから。人間はコミュニケーションをする動物だから。だけど、コミュニケーションできませんよね。しょうがないから、人の動きを見て判断する、いろいろ考えるんですよね。

齋　藤：ここを通られる人を。

実さん：うん、まぁたとえば景気がいいとか、今日は雨が降り始めたからみんな傘を持っているとか、そういうのわかるじゃないですか。動いている人みると。そんなのないと何もわかんないんだよね。こんな、動かないもん見ていても、なんにも動かないんだ、相手は。せいぜいテレビだ。テレビは見ても、全部検証するの。今は北朝鮮がどうだ、イランがどうだ、全部そういう問題を判断しているわけ。テレビは判断材料。それが仕事なんだ。

実さんは、脳梗塞のため半身不随になり外出はなかなかできない。しかし、「人間はコミュニケーションをする動物」と述べるように、外とのつながりを求めて、街行く人や景色を眺めたり、テレビを見たりしている。ヘルパーは一つの「コミュニケーション」の手段になりうるが、実さんはこれ以上ホームヘルプサービスの回数を増やしたいとは思っていなかった。

実さん：だって、（ヘルパーが）いない時間だって必要だもん。ぼやーっとしたり、昼寝したり。誰か来るのも一日空いていた方がいいものね。

齋　藤：やっぱり人が来ると、

実さん：やっぱりそれは、精神的なアレ（負担）があるよね。対人関係がどうしても生まれると。やっぱりいろいろと、多少のハンデになるね。

実さんは、ヘルパーなどの他者が家にくることで生じる対人関係に「多少のハンデ」を感じていた。そのため、ヘルパーの訪問は一日おき位の方がいいと考えていた。

第二章や第四章でもみたとおり、実さんはヘルパーに対して「きちんと仕事をしてくれればいい」という期待を持っていた。

齋　藤：ご自身でヘルパーさんを決められたらいいと思いますか？
実さん：そんな、ミスコンじゃないんだから、そんな見てこの人がいいなんてないよ。
齋　藤：そうですか。もし合う人がっていうのか、そういった希望はないですか？
実さん：それほどないですね。ちゃんとやってくれれば。時間にちゃんとやってくれれば。

実さん：（ヘルパーに）近頃外国のそういう労働者入れてって話があるでしょう。やったっていいんだよ。日本人は淘汰したっていいんだよ。
齋　藤：あー、仕事になっていない人は、
実さん：そうだよ。だから外国人だって入ってくるのは、あの入ってくる人だって喜ぶんだから。
齋　藤：きちんとやってくれれば、
実さん：きちんとやってくれれば、外国人で結構。

実さんはヘルパーと個人的な関係性になることよりも、サービスの質が保たれる方を重視していた。ヘルパーが「ちゃんと」仕事をやってくれればコミュニケーションが難しいであろう「外国人でもいい」という語りからは、「仕事としての関係性」を重視している様子がうかがえる。

ヘルパーの仁科さんとの人間関係については、「まぁ、大抵ヘルパーさんとは上手くやりますよ、私」

と述べており、「私わりと時事的な話しが好きだから」と会話もするそうだ。しかし、先述した個人的な関係性を求める高齢者とは異なり、ビジネスライクな会話であり、仕事としての関係性を円滑にするためのコミュニケーションといえる。

■ヘルパー・仁科さんの認識――「五分と五分」の関係性

第四章でもみたとおり、仁科さん（五〇歳、株式会社D）は、実さんに対して、言語化された要望を尊重し、それ以上のことを提供しない方がいいと考えていた。利用者である実さんとヘルパーである自分との関係について、次のように話してくれた。

仁科さん：あの、同情だけで例えば無料奉仕で何かやってあげた場合には、これは相手に対して失礼。それでやってるうちに、あの、ボランティアっていうのは長続きしないと思うんですね。「やってあげてるんだ」っていう気持ちになっちゃいますし、五分と五分の関係じゃなくなっちゃうと思うんです。

齋　藤：あー、自分のほうが上になってしまう。

仁科さん：なってしまいますよ、ボランティアは。「やってあげてるのよ。文句言うんじゃないわよ」なんて。気持ちになってしまうような気がするんですね。だから、あの、私は現状が久保田（実）さん（が）、これでいいとおっしゃれば、時間の中でできる精一杯のことをやって差し上げようと。

仁科さんは、実さんが経済的に苦しい状況であるからといって、ヘルパーの自分が「生活の面倒をみる」ことはできないし、仮にできたとしてもヘルパーが「ボランティア」をすると相手に対して「やってあげてるのよ。文句言うんじゃないわよ」という非対称な関係になると考えていた。そのため、実さんが要望として訴えてきたことに対して、「精一杯のこと」をするのが重要だと考えていた。仁科さんは、実さんが要望をきちんと伝えてくれていると感じており、意思の疎通もできているため、こちらが何か判断して働き掛ける必要はないと思っていた。

仁科さんは、実さんとの人間関係は「うまくいっている」と述べ、その理由について次のように語っている。

仁科さん：あの、久保田（実）さんのご性格だと思うんですけど。入ってくれてる人に関して、もう一人の担当、〇〇って申しますけど、〇〇とわたくし、それとあとうちの会社の人間に関しては、不平不満は言ったことない。だから、とてもいいご利用者。そういう意味では「いいご利用者」さん。頭のいい、頭いいですよ。言わないってことは。うん。

齋　藤：逆に言うと、それをものすごく、こう、不平不満を言われる方っていうのは、

仁科さん：あの、不平不満を言われる利用者さんていますでしょ。そういう方は、例えば、何人か入ってるとしますよね。そうしたら、私が入ってる時は私のことを言わない。別のヘルパーのことを言うんですよ。っていうことは、「あ、私のことも、こちらで言ってるんだな」と思うので、そういう利用者さんは、ちょっと注意をします。

仁科さんは、実さんが自分を含め担当ヘルパーについての「不平不満」を言わないことから、「いい利用者」「頭の良い利用者」と評価していた。第四章でみたように仁科さんは、実さんをサービスに関して制度内の範囲できちんと要望を出す人であり、仕事の面でも人間関係の面でも「やりやすい」利用者だと

評価していた。

一-二-二　清さんと金子さんの事例

■高齢者・清さんの認識――「ヘルパーと近所の人は違う」

清さん（八五歳、要介護1）は数年前に妻を亡くした単身世帯であるが、ヘルパーに特に個人的な関係性は期待していないようだった。第二章でもみたように、清さんには、毎日電話をくれたり、家に訪れて声をかけたりしてくれる二人の近隣女性がいる。この女性たちはもともと妻の友人だったが、妻が亡くなった後は、清さんの友人として生活を見守っている。隣人のうち一人は、区の高齢者の緊急連絡制度[7]の担当でもあり、清さんの相談相手にもなっていた。

一方、清さんは、友人女性たちとヘルパーは関係性が異なると言う。ホームヘルプサービスは現状でちょうどよいとのことで、これ以上増やす希望は、「ありませんね。かえって邪魔です」、「（家に来るのが）わずらわしい」と、実さんと同様にヘルパーという他者が家に来ることを負担に感じていた。現在利用しているヘルパーについての満足度をうかがうと、次のように答えてくれた。

清さん：……欲を言えばきりがないからなぁ。
齋　藤：そうですね、もし要望などがあれば教えてくだされば。
清さん：要望は別にないですかね。欲を言えばキリがないことだから……。僕は一人が好きですからね。
　フフフ。

清さんは、第四章でも述べたように、現状のサービスに必ずしも満足はしていない様子だったが、それを明確な「要望」として語らなかった。また、これ以上増やしたくない、といった語りでも聞かれたように、ホームヘルプサービスを充実させることよりも、他者に生活を介入されないことを優先していた。筆者がヘルパーの訪問による安全性や安心感について尋ねたところ、清さんは現在「特に危険な状況でもないので」と答え、何か緊急の事態には、先述した緊急連絡システムで隣人の女性に連絡するか本当に大変な場合は救急車を使う、とのことだった。清さんは、自分の健康状態をそれほど悪いとは思っておらず、たとえ大変な状況になったとしても、ヘルパーに頼ろうとは考えていなかった。

このように、清さんには家族がいないが、頻繁に声掛けをしてくれる親しい友人が二人おり、会話や人間関係の面は充足しているため、ヘルパーは家事を多少サポートする役割として認識されていた。

■ヘルパー・金子さんの認識――意思決定を尊重するかかわり

金子さん（五三歳、A行政）は、清さんとの人間関係について次のように答えてくれた。

金子さん：人と……、あの、相性ってあるじゃないですか。

齋　藤：あ、そうですね。

金子さん：こちらはね、提供する側なので、もちろん受け身ではあるんですけれど、受け身というか一歩引いてね、もちろん相手に合わせるということは思ってるんですけども、田中（清）さんの場合は、そうですね、最初ちょっと、こう、気難しいとか気質の部分で申し送りがあったんですね。で、何か問題ケースだとか、そういうことを聞いていたので、「どこがちょっと問題ケースなのかな？」という部分があって。で、気難しいからやっぱり、そこ何かあったのかもしれないですけども、まあ、そうですね。そういう、「これしないで」とか、「これはいいから」っていうこと

が強かったりとかして何かあったのかなと思ったんですが、私は今のところ回数も少ないという
ことこもあるけれども、トラブルとか、あの、相手に嫌な思いをさせられたとか、そういうことも
ないですし、特に嫌いではありません。

齋　藤：そうですか。

金子さん：好きでもないけど嫌いでもないです。

金子さんは清さんについて、「気質の面で問題ケース」という前任者からの申し送りを受けていたが、清さん本人に対しては、トラブルもなく問題は感じていないため「特に嫌いでは」ないとのことだった。また、金子さんはコミュニケーションがサービス提供の場では重要だという。

金子さん：うん。そうですね、（自分の立場と相手の立場を）切り替えてやらないと進まないですね。こっちばっかりのこと言っても、ご本人としてはね、やって、後さっさと帰っちゃったみたいになるのでね。やっぱり、機械じゃないので言われたことだけやって、「じゃあさよなら」っていうよりは、やっぱり最初コミュニケーションをとって、相手のもちろん観察もありますよね。それも含めて。あちらもそれを望んでるし。

齋　藤：うーん。お話してくださいということですもんね。

金子さん：はい。で、ペースがゆったりなので、ゆったり、せかせかやらないでっていうのがあるので。こちら側としては「まずとりあえずこれを先やっといて、じゃ席に着こうかな」とかあるじゃないですか。でも、それをよしとしない時もあるんですね。ご本人としても。でも、そこでケンカになっても別につまらないので、だから「そうですか」って、とりあえずご本人の意向を聞いて。

ま、ご本人の立場に立って、こうして欲しいんだなっていうことをくみ取ってやって。あとはちょっと、こう、様子を見ながらやっぱりこちらも、そうですね。早速仕事を進めなきゃいけないので、「じゃ、ごめんなさい」というかたちで入らせていただいたりってこと、こう、いろいろ、考えながらやってるつもりであります。

第四章でもみたように、生活援助について清さんの要求と金子さんが適切だと考えるサービスが異なっており、清さんの意向だけを聞いていてはサービスが進まない。そこで、話をしながらサービスを進めていくのだが、ホームヘルプサービスでは、その会話の仕方や相手を立てる対応が重要だと言う。

こうした、高齢者本人の意向と自分のヘルパーとしての意見との関係については、次のようにも語っている。

金子さん：仕事もあまりご本人の言うことばっかり聞いてると仕事にならないので、まあ、頃合を見てこちらのペースで進めさせていただくこともありますね。あの、言ってね。

齋　藤：それで意見がぶつかったりっていうことはないですか？

金子さん：ないです。あの、強くガーッという方ではないので、ただ、「いや、まだいいよ」とか、例えば「座ってて」とかね、「少しちょっと話しして」とかね、そういうこともあるので、「はーい。でもね」っていうかたちで、ある程度すると、「もうじゃあ、今ちょっとやってしまいますね」とかいう感じで進めていくっていうことももちろん、こう……。

齋　藤：うまく、こう、バランスを……。

金子さん：そうですね。はい。ご本人にね、嫌な思いさせないように。はい。するように気を付けてはいます。

金子さんは、第四章でみた生活援助の事例のように、できるだけ清さんの要望や意見を尊重しようとしていたが、「仕事」にならない場合は、こちらのペースで進めることもある。清さんに否定された時は、少し時間をおいて、「嫌な思いをさせないように」気をつけているとのことだった。また、金子さんはヘルパーとしての自分の意見をきいてもらうには、人間関係の構築が必要だと考えており、「行ったばっかりの人に意見されるのも感情的にどうなのかなってこともあるじゃないですか。正しいことであっても。だから、やっぱりちょっと様子を見るという部分もありますよね」と人間関係を構築していくことで、自分の意見が言えるようになるのではないか、と考えていた。

一―二―三　きよさんと坂本さんの事例

■高齢者・きよさんの認識――ヘルパーへの遠慮

きよさん（八四歳、要介護1）は、夫が認知症になりグループホームに入所し、息子家族（息子夫婦と孫）と四人暮らしである。「若い人と暮らしているから元気」だときよさんが述べるように、息子夫婦や孫とも会話やかかわりが多い。高齢のため、近所の隣人との付き合いはほとんどなくなってしまったが、「幼友だち」が数ヶ月に一回は遊びに来る。自分の携帯電話を持っており、親戚とは頻繁に電話するなど、インフォーマルネットワークが充実している。

きよさんは、二年という継続的な付き合いの中で、自分のやり方に慣れて、対応してくれる坂本さんに対して「助かっている」と感じていた。坂本さんのことは、「すごい気が付いてね、もう言わないようなこともね、必ずやるような方」と「気に入っている」とのことだ。坂本さんとはサービスの場面でお願いをする際など、よく話もする。

ただし、全ての面で満足しているわけではなく、第四章でもみたように、「大正生まれの自分」と四〇代と若い坂本さんとの「世代差」も感じていた。

きよさん：（世代が）全然違いますからね。ええ。
息子の妻：育ち方も違うと家の中のことって全然違います。
齋　藤：あ、それは、本当そうですね。おうちによって、環境によって全然、
息子の妻：うん。だから。でもそれをね、（坂本さんは）「教えてもらえるんだわ」みたいな感じで明るく
齋　藤：うんうん、はいはい。
息子の妻：で、でもできないの。
一　同：アハハ
息子の妻：（坂本さんは）「そんなのやんないほうがいいですよ」とかってね。で、「もう捨てたほうがいいですよ」とかね、もういろいろ言われているの。でもね、私、いいなと思うんです。反面ね。母みたいなそういう何かもう本当にね、化石みたいな人が、その、がんじがらめでそういうことをしているとね。あの、やっぱり今の世の中はこういうものなんだっていうのを見るのも大事。

ヘルパーの坂本さんは世代の違いからか、裁縫があまり得意ではないそうだが、自分ができないことについて、「明るく」きよさんから教えてもらうと言う。息子の妻は、明るく素直にきよさんから「教わろう」とする坂本さんの態度を「利口だ」と評価していた。坂本さんに「ものを大切にしすぎる」と言われる時にきよさんは、次のように応えるそうだ。

きよさん：うん、そうね。だけどね、私もね、大正生まれだし、戦争もね、経験しているから、「そう簡単にいかないよ」って言っちゃうんですね。

齋　藤：ああ、なるほど。

きよさん：ええ。本当ね、戦争中は何もなかったですからね、もう一つのものでも大事だったが、「そうですか」なんてね、びっくりしていますけどね。

大正生まれで戦争も経験したきよさんは、自分の考えを簡単に変えることはできないと言う。逆に自分の戦時中の経験や物の大切さを坂本さんに伝えると、驚かれるのだそうだ。ここでは、世代差から生じる価値観の違いと、そうではあっても自分の価値観も大切にしたいというきよさんの意思が感じられる。

こうしたヘルパーとの価値観の違いを感じつつも、きよさんはヘルパーに対して「遠慮」があり、あまり強く意見が言えないでいた。例えば、きよさんはクーラーが苦手だが、あるヘルパーが自分はクーラーが無くては仕事ができないと訴えたため、「我慢して」クーラーを入れるようにした。しかし、クーラーの風はきよさんの体調にはきつかったようで、その後に風邪をひいてしまった。きよさんは、昨年のこの出来事を思い出しながら、今年の夏は、「（私が）椅子を持って移動しようと思って」と述べている。このように、きよさんは、感覚の違うヘルパーに対して意見を言うのではなく、自分が（体調を崩してまで）我慢しようとしている。

きよさんがヘルパーに遠慮をする背景には、サービスに対して自身が料金を支払っているという意識があまり強くないことがある。

きよさん：早い話が、今ここで「じゃ、今日ね、二時間あれしたからいくらお金を」ってそういうことをしませんからね。銀行から引き落としですからね。だから、そんなこと（契約だということ）考えたことないですね。

きよさんは、自分がサービスの意思決定をする利用者であるという意識が薄く、そのためヘルパーに遠慮をしており、さまざまな要求について言語化できずにいた。

一方で、きよさんはヘルパーには話せない気持ちを、家族には話す。息子の妻は、ヘルパーときよさんの関係について、次のように述べている。

息子の妻：母はまあこういう人ですから、その、言えないわけですよ。
齋　藤：はい。優しくて。
息子の妻：本当に、うん、何かこう。人に何かをこうね、自分がそうやっていたものをこう言うことができない人なので、働いたこともないし。もうずっとお嬢さまで育ってきた人だから何も言えないのね。だから、「言っていいのよ」って言うんだけど言えないね。だから（本当は）自分のやり方があるわけじゃないですか。大変決まりのいい人ですから。
齋　藤：うーん。
息子の妻：もう何て言うのかな、一つ何かするにしても自分のやり方っていうのがすごくあるわけですよ。でも、若かったり、私たち世代になるとやっぱしジェネレーション・ギャップで、もう違うわけですよ、やり方が。我慢しているの。

息子の妻は、きよさんはインタビューではヘルパーにとても満足している、と語っているが、本当は満足していないと思う、と述べる。他者に対する遠慮は、調査の時にもみられ、筆者に対してはあまり意見を語らなかったが、息子の妻との話を通じてさまざまな意見を語るようになった。つまり、息子の妻や家族との関係では、きよさんは自分の意見や要望を包み隠さず話すことができていたのである。こうしたことからもわかるように、息子の妻がきよさんの意見をヘルパーに伝えたり、きよさんの要望をとりなしながら、ヘルパーときよさんとの関係を調整する役割を果たしていた。

■ヘルパー・坂本さんの認識――「自分のおばあちゃんみたいで楽しい」

坂本さん（四二歳、株式会社D）はきよさんを「他者への礼儀を重んじる」「とてもきちんとした人」と認識していた。きよさんの性格を最も感じるのが、通院介助の場面だという。きよさんは通院介助で病院に入る際に、他の利用者の迷惑にならないよう、ぎりぎりまでドアを開けないようにと坂本さんに頼むそうだ。坂本さんは、こうした「人に気を使う」きよさんの性格を尊重して、サポートする。

さらに坂本さんは、世代の異なる高齢者に対して、相手の生活や価値観を尊重することが大切だと考えていた。

坂本さん：そうですね、あの、きよさんに限らず、皆さん、やっぱり生きてきた足跡（あしあと）、足跡（そくせき）があるので。それをやっぱり一つ一つ、元気だったころにね、してきたこととか、今、それからしたいこととか。こういったもの、それも大事にしてもらいたいんじゃないか、というふうには思います。

実際に坂本さんは、第四章でもみたようにきよさんのやり方をききながら、家事を「教わる」ようにしている。

坂本さん：あの、すごく尊敬できるし。はい。いろんなことを……。
齋　藤：そうですね。
坂本さん：あの、まあ、（サービスを提供）させてはいただいているんですけれども。逆にやり方を教えていただいているから。
齋　藤：はい。
坂本さん：うーん、何か仕事しているというような。あの、いろんな、本当に得しているんじゃないかとは思うんですけどね、はい。ただ、あちらがね、どう思っているかって思いますけど。

坂本さんは、きよさんの人に配慮する性格など、人格面でも尊敬できるところが多いという。自分はヘルパーとしてサービスを提供する側だが、きよさんから教わるという与えられる部分がある、という認識をしていた。相互的な関係であるという感覚が、きよさんに対する尊敬や尊重という姿勢につながっている。坂本さんは、きよさんの所で働くのは好きだ、と言う。

坂本さん：あの、おわかりになると思うんですが。おばあちゃま、おばあちゃんみたいな……。
齋　藤：あ、そうですね、うん。
坂本さん：自分のね、おばあちゃんみたいな感じで。あの、いろんなことを結構教われるので。はい。楽しいですね、はい。

坂本さんは四〇歳以上年上のきよさんから様々なことを学びながらサービスを提供しており、身近な祖母に対するような親しみと敬意を持っていた。

高齢者が仕事としての関係性のみを求める事例では、高齢者がヘルパーに「仕事」としての役割の遂行だけを期待する場合（実さん、清さん）と、現在のヘルパーに個人的な関係性が求められないと考えている場合（きよさん）があった。

実さんは、外部者であるヘルパーが来ることに気疲れもあるため、「一人の時間も必要」だと考えていた。ヘルパーに対しては、時間に遅れないなど「仕事をきちんとしてくれる」ことを重視していた。仁科さんは実さんが介護保険制度をよく理解してその範囲で希望をだし「不平不満を言わない」ことから、「頭のいい利用者」だと述べる。人格的な部分が、サービスのやりやすさとつながりながら評価されていた。

清さんはヘルパーを隣人のような「個人的な関係性」の人々とは異なると認識しており、ヘルパーに情緒的な関係構築を求めていなかった。こうした関係性への期待の背景として、高齢者が友人や隣人、家族というインフォーマルな人間関係が充足されていることが挙げられる。金子さんは、「お話」をしてからサービスを提供しているが、清さんに対しては「好きでも嫌いでもない」と個人的な感情はあまりなく、清さんのサービスの意思決定を引き出すための会話といえる。金子さんは人間関係を円滑なサービス提供の手段としてとらえており、清さんに自分の考える「適切なサービス」を受け入れてもらうために人間関係の構築が必要だと考えていた。

清さんや実さんのように高齢者がヘルパーに仕事としての役割のみを期待し、適度な距離を保つ態度は、「仕事としての関係性」を重視するヘルパーから好意的にとらえられていた。

これらの男性高齢者の事例とは異なり、きよさんは、もともと「仕事としての関係性」でヘルパーをみているのではなく、世代差もある坂本さんとの価値観の違いから、個人的な関係を作ろうとは考えていなかった。一方で坂本さんは、孫と祖母のような親族関係を想定し、きよさんとの関係構築を図っていた。これは、前章の生活援助の技術の不足分についてきよさんから「教えてもらう」という姿勢で臨むことで、問題化させないという対応と同様に、世代差があるという関係構築の困難を逆に利用しようとするヘルパーの戦略といえる。

第二節　重度のケースにおける高齢者とヘルパーの人間関係

ここでは、重度の高齢者の事例をみていく。重度では、ヘルパーのかかわり方や人数に軽度とは大きな違いがあるが、こうしたヘルパーの体制によって、高齢者とヘルパーの関係構築が異なってくる。固定のヘルパーの場合は、高齢者がヘルパーに個人的な関係性の構築も求めており、固定でないヘルパーの場合は、高齢者は仕事としての関係性のみを求めていた。

二—一　高齢者が個人的な関係性も期待するケース

二—一—一　敏子さんと山崎さんの事例

■高齢者・敏子さんの認識——「前へ前へ」の気配りと「会話」

敏子さん（七六歳、要介護3）は、四年前のパーキンソン病の発病を契機に、既婚の娘家族と一度同居した。しかし、娘の家族とうまくいかず、娘宅の近くに単身で暮らしている。敏子さんは、病気になってから引っ越してきたため、近くに知り合いなどはほとんどいない。

齋　藤：あの、近所の方とのお付き合いは、
敏子さん：無いですね。前のおばさんくらいですねぇ。
娘　：（おばさんは）おばあちゃんくらいの年だものね。なんかあった時には、声をかける。まぁ、向かいにいい人いたんだけど、越しちゃったんだよね。
敏子さん：頼りになる（人）。
齋　藤：じゃあ、昼間とかは、そのヘルパーさん、
敏子さん：そうね。
娘　：だから、とても頼りにしています。とても。（知り合いが）周りにいないので。

インフォーマルネットワークがほとんどない敏子さんにとって、ヘルパーは娘以外で「頼りになる」存在であった。人間関係については、娘と次のように話してくれた。

娘　：やっぱり介護はそうなんですけど、やっぱり人間関係だと思うんですすよ。（敏子さんは）一日一人でいるから、介護だけじゃなくて、いろんなこと話して、話し相手みたいな？　それが、いろいろ話して、親密度みたいな。私がいて、昼間いて、話してあげれないから、ここにいないから、
敏子さん：コミュニケーションがないしね、
娘　：友だちにも会えないし、そういう意味でいろんなことが話せるのがいいかなって。

齋　藤：そういう、コミュニケーションがとれるようなヘルパーはいますか？　お話がしやすい方は、
敏子さん：ひとり、〇〇さんともう一人なんて、もう一人なんだっけ？
娘　：山崎さん？
敏子さん：山崎さん、
齋　藤：が、お話しやすい、
敏子さん：そう。

娘は筆者の「介護」で大切なことについての質問に関して、「人間関係」が大切であると答えながら、母である敏子さんが日中一人でいるため、ヘルパーとの会話（敏子さんいわく「コミュニケーション」）にとても意味があると感じていた。敏子さんもその言葉に納得しており、四名の担当ヘルパーの中で二人（一人は山崎さん）の名前を挙げていた。敏子さんは、こうした人が続けてきてくれた方が「いいですね。そうですね、安心」と述べていた[8]。

週四回のホームヘルプサービスの際は、それぞれ別のヘルパーが来ているが、ヘルパーについて、「だいたい同じ調子でやってもらいますから」とそれほど個人差は感じないとのことだったが、特に山崎さんが気に入っていると言う。その理由を敏子さんは次のように語っている。

敏子さん：うーんと、なんでも手早く処置してくれる。前へ前へね。お手洗いにいきたいなぁ、と思ったら、
娘　：さっとやってくれる、
齋　藤：あー、気が利く、というか、
敏子さん：そうよ、気が利く。フフ。

敏子さんは特に「前へ前へ」「手早く処置してくれる」点を評価していた。

■ヘルパー・山崎さんの認識——「カラオケ」の話題で「勇気を持たせる」

山崎さん（六四歳、NPO・C）に敏子さんのところで働く印象をうかがうと、次のように答えてくれた。

山崎さん：「ケーキおいしかったわ」とか料理を褒められると嬉しいです。自分が好きだから。（料理に対しての味覚が）合ってるんでしょうね。私は甘辛いのが好きなのね。そういうのが合うのね。だけど、今度別の家にいった時には、そういうのに合わせて。

山崎さんは調理で敏子さんに褒めてもらったことを例に挙げ、自分のサービスが敏子さんと「合っている」と感じており、感謝されることが嬉しいとのことだった。敏子さんとは時間がある時はよく話をするそうで、「向こうから話しかけたり」されると言う。

山崎さん：（敏子さんとは）話合うんだよ。カラオケが好きでね。
齋　藤：あー、そうなんですか。
山崎さん：うん。私も習ってたから。それで勇気を持たせるんですよ。「よくなったらね、カラオケ行こうね」って話してるんですよ。やっぱ違うんですよ。うん。

山崎さんと敏子さんは、共通の趣味であるカラオケについてよく話をするのだと言う。山崎さんは「よくなったらカラオケに行こう」と提案することで、敏子さんに「勇気を持たせる」ことができると考えていた。こうした普段の会話もあり、山崎さんは敏子さんとの人間関係は良好だと感じていた。

山崎さん：（人間関係は）いいと思いますね。あっちはどう思ってるか知らないけど。でも「今度は金曜日だね、じゃあまたね」って言って、うん、にこにこして。
齋　藤：うん。楽しそうに。
山崎さん：うん。言うからね。

山崎さんは敏子さんの気持ちをはっきり知ることはできないが、普段の会話や、帰るときの表情などから、それなりに気に入ってもらっているのではないかと感じていた。

二―一―二　ふみさんと鈴木さんの事例

■高齢者・ふみさんの認識――「歌はなぐさめになる」

ふみさん（九九歳、要介護4）は、約一〇年前から寝たきりになり、外出もままならない。娘夫婦と同居しているが、家族以外の人との接触を強く求めており、ヘルパーとの会話や歌をとても楽しみにしていた。

ふみさん：私の、フフフ、歌を歌って、あれしているんだけど。別になんの話もないし。来る方も別に、あたしに話もないので。
娘　　：お互いにね、言いたい放題言って、うまくやってはきてます。

齋　藤：どうですか、みなさん丁寧にやってくださいますか、
ふみさん：えぇ、えぇ、いい方。だって、だから、楽しくてね、「今日は、誰が来てくれるの？」って。
娘　　：だから、朝起きると、「今日はどなたが来るの？」って。
齋　藤：どうですか、身体の拭き方とか、こういうのは、合ったやり方でやってくれますか。
ふみさん：えぇ、えぇ。だって見えるとね、「今日はこう。むれるといけないから」って。お湯が出て暖かいので、いろいろ拭いてくださるのね。「良かったなぁ」、って思う。本当にそういうことだけで、いい方ばかりだから。身体ね、拭いてあれしましょうって言って。それで、自分が歌が好きだから、歌を歌ってくれて。そこいら拭いてくれて。

ふみさんには二人のヘルパーがいたが、Ａヘルパーは七年以上、鈴木さんも四年以上と、どちらも長く担当しているため「みなさん安心できる方ばっかり」だと感じていた。ふみさんはヘルパー二人とうまくやっている（娘によると、ふみさんとヘルパーは遠慮をしないぐらい仲がよくなっており、お互いに「言いたい放題」言っているそうだ）。清拭で丁寧に拭いてもらうことにも「よかったなぁ」と感じ、さらに自分の趣味の歌にも合わせてくるため、ヘルパーが来るのが楽しみだ、と感じていた。

ふみさん：向こうも信じて私も信じたら。あぁ、Ａさん来てくださった。すると嬉しくってね。きちんとなんでもまじめにやってくださって。で、歌も歌って。「こんな歌嫌です」、なんて言わないで。歌を歌ってくださって。あぁ、こういうことがあるから、私一日寝っぱなしでね、いられるんだな、って思って。ですから、それで、これ（窓）をあけるんです。するとお花が咲いているでしょう。それで、するとＡさんが来てくださる、

娘　：鈴木さんという方もすごく真面目なんですよ、本当にいい方で。もう、ありがたい。

ふみさん：お話はそれだけ。このお花のこと。ここまで来るの。あとは、歌を歌って。それだけ。そういう、話で時間。本当に楽しくって、楽しくってね。

ふみさんは、歌を一緒に歌いながらサービスをしてくれるヘルパーがいるから、寝たきりでも生活できるのだと考えていた。外部の人との会話や歌があるサービスの時間は、ふみさんにとって「楽しい」ものであった。

ふみさん：昔のね、昔の四季おりおりの花が咲いて、芽が咲いた、桜が咲いた、そういう歌が多いんですよ。他の話をしてあれするよりも、来た方もこういう歌ならね、心の中を、こうとかして。ちょっと、一時間でも二時間でも。だから、やっぱり長い時間になりますよね、そうするとこういう歌だったら、慰めになるんです。また、そういう方（ヘルパー）もね、そういう歌に憧れているのがあるんですか、「この間の歌、ちょっと歌いましょう」って。

ふみさんは、話をすることよりも歌うことが来た相手と打ち解けられる方法だと考えていた。ホームヘルプサービスは一～二時間かかり、ふみさんにとっても緊張する時間になるのだろう。その時に歌があるとヘルパーたちとコミュニケーションしやすいと言う。そして、ふみさんは歌が自分だけでなく、ヘルパーに対しても「慰めになる」と考えており、サービスの潤滑油的な存在として認識していた。ヘルパーに限らず他の訪問系のサービス（訪問看護や訪問入浴）でも同様で、娘の話では、訪問入浴の時などは、お風呂に入りながら、ふみさんとヘルパーや訪問看護師など全員で大合唱するそうだ。

■ヘルパー・鈴木さんの認識――「年をとったらこうなりたい」

鈴木さん（五〇歳、社会福祉協議会B）は、筆者がふみさんの所で働くことについての印象を聞くと、「お話しして楽しいですし、（ふみさんの所へうかがうのは）楽しいです」とのことだった。

鈴木さん：もう本当にもう、うん、話を聞いていても面白いお話ししてくださるし、うん、何か、「あ、年取ったらこういうふうなものの考え方をしなくちゃ」って、反対にこう勉強させられます、はい。

鈴木さんは、ふみさんの話はおもしろく、学ぶところが多いと感じていた。ただし、他のヘルパーについては、同じような印象かどうかはわからないと言い、次のように語ってくれた。

鈴木さん：ちょっと松本（ふみ）さん、ご機嫌悪いともう、あの、気心が知れている仲なんでね、ちょっときついことを言っちゃうと、あの、「Aさん（ヘルパー）なんか泣いちゃって申し訳ないのよ」、なんて娘さんがおっしゃられているから。

齋　藤：あ、じゃ、まあ。いろいろあると、

鈴木さん：でも、それはね、かわいらしいんですよね。「もう帰っちゃうの?」って、「もういいわよ、あなた。さっさと行けばいいんだわ」とかって。ちょっと、あの、子どもの拗ねるみたいな感じなところが。

ふみさんと付き合いの長い鈴木さんは、ふみさんの性格がおだやかなだけでなく、きついところもあることを理解していた。しかし、そうした感情の起伏についても、鈴木さんは、嫌な印象を受けておらず、

子どもが「拗ねるみたい」なもので、「かわいらしい」ととらえていた。

さらに、鈴木さんはふみさんの同居家族ともかかわりがあった。

鈴木さん：行ったときにやっぱりおばあちゃまの部屋に行く前にちょっと気になることがあると、あの、ちょっと全然便が出ていないとか、あと、（ふみさんは）もう年齢の割に（しっかりしているんですが）、時々あのせん妄というか、勘違いしちゃって。（ご家族から）何か寝ぼけたようなこと、何か変なことを言う、「こういうことを言ったんですよ、どうしちゃったのかしら？」とかっていう話はされますけど。お年寄りにはありますよっていう話が……。

齋　藤：うーん。

鈴木さん：そういう時は気付きますよね。それで、あの、活動に入っている間におばあちゃまと話すと、別に、おばあちゃんも、「んなもの見えるわけがないから私の勘違いよ」って。で、「こういうふうにおっしゃっていたから」と言うと、（家族の方も）「あ、じゃ、よかった。ぼけちゃったのかと思った。心配になっちゃった」とかって。

ふみさんの家族は、鈴木さんに気になることを相談しており、鈴木さんが間に入ることによって、家族とふみさんのコミュニケーションが媒介されていた。さらに、鈴木さんは家族介護者支援の視点から、家族ともできるだけ話をするように心がけている。

鈴木さん：やっぱり、（家族介護者は）話す相手がいないわけじゃないですか、おうちで見ていると。で、行くと、やっぱりわっと、こうたまっていたのが、わって出ますよね。話しすると、少しそれだけでも落ち着くみたい。誰かに話して、「いや、大変でしたよね」とかって言う、言う訳なんですね。

重度の高齢者の家族介護者は、閉鎖的な状況で物理的にも精神的にも多大な負担を担いながら、ぎりぎりのところで介護をしている。鈴木さんは利用者へのサービス提供だけでなく、家族介護者の話を聞き、その負担に共感することで家族介護者の精神的なサポートをしようと考えていた。

これらの事例では、高齢者が求める個人的な関係性がヘルパーにも受け入れられていた。

敏子さんの事例では、ヘルパーと高齢者の趣味を通じた個人的な関係性が構築されていた。病気のための転居で友人も隣人もいない敏子さんにとって、ヘルパーがコミュニケーションの重要な相手となる。さらに、他の高齢者と同様にサービスにおける対応もヘルパーの人格の評価に繋がっており、敏子さんは、山崎さんに対してよく気がついて話しやすいと感じていた。山崎さんは、「カラオケ」という共通の趣味を通じて、敏子さんに生活の目標を持たせようとしていた。

ふみさんの事例では、前章でも確認したように、家族が主体となりヘルパーの人選を行い（歌や会話が好きな人をヘルパーとして選ぶ）、サービスプロセスの中に歌や会話を組み込んでいた。「個人的な関係性」が制度的なサービスの中でうまく実現した事例と言える。ヘルパーの担当年数が長期的であることも、このような人間関係の構築を可能にする要因となっている。鈴木さんは、ふみさんに対して「年をとったらこうなりたい」と人生の先輩として尊敬していた。第三章で述べたように、鈴木さんは高齢者をケアの受け手という「全面的に弱い立場」でとらえることを問題だと感じており、対等な立場でサービスを提供しようとしていた。そのため、日常の対等な関係性である「おばあちゃん」のように接していた。

二―二　高齢者が個人的な関係性を期待しないケース

二―二―一　佐和子さんと佐々木さんの事例

■高齢者・佐和子さんの認識――「お話で時間を稼ぐ」のではなく「仕事」を

佐和子さん（八一歳、要介護5）は夫と二人暮らしだが、毎日朝・夕と別居の既婚の娘が食事を作りにくる。別居の既婚の息子も週末に訪れ、家族との接触は頻繁だ。友人は、「前はいたけど、今は病気でいるから、あんまり来なくなっちゃったけどね」と述べるが、三〇年近く同じ所に住んでいるため、隣人との付き合いはあり、寝たきりの佐和子さんの元に「お花をもってきてくれたり」するそうだ。

第四章でも見たとおり、佐和子さんには非常に多数のヘルパーがいる。ヘルパーとの人間関係についてうかがうと、「うまくやっていますね、うちは。合わない人もいませんね」と答えてくれた。しかし、筆者が「お話とかはよくされるんですか？」という質問をしたところ、次のような答えがかえってきた。

佐和子さん：だから、その、話で時間を稼ぐ人がいるし。
齋　藤　：あー、それも人によりますか、
佐和子さん：人による。でも話でもお世辞も言わないで、何にも言わないで、サン、シャンシャンとやってくれる人もいる。
齋　藤　：佐和子さんにとってはどちらがいいということは、
佐和子さん：だからやっぱりね、話もいいけど、ある程度、やることをやっていただけないと、便がついていても、そのままにしてもらっていては困るしね。
齋　藤　：仕事はきちんと、
佐和子さん：やってもらって、その上で話をしてもらうのはかまわないけど。あと、（ヘルパーは）話は好きだよね、やっぱり。
齋　藤：話だけで、仕事がおろそかなのは困る、と。
佐和子さん：うん、うん。
齋　藤：それはそうですねぇ。
佐和子さん：ところがみんな話は好きだよね。
齋　藤：そう思います？　話好きですか？
佐和子さん：うん。
齋　藤：どうですか、佐和子さんの方は、外の人がきたから話したいとかはないですか？
佐和子さん：別にそういうのはないね。やっぱりみんな同じようにね。

佐和子さんによると、「お話」ばかりで「仕事」をおろそかにするヘルパーがいる。仕事をしっかりやってもらいたいという佐和子さんの希望に対して、ヘルパーは「みんな話好き」なのだと言う。佐和子さんは、寝たきりだからといって、外とのつながりをヘルパーに期待してはいなかった。

■ヘルパー・佐々木さんの認識――「持ちつ持たれつ」

佐々木さん（五六歳、B社会福祉協議会）は、第三章でみたように、ホームヘルプサービスにおいて「人間関係」が最も重要だと考えていた。「仕事ができる・できない」ではなく、ヘルパーも高齢者も「相手に気持ちを許せる」という「相性がいい」ことが大切だと感じていた。佐和子さんに対しては、次のように語っている。

佐々木さん：そうですね。気持ちよく迎えてくださっているので。相性はいいと思います。
齋　藤　：相性、
佐々木さん：何とか。
齋　藤　：じゃ、その人間関係ってどういうところで。
佐々木さん：あ、そうですね、それはもう全然。いや、私は、あの、嫌な思いはしたことないので。

佐々木さんは、佐和子さんに「気持ちよく迎えて」もらっているため、自分との「相性がいい」と感じていた。また、佐々木さんは佐和子さんとの関係で意識していることがあるという。

佐々木さん：（佐和子さんは）お家にしかいられないし。（ヘルパーが）やっぱりたくさん入っているというのはとてもいいことだし。私も自分のいろんなことを、こうお花が咲いたとか外のことを……。こう桔梗を家に入れてあげたり。やっぱり、ねえ、（佐和子さんは人生の）先輩だからいろんなことを知っているし。お食事なんかも。「こんなふうに作るといいのよ」っていうのを聞いて、「じゃ、してみます」とか。やっぱりこう何か向こうのね、知っていることを私が聞いて教わる。
齋　藤　：はい、教わって。じゃあ、
佐々木さん：持ちつ持たれつ。
齋　藤　：一方的にというよりはもうお互いにというか。
佐々木さん：あ、もうそうです。だからなるべく向こうのことを教えてもらうような雰囲気に持っていったり。こうしたらいいのよっていうやっぱりいろんなことを教えてくださるので。

佐々木さんは、寝たきりの佐和子さんにとって、ヘルパーが外の世界とつながる手段として重要だと考えていた。さらに、人生経験や料理などの会話を通じて「自分が教わる」立場になることで、ケアする―されるという関係ではなく「持ちつ持たれつ」という対等な関係になるようにしていた。

このように、佐々木さんは、ケアを受ける立場に立ってサービスを提供していたが、こうした働きかけには、自身の家族介護の経験がある。佐々木さんは、自分の母が介護や医療が必要な状態になった時、患者の家族として、受ける立場の気持ちを感じたという。そのため、利用者である佐和子さんに対しても、「気持ちよく」「楽しく」過ごしてもらいたいとサービスを提供していた。家族介護者としての経験は、第四章で述べたような佐和子さんの家族介護者への支援の視点にもつながっている。

二―二―二　悦子さんと横川さんの事例

■高齢者・悦子さんの認識――自分の状態を「察して欲しい」

悦子さん（六五歳、要介護4）は夫を亡くし単身世帯であるが、兄や兄の家族と同じ敷地内で暮らしており、食事の際など毎日顔を合わせる。また、近所に住む娘も朝・夕と毎日顔をだし排泄介助をしてくれ、仕事が休みの時はヘルパーの代わりに散歩につれていってくれる。このように家族とのつながりは密だが、それ以外の付き合いはあまりないという。

悦子さん：私は、友だちとはあんまり付き合いがないからわかんないけど。そう、人見知りするっていうか、それであれ（病気）して。今までは元気だったから、会ってましたけど。こういうような状態（寝たきり）になっちゃったら、嫌になって。

齋　藤：なかなか来てもらうっていうのも、

悦子さん：そう、大変だし。そういうのを考えちゃうと、来ない、会わなくなっちゃう。
齋　藤：どうですか、近所の方とかは、
悦子さん：散歩に行く時だけだね、会うのは。会えば挨拶する。

ホームヘルプサービスにおいて悦子さんが重視していた散歩は、寝たきりの悦子さんが外の空気に触れる、というリフレッシュの意味だけでなく、家族以外の地域の人とのつながりの場にもなっていた。
悦子さんは、佐和子さんと同様に複数のヘルパーを利用しており、人間関係についても、個別の関係性というよりも、全ての担当者との関係性を包括的にとらえていた。筆者が人間関係について、「合う・合わない」ということはあるか？と質問したところ、悦子さんは「そんなことはないですよ」と答えていたが、ヘルパーの態度について「人によって丁寧・丁寧じゃないということは？」と聞くと、「それはありますよ」と言う。

齋　藤：丁寧じゃない、というのはどういう時に感じられますか。
悦子さん：そうね。自分がほら、身体が辛くなっちゃっている時に、ちょっと言葉が足りない、とか。やっぱり自分の調子が悪い時は、顔色かなんかを見ればわかるんじゃないかなぁ、と思うわけです、私なんかは。
齋　藤：あー、察してほしいなぁ、と。
悦子さん：そう、そう。で、その時は、もう、うーん、なんて、もう。こっちの方が腹が立っちゃうけど。そういうのを出すとまたね、いけないんで、それ以外は、ちゃんと。

悦子さんは、自分の体調が悪い時に、ヘルパーがそれを理解せずに「言葉が足りない」場合に丁寧ではない、と感じるそうだ。悦子さんは調子の悪さを、ヘルパーにわかってもらいたいと思い、気づかないヘルパーに対しては「腹が立ってしまう」と言う。一方で、「丁寧である、気がつく」と悦子さんが感じるのは、次のような対応だ。

悦子さん：ここ（悦子さんの部屋の中）とか、ほら、雨が降ると（散歩にいけないので）やることないでしょ、ヘルパーさん。向こういったりなんだりしないから。その時「どうするかな」、って見ていたら、花に水をあげたり、水を変えたりとか、そういうことはしてくれます。
齋　藤：そうか、雨の日だと散歩がないので、そういう時だとお話している、という
悦子さん：そうですね、お話ししたり、また、やることは違うことがあるので、それをやってもらったり……。

悦子さんは、状況に応じて適切に対処してくれるヘルパーに対して「気がつく」と感じていた。横川さんが、天候によって外出介助ができない場合に、細々とした家事を自分からやってくれることを評価していた。ヘルパーの気づきや配慮が人格的な側面として評価される傾向は、これまでの高齢者の事例とも共通する。

ヘルパーについては、特に体調が悪い時に必要性を感じるらしく、「自分が辛くなっちゃうと、まだ来ないかなって」「待ち遠しくなっちゃう」とのことだった。

■ヘルパー・横川さんの認識――「仕事」と「個人的な会話」

横川さん（五三歳、株式会社D）に悦子さんのところで働くことの印象についてうかがうと、次のよう

に話してくれた。

齋　藤：どうですか。あの、悦子さんのところにご訪問されるのって、ほんとに主観的にでいいんですけどお好きですか。
横川さん：お好きですか？
齋　藤：ちょっと違いますか？
横川さん：違う。「ヘルパーの仕事が好きですか」って聞かれるのと、「個人的におうかがいして好きですか」って聞かれると、ちょっとニュアンスが違うんだけども、うーん、その、「ヘルパーの仕事が好きですか」って聞かれたほうが答えは簡単だよね。
齋　藤：うーん。
横川さん：こちらも仕事として（しか）見ていただけない感覚ですから、好きも嫌いもないのかもしれないし。ただ利用者さんのところに行っちゃって、嫌いな場合はもう気持ちが切り替わっちゃってるところもありますからね。うん。その方のためにっていう感じになってくるんですね。

悦子さんとの人間関係についての筆者の質問に対し、横川さんは「仕事としての関係性」と「個人としての関係性」は異なると言い、前者の方が、「簡単だ」と述べていた。横川さんは、ヘルパーとして訪問する場合は、個人的な好き嫌いではなく仕事として対応するし、利用者のほうも、自分達ヘルパーとの関係性を「仕事」としてとらえているだろう、と考えていた。そのため、悦子さんだけでなく、ヘルパーの仕事の時は、個人的な好き・嫌いの感情から、「その方のために」という対応に切り替えるそうだ。しかし、横川さんは悦子さんとの関係性について、すべて「仕事」として割り切れるわけではないと言う。

横川さん：（悦子さんは）やっぱり普通の人と違う……、違うっていうか、自由に外に出られないっていうことがあるわけでしょ。やっぱり人の力、助けを借りて外に出なきゃいけないし、寝ることもできないしっていうのを考えれば、うーん、（身体的な）介護だけでは精神的にも、寂しいかなっていうのはありますよね、うん。

齋　藤：うーん。そうするときにもうちょっと広い範囲で。

横川さん：うん、うん。広い範囲でね。

横川さんは寝たきりの悦子さんに対して、仕事としての関係性を前提としつつ、精神的なケアを含めた広い範囲でのかかわりも必要なのではないか、と考えていた。実際に、仕事の範囲だけではない関係性が、日々のサービスの中で生じてくると言う。

横川さん：やっぱりね、ある程度、ずっと毎日いるとプライベートのことをお話しする時間帯になっちゃうんですよね。だから、うーんと、それが話せるっていうことはウマがあれかなって、うん。で、個人的なことになっちゃうんですよね。うちの息子や娘の話の愚痴を言ったりね。「あの時、あそこに行ったのよ」とかね。「どうだった？」っていう。そういう私が会ってない、古田（悦子）さんと会ってない時間帯の「今日、こういうことがあったのよ」とか。古田さんも「今日はこういうことが、昨日はあったのよ」とかっていう話を、こう、お互いにしながら、あの、出かけますからね。うん。それがまた、あの、情報が少ないから楽しみにしてるところも、古田さんにとってはあるのかもしれないし。

齋　藤：話をしていて。

横川さん：うん。あとは、その、（散歩に）行く途中でいろんな方にお会いしたりして。

齋　藤：あ、ご近所の方とか。

横川さん：うん。あの、毎日大体同じコースを通って、声掛けるとあいさつしてくれる幼稚園の先生とかね、お花屋さんとか、自転車屋さんとかっていうのがあって、徐々に声掛けていくと、皆さん、挨拶してくれるんですよ。で、「今日はあの人出会わなかったね」とか、「どうしてるんだろうね」っていう話になってくるんです。

悦子さんと毎日過ごすことで（特に外出介助の場合に）、いろいろな個人的な話をする時間が生じる。横川さんは外とのつながりが少ない悦子さんにとって、こうした会話は楽しみになっているのではないか、と考えていた。また横川さんは、悦子さんとお互いに個人的な話ができるのは、「馬があう」からではないか、とも感じていた。さらに横川さんと悦子さんは、毎日の散歩を通じて、近所の人との交流など、ヘルパーの仕事以外のプライベートな経験を二人で共有するようにもなっており、そのことで「仕事」以外の会話も生まれてきていた。

これらの事例では、高齢者は担当がすぐ変わるヘルパーと個人的な関係構築を期待していないが、ヘルパーは寝たきりの高齢者の孤独や孤立を考え個人的な関係構築を試みていた。

佐和子さんは、寝たきりであるが、インフォーマルネットワークが充実しており、一時的なヘルパーを含め多数のヘルパーと関わるため、ヘルパーとの「個人的な関係性」の構築は求めていなかった。以前「お話ばかりして仕事をおろそかにする」ヘルパーがいたことから、「お話」ではなく「仕事」をきちんとして欲しいと考えていた。それに対して佐々木さんは、「人間関係」を重視するヘルパーである。寝たきりの佐和子さんは外部と繋がる機会が少ないため、自分たちヘルパーが話し相手になることは重要だと考えていた。さらに、佐和子さんと会話を通じていろいろと教わることで、ケアする―されるという非対称な関係を反転しようと試みていた。

悦子さんは、寝たきりになったことによりインフォーマルネットワークが縮小している。悦子さんが重視するホームヘルプサービスの散歩は、外の人たちとのつながりとしての効果もあった。普段はヘルパーに対して、個人的な「好き嫌いはない」という悦子さんだが、体調が悪い時はヘルパーに「察して欲しい」と思う。悦子さんは、自身の体調の変化をヘルパーに配慮されることで安心感を得られると考えていた。このように高齢者の身体状態によって人間関係の意味づけが変化する可能性がある。横川さんは、基本的にはヘルパーと高齢者は「仕事としての関係性」だと考えていたが、日々のホームヘルプサービスの中でそうではない部分もでてくると述べる。実際に悦子さんとの散歩では、お互いに家族の話をしたり、地域の人々と悦子さんと一緒に交流するという、「個人的な関係性」の側面が生じている。

第三節　小括

三―一　軽度のケースにおける人間関係

軽度の事例では、これまでの高齢者の生活における価値観が継続されつつ、ヘルパーとの人間関係が構築されていた。

高齢者が「個人的な関係性」を期待するケースでは、ヘルパーに受け入れられていない場合（正子さん、節子さん）と、受け入れられている場合（治夫さん）があった。正子さんの事例では、正子さんはヘルパーを家へ訪問する客人や友人と同じように考えていた。以前の民間のヘルパーは正子さんの期待する友人や家族（正子さんよりも家の事に詳しく、病気など困った時にも助けてくれる）のような関係が築けていたが、今のヘルパーは後藤さんをはじめ「いわゆる役所の人」でプライベートな付き合いはできない。そのため、正子さんは自分の期待をあきらめ、ヘルパーに合わせていた。後藤さんは、利用者とヘルパーは適切な距離を取る方が良いと考えており、正子さんのヘルパーの仕事を理解し過度な要望をしない態度を好ましく感じていた。節子さんは、隣人と疎遠になったためヘルパーが頼みの綱だと考えており、遠藤さんを特に気がつく人だと評価していた。遠藤さんは、節子さんが独居で寂しい高齢者だと理解していたが、話し相手になるのは自分の役割ではない、と考えていた。後藤さんと遠藤さんは両方ともA行政に所属しており、サービスの内容だけでなく人間関係についても標準化、適正化しようとする傾向がみられた。

一方で、「個人的な関係性」が受け入れられていたのが、治夫さんと高倉さんの事例である。個人的な関係構築については、サービスに直接関係のない趣味や生活の話を通して高齢者とヘルパーの間で、友人のような関係性が構築されていた。友人関係の構築には、Piercy（2000）が指摘するように「ケアの継続性」（同一ヘルパーによる数年間にわたるケア提供）やジェンダーの同質性がみられた。さらに本研究からは、年代の同質性も友人のような関係性を構築する要因であることも明らかになった。こうした趣味の会話においては、ケアする—されるというのとは逆に高齢者が知識を与える「互酬性」（Eustis and Fischer 1991）や、ヘルパーと高齢者が同じ立場で意見を言い合う「相互性」（Piercy 2000）が生まれている。本研究の事例に特徴的なのは、高齢者の視点からみると、こうした人間関係の構築は、単に友人関係が成立するかどうか、ということではなく、サービスの充足に基づいている点である（高齢者の視点の特徴については、次項で述べる）。

高齢者が「個人的な関係性」を期待していないケースでは、高齢者とヘルパーの双方が「個人的な関係性」を期待していない場合と、ヘルパーが「個人的な関係性」の視点を持っている場合があった。高齢者とヘルパーが「個人的な関係性」を期待しない場合では、両者とも自分たちの関係性を、契約に基づく雇用者—被雇用者という「仕事」としての距離のあるものとして考えていた。清さんも実さんもヘルパーは隣人や友人とは異なる「他者」として認識しており、「きちんと仕事をする」ことを求めていた。「仕事としての関係性」を求める高齢者の対応は、ヘルパーが「適切な距離」を保ちながら仕事ができ、人間関係の構築に関する負担がないため、好意的にとらえられていた。一方で、ヘルパーに「個人的な関係性」を求めていないきよさんの場合は、「仕事としての関係性」をもともと望んでいるというよりは、ヘルパーとの世代差があり感覚が違うため友人のような親しさを感じていない、という消極的なタイプであった。それに対してヘルパーの坂本さんはきよさんを人生の先輩であり、身近な「おばあちゃん」のようだと親しみを持って接していた。サービスでわからない部分をきよさんから「教えてもらう」ことが相手を尊重するかかわりになっていると考えていた。ただし、きよさんは、坂本さんを「孫」のようには感じておらず、両者の関係性の認識には違いがみられた。

三—二　重度のケースにおける人間関係

重度の高齢者の場合、軽度のケースと比較して、高齢者自身が自由に活動することができず、特に寝たきりの場合などは以前のインフォーマルネットワークを維持することが難しい。

こうした中で、ヘルパーと「個人的な関係性」も構築していたのが、敏子さんとふみさんの事例である。病気のため知り合いのいない娘の近隣に引っ越してきた敏子さんは、ヘルパーが日中の話し相手として重要だと考えていた。ヘルパーの山崎さんと敏子さんはカラオケという共通の趣味を持ち、軽度のケースの治夫さんと高倉さんのように、サービスとは別の人間関係が構築されていた。ふみさんの場合は、会話に加えて「歌」が重要なコミュニケーションツールとなっていた。歌は、長年の付き合いのあるヘルパー以外も参加しており、個別性があまり前提とならない、標準化できる方法と言える。さらに、ふみさんは歌が自分だけでなく、ヘルパー側にもメリットがある（「なぐさめになる」）と考えていた。

ヘルパーに「個人的な関係性」を期待していなかった高齢者は、寝たきりの佐和子さんと悦子さんである。佐和子さんは、寝たきりながらも家族や隣人などインフォーマルネットワークは充足していた。第二章でもみたように、多数のヘルパーが担当することから、ヘルパーに個人的なかかわりを期待しておらず、「お話よりも仕事を」きちんとやって欲しいと考えていた。反対に佐々木さんは、外とのつながりがない佐和子さんにとって、自分たちヘルパーとの会話が重要であると考え、対等な関係構築のために、会話の中で自分が教えてもらうようにしていた（こうした姿勢は、軽度のケースで世代差があるきよさんに対して「教えてもらう」ことを重視していた坂本さんに似ている）。悦子さんの事例では、こうした仕事・個人という関係性が変化していく様子がみられる。悦子さんは自身の体調によって、ヘルパーへの期待が異なってくると述べる。横川さんは、「仕事としての関係性」を前提としつつも、継続的なサービスの中で「個人的な関係性」を含んでいくと言う。

三―三　高齢者とヘルパーの考える人間関係の違い

本章では、第四章と同様にペアでホームヘルプサービスの受け手と与え手の認識を比較したが、前章のサービスの範囲についての語りと大きく異なる点は、高齢者とヘルパーの視点の違いである。ここでは、高齢者とヘルパーのそれぞれの特徴を整理する。

三―三―一　高齢者の視点からの人間関係の認識

事例からは、友人関係のような「親密性」についての期待が、高齢者によって異なるという、親密性への期待の多様性がみられた。佐和子さんや実さん、清さんの事例でみたように、「仕事としての関係性」のみを求める高齢者がいる一方で、治夫さん、正子さんや節子さんのように、「個人的な関係性」を求める高齢者がいた。

ただし、こうした「親密性」への期待は、相手によって異なることも明らかになった。独居のため、ヘルパーとの会話を重視し、ヘルパーの遠藤さんからは「寂しくて寂しくてしょうがない人」とみなされていた節子さんでさえ、会話の相手は誰でもいいわけではなく、態度が乱暴だと感じていたヘルパーについては、すぐに帰って欲しいと感じていた（「向こうは居心地がいいみたいだけど」と、こうした節子さんの気持ちをヘルパー側が理解していない様子もうかがえた）。また、正子さんも、お気に入りの民間ヘルパーとは「いつまでも話していたい」と思っていたが、公務員ヘルパーに対しては、「早く帰って欲しい」と全く逆の感覚だった。

さらに、今回の事例で特徴的なのが、「気づき」への期待である。これは、既存の高齢者とヘルパーの視点からの人間関係や親密性を軸にした議論では十分に見えてこなかった点といえる。事例では高齢者が、ヘルパーの評価の基準として「気づき」を挙げていた。高齢者は、自分の要望を細かく言語化することの負担があるため、言語化しなくても、ヘルパーが察して自発的にサービスを提供してくれることを評価している。こうしたヘルパーの「気づき」は、仕事ができるというだけではなく、「自分のことをよく理解して思いやってくれている」という情緒的な側面での評価にもつながっていた。「個人的な関係性」を構築していた治夫さんや敏子さんも、ヘルパーとの人間関係を評価する際に、「気づく」ことを重視しており、その上で会話などの部分が評価されていた。

三―三―二　ヘルパーの視点からの人間関係の認識

ヘルパーにも、高齢者と同様にホームヘルプサービスの人間関係に「個人的な関係性」を含むかどうかの違いがあった。ヘルパーが想定する「よきホームヘルプサービス像」によって、目指す人間関係は異なってくる。

一つは、「仕事」としての「適切な関係」や「距離」が意識されているタイプである。サービスを規定にそった範囲で提供しようとし、利用者との仕事以外の関係性を構築しようとはしない。特にA行政に所属するヘルパーにはこうした傾向がみられた。後藤さんは、一対一の関係が深くなると「なぁなぁ」になり、ホームヘルプサービスの仕事がやりづらくなるという。遠藤さんは、節子さんが話を求める高齢者であることを理解しつつも、それはヘルパーとしての自分の役割ではなく、隣人や友人などインフォーマルな担い手の役割だと考えていた。この場合は、会話や人間関係の構築は、円滑なサービス提供をするための手段として位置づけられており、最低限に留めようという意識がみられた。

もう一つは、「個人的な関係性」として「友人」のような関係性を構築するタイプである。このタイプには、高齢者とヘルパーの双方がサービス以外のかかわりを持つことで、友人のような関係性が構築される場合と、ヘルパーの側が意識的に個人的な関係性を取り入れようとする場合がみられた。

前者は、高倉さんや山崎さんの事例である。担当する高齢者と同性で世代が近いこともあり、ヘルパーと利用者という関係性を超えた趣味の会話やかかわりがあった。共通の趣味を通じて互酬的な関係が作られている場合は、高齢者もヘルパーも両者の非対称性をそれほど意識していなかった。正子さんと民間ヘルパーは、サービス提供中にこうした関係を構築し、サービスが終了した後は、完全な友人としての関係に移行している。

後者は、世代差のある坂本さんや鈴木さん、寝たきりの高齢者を担当する佐々木さんなど、ヘルパーが高齢者との間で、年齢差や身体状況の違いや、ケアをする－されるという非対称性を強く認識している場合にみられた。坂本さんや鈴木さんは、孫のような立場で[9]、佐々木さんは人生の後輩という立場で高齢者と接し、さまざまなことを「教えて」もらおうとしていた。これは、ヘルパーが日常的な人間関係における年功序列の関係をホームヘルプサービスに取り入れて、高齢者が知識や経験の与え手となりヘルパーが受け手となるという普段のサービスの関係性とは逆の役割を意識的に作ることで、非対称な関係を無効化しようとしていると言える。さらに、西浦（2005: 49-50）が指摘するように、ヘルパーの「利用者に勉強させてもらう」という言葉は、「表面的に利用者の警戒心を解きヘルパー側が下手に出ること」で「関係を円滑化する認知的手法」であると同時に、不確定な「生活援助を十全に遂行するためのまっとうな真理」という側面もある。坂本さんの場合は、第四章でみたように、生活援助のサービス提供において「教えてもらう」という姿勢が重要になっている。ただし、きよさんや佐和子さんのように高齢者の視点からみると、こうした働きかけが必ずしも高齢者側の期待とかみあっていない場合もみられる。

三－三－三　高齢者とヘルパーの人間関係の認識の違い

高齢者とヘルパーの人間関係の把握の視点を比較すると、次の点が明らかになる。

本章の高齢者は、「個人的な関係性」を求める場合であっても、サービスの評価を基礎に置きながら人間関係の構築を行っていた。つまり、高齢者が満足できるサービス提供（自分が求める「仕事ができる」）ということが、人間として信頼できる、親しみがあるという人間関係の構築に影響を及ぼしていた。ただし、こうした高齢者の人間関係の認識は、表面的には「いい人」「気がつく人」など人格的な要素として語られるため、一見高齢者が情緒的な関係性だけを重視しているようにみえてしまう。一方で、先述したとおり軽度と重度の高齢者に共通していたのが、「気づき」への期待である。これは、ヘルパーに対して、

「仕事」としての役割だけでなく、自分の生活を理解し配慮してくれる身近な他者としての役割も期待しているといえる。つまり、「仕事としての関係性」においても、高齢者は、ヘルパーが自分の生活領域に「慣れること」を期待しているのである。

こうした高齢者の生活者としての視点は、仕事としての関係性であれ、個人的な関係性であれ、疑似的な友人・家族関係であれ、「人間関係」そのものの構築が目的とされているヘルパーとは異なる。ヘルパーの教育課程や専門性の議論では、人間関係の構築によってサービスが受入れられる、というプロセスが強調されており、同様の価値観をヘルパーも内在化している。しかし、高齢者にとってヘルパーは、仕事を介在させない純粋な「友人」ではない（正子さんが民間ヘルパーと契約関係が終わった後、友人として付き合えるようになったのは象徴的である）。

つまり、高齢者とヘルパーとでは、ホームヘルプサービスにおける人間関係の位置づけが異なっており、そのことが両者の齟齬を生じさせ、調整を阻む要因の一つとなっている。

第四章と本章では、ホームヘルプサービスの実践における高齢者・ヘルパーの関係調整について検討してきた。ただしこうした関係の構築は、ミクロな高齢者・ヘルパーという二者関係のみで完結するものではない。そこで次章では、ヘルパーの所属する事業所に着目し、ホームヘルプサービスへ与える影響について検討する。

［注］

1　四つのモデルの概略は次のとおりである。プライベートモデルは、ヘルパーを友人／家族のような関係だと認識し、規定以上のサービス提供があり、双方がお互いの問題を話す。非対称モデルは、ヘルパーを友人／家族のような関係だと認識し、規定以上のサービス提供があり、利用者はヘルパーに自分の問題を話すが、ヘルパーは話さない。同僚モデルは、ヘルパーを契約上の関係性ととらえているが、規定以上のサービス提供があり、双方がお互いの問題を話す。パブリックモデルは、ヘルパーを契約上の関係性としてとらえ、サービスの規定以上の提供もなく、お互いに仕事以外の話はしない。

2　「仕事としての関係性」はパブリックモデルと、「個人的な関係性」はプライベートモデルと類似する。

3　実際に遠藤さんは節子さんから、お返しの商品券を購入して近所の人へ渡すように頼まれたことがある。

4　ただし、花の水やりは、ヘルパーの生活援助の行為の範囲ではない。第一章で示したとおり、「日常生活の援助に該当しない行為」であり当時も生活援助の不適切事例に該当する（厚生労働省保険福祉局企画課　2000）。

5　Piercy（2000）は、同性であることを友人関係になりやすい要因として挙げている。特に男性同士の組み合わせの場合、こうした傾向が強くなることが指摘されている。

6　娘たちにはそれぞれ小学生の孫が何人かいるが、実さんはもう何年も会っていなかった。

7　A区で独自に行っていた単身の要介護高齢者支援制度で、高齢者の近隣の二名を担当として、困ったことがあった場合に高齢者が電話連絡できるようにするもの。ただし、節子さんは、こうした制度について「遠慮してしまい、なかなか電話できない」と述べており、担当者と以前からのつながりがなければ、活用するのが難しいようだった。

8　第二章でみたように敏子さんは、ホームヘルプサービスに対して人間関係の面から「継続性」を重視していた。

9　ただし本章の事例は、「疑似的な家族」（Karner 1998）や「家族のような関係性」（Piercy　2000）のように、ヘルパーが家族の責任を代替したり、高齢者の家族（実際の孫）と競合するほどの親密性を感じていたわけではない。

第六章

事業所が高齢者とヘルパーの関係性に与える影響

介護保険制度の導入は、高齢者介護サービスの供給主体の多様化・多元化という形でホームヘルプ事業所に大きな変化をもたらしていた[1]。こうした多元化について、これまでは組織レベルでの提供理念やマネジメントについてのみ検討されており、多元化がもたらす事業所間の組織状況の違いが、ホームヘルプサービスへどのような影響を及ぼすのかについては、あまり考察されてこなかった[2]。しかし、前章までの高齢者とヘルパーの分析で確認したように、事業所によって、ヘルパーのケアの範囲や裁量は異なる可能性がある。

そこで本章では、多元化にともない生じた事業所の特性の多様化が、ヘルパーと利用者の関係性にどのように影響を与えるのか、という点を明らかにしていく。このような試みは、次の二点で重要であると考えられる。第一に、供給主体の特徴とホームヘルプサービスの関連が明らかになる。第二に、これまでヘルパーの個人の資質や利用者との個別的な関わり、というミクロレベルの要因でのみ議論される傾向があったヘルパーと利用者との関係性について、事業所の特質や組織での管理というメゾレベルの要因からの分析が可能になる。

本章では、それぞれの事業所における特徴を整理したうえで、事業所ごとのヘルパーの雇用管理や労働状況を比較する（第一節）。次に、組織による違いに留意しながら、サービスの提供範囲と、ヘルパーと利用者の関係性について分析を行ってく。第四章・第五章でも確認したとおり、ホームヘルプサービスにおいて、利用者とヘルパーとで求めることが異なってくる場合がある（第二節）。このような場合の対処の仕方と、事業所の運営がどのように関連しているのかを検討する（第三節）。最後に、以上の分析をもとに、高齢者―ヘルパーのミクロなサービスプロセスへのメゾレベルの事業所の影響を明らかにする。

第一節　ホームヘルプサービスの事業所間比較

一―一　各事業所の特性

A　行政

Aは区役所の介護サービス係である。高齢者福祉に関しては歴史があり、係長の横手さんは「いろいろな福祉政策がつみかさなっている。おそらく寡婦救済の制度から始まる」と述べる。介護保険制度に関するものは、制度導入時の二〇〇〇年からで、認定調査（派遣を要請してきた区民に対して、調査しその後のサービスにつなげる）と「ハンドサービス」（ヘルパーによるホームヘルプサービスの提供）の二つのサービスを提供している。ただし、措置制度時代は介護サービスの主要な担い手であった行政も、介護保険制度後の他の提供主体の増加とともに、減少の一途を辿っている（第一章　図一―三参照）。調査対象である東京都でも同様の傾向がみられ、横手さんは「公務員ヘルパーは都内でも今では珍しくなっている」と述べ、準市場化が進み公共団体は介護保険サービスから撤退している現状があるとのことだった。

横手さんは、公益法人としての理念は「地域の福祉への責任」だと述べる。行政の役割は、高齢者に限らず障害者や子どもなど地域での福祉を包括的に支えることで、さまざまな組織におけるサービス提供の過不足をみながら、民間の組織で対応できない問題を担当する「地域のセーフティネット」であると言う。

このように、包括的支援の視点が強い行政における介護保険制度のサービスは、一つの提供組織としての役割だけでなく、全体の福祉の供給状況の中でその位置づけを決めていた。横手さんは、介護保険サービスにおける行政の役割は「民間の市場が成熟するまでのサポート」であると強調していた。それはサービスの提供状況にも反映しており、民間事業所やＮＰＯなどの提供事業所が増加した調査時の二〇〇六年では、「ハンドサービス」と呼ばれるホームヘルプサービスの件数を以前の約一割に削減し、「今後も拡大させる予定はない」、とのことだった。調査後の二〇一一年にハンドサービスは廃止され、現在Ａ区では公務員ヘルパーは認定調査のみ担当している。

Ｂ　社会福祉協議会

行政と同様に介護保険制度導入前の主要なサービス提供主体であった社会福祉協議会のＢでも、「公共性・公益性のある福祉提供」が理念として提示されていた。介護保険制度導入以前は、自治体から委託されたホームヘルプ事業を請け負いながら、有償ボランティアによる家事・介護サービスを中心とした「助け合いサービス」を提供していた。介護保険制度導入とともに、居宅介護支援サービスと、ホームヘルプサービスを開始している。同時に、介護保険制度外の有償ボランティアの範囲を拡大させ、配食サービス、緊急通知サービス、電話訪問、福祉機器貸与、権利擁護事業など多岐にわたる高齢者支援サービスを行っていた。

介護保険事業課の課長である福村さんは、介護保険制度では近年民間の増加が見られ「自分たちの役割は、ある程度果たした」とし、民間ではまだまだ提供の少ない、介護保険制度外の「助け合いサービス」に力を入れて、複合的な介護サービスを提供していきたいと考えていた[3]。社会福祉協議会Ｂと先述した行政Ａは、「公益性」「公共性」という理念と介護保険制度の介護サービスを縮小させる意向という二点が共通している。福村さんは、介護保険制度下における社会福祉協議会の役割を次のように述べる。

福村さん：制度発足当時はやはり介護保険がまだ始まったばかりですから、事業所も本当に少なかったです。なので、そういう意味でまず区の方からも事業を始めてみたらというような話がありまして。当時は（社会福祉協議会は）福祉公社と言ったので、そういう団体があったんですけど。いわゆる民間の模範となる、そういう活動を目指してきたのですが、ここ（介護保険課が）発足して五年、六年たちまして、やはり一定の事業所の数も増えてきたということで、民間のそういう業者とそういう社協が競い合うこともどうなんだろう、ということがありましたので。あるいは一定の社協の発足当時の役割は終えたんではないかということで。

福村さんは、社会福祉協議会の「他の民間事業所の模範」という役割を十分に果たしたと考えており、自分たちの役割を別の部分（そもそものボランタリーな活動）に集約化させていこうと考えていた。実際に、調査後の平成一九年にはB社会福祉協議会でのホームヘルプサービスは廃止され、新たに区の認定調査を請け負っている（ホームヘルプサービスを担当していたヘルパーは認定調査の担当になった）。

C　NPO

Cは「地域で暮らす人同士の相互の助け合い」を理念として、二〇〇〇年に設立されたNPO法人である。代表の飯田さんは、都会ではなかなか実現が難しい「隣近所、地域で住んでいる人同士でなにがしか、ちょっとした範囲のことを助け合う」ことができないか、とこのNPO法人を設立した。二〇〇一年から、居宅介護支援・訪問介護・通所介護の指定事業所となった。介護保険外のサービスとして、有償ボランティアによる「助け合いサービス」（家事など）と移送サービスなどを行っている。助け合いサービスは提供者も利用者も会員登録（入会金一〇〇〇円、年会費三六〇〇円）が必要であるが、このようなシステムにした理由を飯田さんは次のように語る。

飯田さん：助ける側も助けられる側も同じ条件にしているんです。というのは、地域の中でこう助け合おうということなものですから。

齋　藤：共助ということでしょうか？

飯田さん：そんなに大げさな話じゃないんだけど、要するにいつもはこうメンバーで助けているという方でも、例えば明日は残業だから保育園から迎えの時間に間に合わないといったら、今まで助けられていたお年寄の方が、「じゃあ、その間は預かりに行ってあげますよ」ということが可能だったと。だから場面場面によっては常に助けられる側は助けてもらっているというんじゃなくて、その地域の中でだったら（逆のことも可能じゃないか）。

このようにCでは、福祉という枠組みにとらわれない地域活動としてのサービス提供が特徴と言える。実際に業務内容においても、介護サービス以外に「まちづくり事業」（公園の整備や管理）や「環境分野事業」（環境保護のための運動）を行っている。飯田さんは、介護サービスはＮＰＯを持続させるための収入源であり、本来のやりたいことは地域への貢献であると述べていた。そのため、「福祉の提供組織としての専門性の特化」よりも「住民参加」や「地域交流の促進」という立場を強調していた。

D　民間営利企業（株式会社）

D社は、地元に密着した家事や介護サービスを長年提供してきた会社である。「住み慣れた地域で安心して暮らしていきたい」人々をサポートするため、戦前の一九三九年に家政婦紹介所を開業し、一九九〇年からは、自治体の委託事業（高齢者・障害者への介護サービス）を行い、一九九六年から在宅介護サービスを開始した。二〇〇〇年の介護保険制度導入とともに、訪問介護・居宅介護支援・訪問看護ステーション、福祉用具貸与の事業所を開設し、二〇〇二年には、訪問介護員養成研修事業者に指定され研修センターを開設した。二〇〇五年からは、制度外サービスである「フリープラン」（家事・介護サービス）も開始している。介護保険制度改正後の二〇〇六年には、介護予防訪問介護と通所介護の指定事業者にもなっている。訪問看護ステーション、デイケアセンター、ヘルパーステーション、ケアプランセンターを併設する本社以外に三つの支店（それぞれケアプランセンターとヘルパーステーションが併設）があり、規模の大きな株式会社といえる。

インタビューを行ったのはA区にある支社のDである。代表の橋本さん（自身もケアマネジャーの資格を持ち、ケアプランの作成やチェックにも携わる）は、Dの特徴として「長年の地域密着型の家事・介護提供の経験に培われた質の高いサービスの提供」が本社・支店のどの事業所でも受けられることを挙げていた。

E　民間営利企業（有限会社）

Eは、介護保険制度開始の二〇〇二年に設立された有限会社である。代表である足立さんは、もともと大手の株式会社に勤めていた介護士だったが、大手の画一的なやり方に疑問を感じ、「もっと地域の人々にとって使いやすい、身近なサービスを提供したい」ということでE社を設立した。こうした足立さんの考えから、会社の理念として介護サービスを通じた地元への「地域貢献」と「地域に密着したケア提供」

が掲げられている。そのため、ヘルパー間のケアの質の均一化というよりも、「小さい事業所ならではの細かなニーズへの対応」をサービス提供の独自性ととらえていた。設立当初から訪問介護事業と居宅介護支援事業の指定事業者となり、二〇〇六年にはリハビリや音楽療法が可能なデイサービスセンターを開設している。

有限会社Eでは、ケアマネジャーでもある足立さんが個々のサービスの管理やトラブル対応も行っており、こうした対応を足立さんは「小さな事業所だからできる」ものだと述べる。また、ソフトの部分の「手作り感」（誕生日に手書きのカードをプレゼントするなど）で大手との差別化を図っていた。

以上、調査対象の五事業者の概況を図表六–一にまとめた。

介護保険制度導入以前からホームヘルプサービスを提供していたのは、自治体である行政Aと社会福祉協議会Bという公的・準公的機関とAからの委託事業を請け負っていた株式会社Dであり、それ以外の非公的事業所は制度導入に際して新規参入した事業所である。

AとBには、サービス提供の「公共性」という理念に共通性が見られた。介護保険制度導入以前では主力の提供主体であった行政Aと社会福祉協議会Bが、同じような経緯でホームヘルプサービスの事業から撤退していることは、介護保険制度導入後の多元化状況において特徴的と言えるだろう。

これに対して民間やNPOの事業者にはその理念に組織ごとの多様性が見られた。同じ民間営利企業でも、別区に本社があり、比較的大規模な株式会社の支店であるDと、小規模の有限会社であるEではその特色に大きな差が見られた。つまり、民間営利企業かNPOか、という供給主体の出自だけでなく、組織規模も事業所の特質と関連していた。

次に、事業所ごとの高齢者福祉サービス提供状況を図表六–二にまとめた。

図表 6-1　法人の概況

	A	B	C	D	E
法人の種類	地方公共団体 （公益法人）	社会福祉法人	NPO	株式会社 （民間営利団体）	有限会社 （民間営利団体）
法人の設立	1947 年 （行政区の設置）	1952 年 （社会福祉法人は 1965 年）	2000 年	1939 年 （D 社は 2000 年）	2002 年
法人の理念	「地域の福祉への責任」	「公共性・公益性のある福祉提供」	「地域のつながり」	「人助けのサービス」	「地域の人々に身近なサービス」
介護保険制度内サービス	認定調査 訪問介護 （2011 年度まで）	訪問看護 居宅介護支援 （2007 年まで） 認定調査 （2007 年から）	訪問看護 居宅介護支援	訪問介護 居宅介護 訪問看護	訪問介護 居宅介護支援 デイサービス （2006 年から）
介護保険制度外サービス	なし	家事・介護サービス 配食サービス （2007 年まで） 緊急通知サービス 電話訪問 福祉機器短期貸し出し 地域福祉権利擁護 徘徊高齢者探索サービス 高齢者代行サービス	助け合いサービス（家事･介護） 移送サービス	フリープラン（通院介助や急な介護の利用に対応）	なし

※ □ 調査後に提供を終了したサービス
※ ▒ 調査後に提供を開始したサービス

図表 6-2　各法人の介護保険サービスの状況

	ホームヘルプサービスの利用者数（名）／件数（件）	受入れケースの特徴	居宅介護支援の利用者数（名）／件数（件）	ホームヘルプサービスと居宅介護支援の事業所の自・他事業所の割合
A	20 名	重度（困難ケース）中心	20 件	自事業所ほぼ 10 割
B	約 90 名、56 件	軽度から重度	50 件	自事業所 5 割：他事業所 5 割
C	50 名	軽度中心	54 件	自事業所ほぼ 10 割
D	約 150 件	軽度から重度	約 200 件	自事業所ほぼ 10 割
E	約 100 名	軽度から重度	約 60 件	自事業所 6 割：他事業所 4 割

ホームヘルプサービスに関しては、事業所によって、受け入れるケースに違いがみられた。社会福祉協議会B、株式会社D、有限会社Eでは、全ての要介護度に対応していた。Bでは、「公益性」の理念から、「どのような利用者でも受け入れ」ている。Dでも、対応する利用者の傾向については、現状としては全国的な平均と同じで軽度の利用者が比較的多いが、重度ケースに対応できるスタッフもおり、「要望があれば」どのようなケースでも対応するという姿勢を見せていた。Eも同様に、「どのような利用者の方でも、うちの方でという希望があれば受け入れています」とのことだった。これらの事業所は、希望のケースに対して全て対応するということだったが、数的には全国的な傾向と同様に軽度（要介護度1、2）の利用者が半数近い。

一方、事業所として意識的に対応ケースを限定していたのがA行政とNPO・Cである。

Aの横手さんは、「セーフティネットとしての行政」という役割意識が、ホームヘルプサービスの対応ケースにも影響していると述べる。Aではさまざまな他事業所のケアマネジャーから相談を受けて、重度の利用者やクレームが多いケースなど「ちょっと民間の経験の無いヘルパーさんでは難しい」「困難ケース」を多く担当する。こうした困難ケースの対応や問題の解決を行うのが公務員ヘルパーである。横手さんは公務員ヘルパーについて、「経験の長い人たちが多く、管理もきちんとしているので安心してまかせられる」と述べており、公務員ヘルパーの長年のキャリアや実績に対する信頼がうかがわれた。

重度ケースに対応するAとは対照的に、軽度のケースのみを受け入れていたのがNPO・Cである。先述したとおりCは「住民参加」による地域の支え合いを理念としており、福祉の事業所としての専門化は目指していなかった。飯田さんは、「NPO団体としてそんなに力があるというふうには思っていないので、力以上のことをやって事故を起こしてもその能力もないから」と述べ、受け入れケースについても「重度の方の場合にはヘルパーの能力的に難しいというのはできませんと、そんなに能力がある人はいません、力足りませんということになります」と述べ、できるだけ軽度の利用者を対象にしていた。ただし、新規の利用者については選別が可能であるが、以前からの利用者の重度化は拒否できない。そのため現在では重度のケースも担わざるをえず、飯田さんは、ヘルパーの数や質を変化させていかなければならないだろうと考えていた。

ホームヘルプサービスのケアプランの策定は、A、C、Dではほとんどヘルパーと同一事業所に所属するケアマネジャーが担当していた。BとEではケアマネジャーの人数が少ないため、他事業所のケアマネジャーの場合も半数近くある。

一—二　サービスの管理

図表六—三に、各事業所のサービスとヘルパーの管理についてまとめたが、事業所によって管理の仕方が大きく異なっていることがわかる。

図表6-3　各事業所のサービスとヘルパーの管理

	サービスの管理			ヘルパーの管理		
	①サービス提供の規約	②トラブルの対応	③スケジュールの調整・管理	①労働の報告	②ミーティングの頻度	③事業所へくる頻度
A	介護保険制度に準ずる	基本的にチームでケースを共有化、トラブル対応もチームで行う	チームのメンバー同士で話し合いながら行う	日報、チームでのミーティング	ほぼ毎日	毎日（朝夕）
B	介護保険制度に準ずる	ヘルパーから報告を受けた場合に、係長が窓口となり対応	サービス提供者が行う	日報	月一回	月一回
C	介護保険制度に準ずる	組織の代表が行う	組織の代表が行う	日報	不定期（なにか問題があった場合のみ）	月一回
D	介護保険制度の規定と組織の独自規定	各社に共通する対応マニュアルがあり、サービス管理者と代表が対応したのち、本社に連絡する	サービス管理者とケアマネジャーが行う	日報	月一回	ほぼ毎日
E	介護保険制度に準ずる	組織の代表が行う	組織の代表が行う	日報	不定期（なにか問題があった場合のみ）	月一回

■サービス提供に関する管理

サービス提供に関する規約は、A行政と株式会社Dとで厳格に設定されていた。行政組織であるAでは、五、六人ずつのチームを編成し、このチームで一人の利用者を担当する方針をとっており（チームケア）、利用者の情報やサービスの方針がチームや組織で共有されていた。また、常勤職で必ず朝夕に出勤し、毎日頻繁にミーティングが行われるため、利用者の状況やサービス提供についての情報共有も密になされていた。株式会社Dでは、サービス提供についての細かな規定があった。代表の橋本さんによると、利用者宅でのトイレの貸し借りを禁止するため「利用者宅では決してトイレは借りないこと」、出されたお茶を断るために、「自分のペットボトルを必ず持参すること」などの対応マニュアルがあり、ヘルパーへの指導を徹底させていた。

社会福祉協議会Bでは、基本的に介護保険制度の規律に準じて、サービスの範囲を決定している。ただし、介護保険制度導入以前からの利用者に対しては、厳格に対応することが難しく、個々のヘルパーの判断に任せる部分もあるという。有限会社Eでも、介護保険制度の規定をベースに、「基本的には物をいただかない、親密になりすぎない」ということを挙げていた。このように、B、Eの事業所では、介護保険サービスの規約については理解しながらも、「現場のことは、できるだけ現場にまかせている」という、規定を前提としながら実際の業務についてヘルパーに一任する対応がみられた。

一方で、最もサービス内容の決定をヘルパーの自主性に任せていたのがNPOのCである。

齋　藤：よくお茶を飲んだりとか、するかしないかみたいなので事業所によってはこう、

飯田さん：ああ、厳しいところありますね。（うちは）そういうのは全くしていません。というのは、基本的に地域の中に住んでいる者同士ができることをしているということにしているので、（介護）保険（制度）で規定しているのは保険で規定しているということで、規定どおりにやってくださいと。だけど保険外のことはその地域の方の者同士のお付き合いぐらいのことはいいですと。

齋　藤：もう本人にお任せしてということですね。

飯田さん：ただ、「ものをもらったら必ず報告してください」と、「それで事業所の方からそれなりに御礼をします」と。「御礼とごあいさつをします」ということにして、「何をもらったというのだけは必ず申告してください」と。

NPO・Cでは、制度の範囲はヘルパーに伝えた上で、「地域であたりまえのかかわり」の部分の対応は、ヘルパーに任せていた。ただ物のやりとりについては、トラブルになる可能性があるため、事業所に連絡することを義務付けていた。利用者から物をもらった場合は、飯田さんやケアマネジャーがヘル

パーとともに利用者宅を訪れ、お菓子などのお礼をする。「いろいろとヘルパーがお世話になっております。この間は頂戴物しまして」という「いわゆるご近所付き合いといいますか、この地域の中でお世話になったからそうするというようなふうな交流」（飯田さん）を利用者との関係でも行っていた。

サービスの管理と関連して、トラブルの対応についても、事業者間の違いがみられた。最も細かい管理を行っていたのは、民間営利の比較的規模の大きな事業所である株式会社Dであった。利用者からの苦情などの問題がおきた場合の対処について、サービス提供責任者の池田さんと事業所の代表の橋本さんは次のように語っている。

池田さん：それはまたケアマネジャーの方にも対応してもらいます。それでそのヘルパーさんの事務所の方に連絡しまして、こういった感じになりましたっていうことはお話ししながら本人とも確認させてもらっています。その旨をまた利用者さんにお伝えしてという形を取っております。

橋本さん：苦情が上がってくるルートはいろいろあります。担当しているヘルパーに直接言っている場合もありますし。担当のケアマネジャーにヘルパーの苦情が上がる場合もありますし、行政の方に苦情が上がる場合もありますので、苦情が入ったときには事実関係を確認しまして、それに対してどうなのかということで対応させていただいていますし、あと社内でフォーマットがありまして、それに記録をいたしまして、私が池田の上の管理責任の形を調整する形でおりますので、池田が私に言って本社の方を経て、社内でそれを統一見解するというような流れになっています。

齋　藤：じゃあ、苦情ですとかトラブル対応の一応そういうマニュアル化というかフォーマット化されているということですね。

橋本さん：マニュアルがあって、その都度の報告書がそういう形で現場だけでなくて本社まで上がって、それに対して必要な、今後に向けて改善の必要なことについては、社内、全社的にそれを共有するという形でおります。

D社では、クレーム対応についてもマニュアルがあり、ヘルパーからサービス提供責任者、事業所の代表へと連絡し会議を行った上で回答をするという対応をとっていた。この場合、本社に連絡をすることも義務付けられており、ヘルパーやケアマネジャー、各支社で個別的に対応することは禁じられ、会社全体での均一の対応が試みられていた。

このような株式会社Dの事業所の特色は、営利企業におけるサービスの効率化志向と結び付けて考えることもできるが、民間企業であっても、小規模である有限会社Eの特徴は、全く異なっていた。クレーム対応やサービスの管理についてのマニュアルなどは一切なく、サービス提供のあり方や細かな方針は、「基本的にヘルパーに任せている」。このような特徴は、NPOの事業所であるCや社会福祉協議会のBの特徴に近かった。

一—三　ヘルパーの労働環境

ヘルパーの管理については、介護保険制度の規定どおり日報の作成はどの事業所でも徹底させていた。しかし、ヘルパーが事業所に出勤する頻度やミーティングの回数は、事業所によって大きく異なっていた。

■雇用形態と労働状況

一般的な労働形態が直行直帰型であるA以外に所属する登録型ヘルパーと、朝夕と必ず事業所へ戻る常勤の正社員であるAのヘルパーとでは、雇用形態や労働状況にそもそも大きな違いがある。先述したとおり、チームケアが行われているAでは、毎日事業所へ出勤しミーティングに参加することで、情報の共有や他のヘルパーやケアマネジャーへの相談がしやすいというメリットがある。

ただし、登録型のヘルパーの全てが他のヘルパーと交流がないわけではない。事業所の方針により、事業所への訪問の頻度やミーティングの回数などには違いが見られた。特徴的なのが株式会社Dで、ヘルパーに利用者宅へ出勤した当日のうちに日報を提出することを義務付けていた。橋本さんと池田さんは毎日事業所を訪れることのメリットを次のように語る。

橋本さん：二階がヘルパーステーションの詰め所で、三階がケアマネジャーなんですけど、それで最初に申し上げましたように、利用者様が共通なので、現場のヘルパーさんがサービスが終わって（事業所に）寄って、こういうことが心配だったとか、そういうことを伝えてくれますので私はとても助かります。

齋　藤：連携が取りやすいということなんですね。

池田さん：それでお一人の利用者様に一人だけじゃなくて何人かのヘルパーさんが入っていますので、「じゃあ、こうしましょう」ということで、お薬のことについてもいろんなことについてもサービス提供責任者の方でそれを受けられるし、他の人にもそれが伝わるような形にしてもらっていますのでとても助かっています。

Dで組織の代表とケアマネジャーを兼任する橋本さんは、日々の事業所への報告がヘルパーとケアマネジャーの話し合いの機会になっていると述べる。また、ヘルパーを兼任する池田さんは、事業所へ頻繁に通うことが、共通の利用者を担当するヘルパー同士の情報共有や話し合いの機会にもなっていると言う。

図表 6-4　各事業所のヘルパーの特色

	人数	性別	平均年齢	資格（重複あり）	雇用形態
A	12	全て女性	50代	介護福祉士（10名） 1級（6名）	全て正規雇用
B	47	全て女性	平均56歳	介護福祉士（9名） 1級（1名） 2級（43名） ケアマネジャー（3名）	全て登録（直行直帰型）
C	15	全て女性	50代	1級（1名） 2級（15名） 3級（1名）	全て登録（直行直帰型）
D	57	男性（3名） 女性（54名）	40代〜50代	介護福祉士（4名） 1級（5名） 2級（48名） 3級（1名）	全て登録
E	47	男性（2名） 女性（45名）	40代	1級（2名） 2級（46名）	全て登録（直行直帰型）

このため、Dに所属するヘルパーは、ミーティング以外にも他のヘルパーや、ケアマネジャーと接触する機会があり、情報を得たり、相談をしたりすることが可能になっていた。

これに対して、社会福祉協議会Bは月二回、NPO・Cと有限会社Eでは、月一回（ただし、いつ出勤するかの具体的な日程・時間はヘルパーによって異なる）、事業所への日報の提出がある。ミーティングは、Bの場合は、その日報の提出時にヘルパー全体で行うが、他の二つの事業所は何か問題があった場合を除いて行われない。そのためCとEに所属するヘルパーは、他のヘルパーとの接触頻度が低く、同じ利用者を担当していながら面識がない、ということもあった。

資格については介護保険制度の規定に準じて、どの事業所でも採用基準はヘルパー2級であった。ただし、各事業所のヘルパーの資格状況（図表6－4）には、事業所による違いが見られた。

介護福祉士などの高資格取得者は、介護保険制度以前から介護サービスを提供しているAとB、Dで多く、C、Eでは少ない。Dは民間の中で高資格の取得者が多いが、独自の研修施設を持ち、資格取得のための研修を積極的に行っていることや、資格取得のための講習会でヘルパーのリクルートを行っていることが影響していると考えられる。

■研修の実施

事業所による研修は、情報を得る機会が少ない登録型ヘルパーにとっては、貴重な情報収集の機会となる。特に介護保険制度は仕組み自体が複雑で制度の改正もあるため、研修や勉強会の持つ意味は大きい。しかしながら、研修や勉強会の開催の頻度や参加割合についても、組織ごとの違いがみられた。

A行政では正規雇用のヘルパー向けに充実した講習や研修会が設定されており、他のどの事業所よりも参加率、開催頻度ともに高かった。Aでは、認定調査を担当することからヘルパー全員にケアマネジャーの資格も必要だと考えており、キャリアアップのための体制もととのえられていた。株式会社Dは自社で研修センターを持っており、介護実践や、制度の状況など、支社・本社を含め数多くの研修を開催している。採用後の実習と、月に一度の研修（年三回以上の参加を規則化、欠席の場合は資料の配布）を行っており参加率は非常に高い。社会福祉協議会Bも事業所で年に三回の研修は必ず行っており、それ以外にも介護保険制度の改正など、特別な知識が必要な場合は、状況に応じて開催していた。

これに対して、小規模の運営であるNPO・Cや有限会社Eでは、研修の実施が非常に難しいようだった。足立さんが「研修や勉強会などがなかなかできない」、飯田さんが「（研修が実施できないことが）NPOの一番の欠点」と述べるようにCやEでは、年一回の介護の実技に関する研修を行うのがやっとという状況であり、それが小規模の経営のデメリットとしてとらえられていた[4]。

第二節　利用者の多様なニーズとサービスの限界

次に、組織の特徴をふまえ、ヘルパーの仕事と利用者との関係性について見ていきたい。

各事業所で介護保険制度の規定は共通するが、その規定をどの程度順守するのかについては、事業所間で違いがみられた。しかし、所属事業所に関わらず、管理者から聞かれたのは、介護保険制度の規定と利用者からのサービスへの要望とのギャップである。社会福祉協議会Bの福村さんは、介護保険制度導入により利用者のサービスに対する選択性が確保されるようになったと思うか、という筆者の質問に対して、次のように答えている。

福村さん：いいえ。利用者の方の選択権っていうのを介護保険ではうたっていますけれども、実際にはサービスの内容を選べないっていうのはあると思います。その中で事業所を選ぶことは可能ですけれども。（中略）例えば同居家族がいらしたって、でもあまり家族の世話にはなりたくないから訪問介護を利用したいとおっしゃられても訪問介護はできませんということですね。

有限会社Eの足立さんは、ホームヘルプサービスの、禁止事項等については、「基本的には物をいただかない、親密になりすぎない」ということを挙げていたが、その境界線の難しさについて次のようにも語っている。

足立さん：……ただ人間と人間のサービスなんで。お茶を一切もらわない、お菓子をいただかないと言っても（難しい）。特に単身で孤立している（高齢者だ）と、どうしても個人の話をしてしまったり、利用者の方も勘違いをしてしまうことがある。でも、ヘルパーとは一定の距離感がないと「いいサービス提供」はできない、って僕は思います。ボランティアではないし、「サービス」としてお金をもらってるんだから。

足立さんは事業所を運営する立場として、厳密に利用者との会話やお茶などを禁止することは難しいとは思うが、ボランティアとの差異化のためにも、本来ヘルパーと利用者は「一定の距離」を持つことが望ましいと考えていた。

こうしたサービスの範囲に関する問題は、マニュアル化やサービスの管理を徹底する株式会社Dでもみられた。ヘルパーを兼任するサービス管理責任者の池田さんは、次のように述べる。

池田さん：（制度の中で）できることできないことっていうのが、今こう目に見えてきているところなんですね。そちらの部分でどのようになるかなっていうのはありますね。もう少し利用者さんのことを思えば、こちらの方でもサービスとしてはやってあげたいな、やらなければなと思うんだけど、「だめですよ」って言わなきゃならないふうにだんだんなっている部分がありますので、そういったことをこちらで考えていきたいなっていうことについてはあります。（中略）サービス的には、やはり利用者さんとしては必要としている部分は全部こちらの方でやって差し上げたい、やってあげなければいけないかなっていう気持ちではいます。

池田さんは、二〇〇六年の制度の改正により利用者のニーズとホームヘルプサービスのギャップがさらに広がることを懸念していた。このように、事業所にとって、サービスの範囲や内容をどう決めるのかは、難しい問題としてとらえられていた。

こうしたサービスの基準の問題は、日々のホームヘルプサービスに携わるヘルパーの方がより身近に感じている。調査対象者のヘルパー全員が、在宅における利用者の多様なニーズのありようについて言及していた。

第四章で述べたように、高齢者には、その人独自の生活のスタイルがある。特に生活援助では、高齢者の生活の「流儀」とヘルパーのサービスの方針との間で、たびたび齟齬や葛藤が起こっていた。清さんは、ヘルパーから見ると一見散らかっているように見える部屋でも、心地よく感じていた。きよさんは、洋服のたたみ方や裁縫などに自分なりのこだわりがあるが、ヘルパーには十分に理解されていなかった。社会福祉協議会Bで協力会員を経てヘルパーになった佐々木さんは、協力会員として長年かかわっている利用者の生活援助について次のように語っている。

佐々木さん：うーん、やっぱり。家の中のことなので。
齋　藤　：家事のほうが、難しいですか。
佐々木さん：そうですね、本当に家事が。
齋　藤　：その家事の範囲といいますか。
佐々木さん：そうですね。
齋　藤　：どこまで。
佐々木さん：やっておい……、やっぱりほっとく。
齋　藤　：ですよね。

佐々木さん：でも、それも、おうちおうちで、その、その家の流儀といいますか。
齋　藤　：そうなんですね。
佐々木さん：ありますものね。うん、やっぱり慣れてくると「お願いしますね」みたいになりますもん。
齋　藤　：あ、そうですよね、うん。
佐々木さん：ね。あの、で、（洗濯ものを）干すようになったり。それで、ご家族の洗濯なども。で、食べた後もお茶わんがこう山盛りになっていれば洗わないとね、できないので。

佐々木さんは、長年担当する身体障害を持つ利用者宅での家事で、利用者本人の分と家族の分を厳密に区別するのは難しいと言う。しかし、一度範囲外のサービスに対応をすると、サービスの範囲がどんどん曖昧になり、どこまで家事をやるべきなのかがわからなくなる。特に、利用者が介護保険制度導入以前からサービスを利用している場合に、以前のサービスの状態で期待水準が作られているため、介護保険制度の規定の範囲内だけで満足するサービスを提供することは「難しい」と言う。

このように、その家（利用者や家族）独自のルールや「こだわり」・「流儀」があるため、ホームヘルプサービスでは、事前のケアプランの想定やヘルパーの意向とは、そぐわない場合もでてくる。

例えば、担当する利用者が複数いる場合は、次の訪問時間との関係でサービスの範囲が限定され、必ずしも利用者のニーズのすべてに応えられないことも考えられる。このようなケースについて、行政Aに所属する後藤さんは、「ご本人の意向ばっかり聞いていると終わらなくなってしまうので。そこが一番の問題かなって」と語っていた。これは、介護保険サービスが単位制で訪問時間が限定されている、という時間的な制限から生じているジレンマと言えよう。一方、同じ組織に所属する遠藤さんは話好きな節子さんについて次のように語っている。

遠藤さん：（節子さんは）サービスよりも何よりも話を聞いてほしい。でも、私たちが言われているのは、「効率性を考えてサービスするように」言われてますよね。そうすると、お話し相手の時間というのは特別とれないんですよね。（中略）なんていうのかな、やって差し上げたいことはいっぱいあります。でもそれに合わせてサービスを供給するのは難しいのかな。

第四章・第五章で述べたように遠藤さんは、独居でほとんど他者と話す機会の無い節子さんにとって「お話」が、掃除などのサービスよりも重要なニーズであることを理解している。しかしながら、このような利用者との「お話」という行為が、効率化が強調される介護保険制度のサービスの範囲には含まれない労働だということも理解している。そのため、実際のサービス提供では、利用者の制度外のニーズに十分に対応できず、「やって差し上げたいこと」と現実に自分が提供できるサービスとのギャップに、ジレンマや葛藤を感じている。

以上のように、介護保険制度の導入により、ホームヘルプサービスの内容が標準化され、民間企業に限らず公的提供主体の中でも「効率化」の理念が浸透していた。こうした中で、ヘルパーが提供できるサービスは制限され、利用者の求めるサービスに十分に対応できないという事態（サービスの限界）が生じていた。ここでのサービスの限界とは、後藤さんの事例のような時間的制約（サービス提供の時間の制限）と遠藤さんの事例のような内容的制約（サービス提供の内容についての制限）である。こうしたサービスの限界は、所属組織によるものというよりも、介護保険制度の特質から生じている。そのためヘルパーが所属する事業所の違いによる差異は見られなかった。介護保険制度のホームヘルプサービスと利用者のニーズとの齟齬は、利用者と直接対峙するヘルパーに、ジレンマや葛藤を感じさせる素地となっていた。

第三節　ヘルパーの対処のロジック

利用者から規定外のサービスを求められるという経験は、多くのヘルパーに共有されていたが、そうした場合における対処のあり方については、所属する事業所により相違がみられた。NPO・Cおよび社会福祉協議会Bに所属するヘルパーの場合は、利用者のニーズに比較的「対応する」形で対処を行うのに対し、A行政や株式会社Dに所属するヘルパーの場合は、組織の規定にそう形で「対応しない」もしくは「対応できる範囲を限定化する」という対処の傾向がみられた。これは、第一節で検討したように、CとBでは、ヘルパーの自主性を尊重し裁量にまかせる対応をしているのに対し、AとDでは、サービスの標準化や労働環境の保全の視点から、サービス管理が徹底しているためと考えられる。ヘルパーの自由度とサービスの標準化の程度を事業所ごとにまとめると、図表六‐五のとおりである。

ヘルパーの自己裁量が高い事業所（社会福祉協議会BとNPO・C）の対処のあり方を「自己裁量モデル」、サービスの標準化の程度が高い事業所（行政Aと株式会社D）を「標準化モデル」と定義し、事業所の特色と関連させながら、こうした対処を導くロジックをそれぞれのヘルパーの語りからみていこう。

三‐一　自己裁量モデル

サービス規定外の利用者のニーズへの対応は、組織の管理体制がどの程度サービス提供の範囲に厳格であるのか、ということと関係するだろう。たとえばNPO・Cのヘルパーである山崎さんは、第四章でみたとおり、敏子さんへの排泄介助の場合は、「どうしても時間（どおりに）絶対行かないんです」と言う。

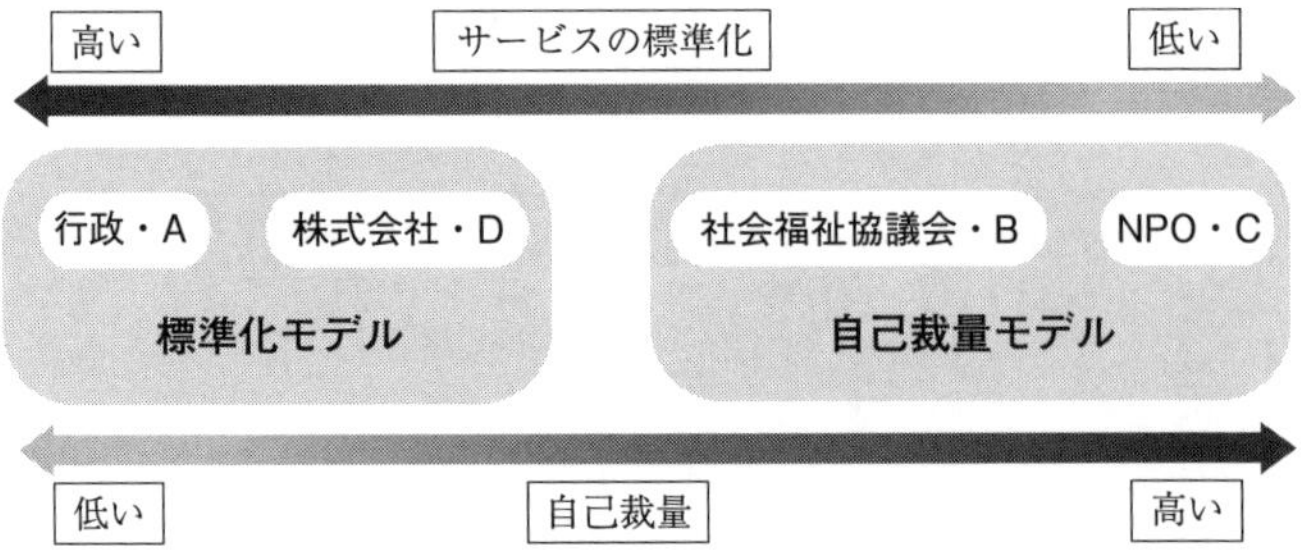

図表 6-5　組織のサービス管理とヘルパーの対処の関係

必ずそうした事情が生じる利用者に対しては、「社長」（飯田さん）に相談し、次の訪問時間を調整してもらうなど、組織的に対応してもらっている。Cでは、サービスの管理を行う飯田さんが、実際のサービス業務に対しての判断をヘルパーに一任しており、介護保険制度の規約の順守よりも、利用者の意向を尊重する方針をとっている。そのため、ヘルパーの意向も、事業所ぐるみで認められている。山崎さんは生活援助に際して、柔軟に対応していた。

齋　藤：玄関の掃除とか、そういうのもされたりとかします？
山崎さん：はい、しますよ。
齋　藤：先ほど、ガラスをふいたりとか、押し入れとか掃除されるっておっしゃってたんですけども、利用者の方に言われたら……。
山崎さん：はい。やっぱり掃除して、それこそサンなんかふいたら、ついでにお仏壇でもこうやってふいたらね、何か……。
齋　藤：あの、換気扇とか……。
山崎さん：うん。今、やる時もあるよ。掃除だけの日もあるんですよ。そういうとこもみんなやりますよ。「やってください」って（いわれたら）。
齋　藤：じゃ、それは別にこっち（事業所）に報告するとかではなくて、普通に掃除しましたっていうことで、その、ま、介護保険ではいろいろ決まってるかもしれないけれど、利用者の人に言われたことは大体やるっていう……。

山崎さん：うん。そう。大体おばあさん、一人暮らししてるからね。たくさん（やって欲しいことはあるよね）。うん。

山崎さんは、細かな生活援助については、事業所に報告せず、自分で判断して提供している。特に独居の高齢女性を数多く担当している山崎さんは、彼女たちに「やってください」と言われたら、だいたいのことをやってあげるとのことで、規定に関わらずサービスを提供していた。

山崎さんと同じＮＰＯのＣに所属する大倉さんも、利用者が独居の場合には、どうしても規定以外のニーズが生じるという。

大倉さん：やっぱりお一人ですから。例えば窓拭きとか、そういうのはやはりね、やってしまいます。
齋　藤：これは、やる……、やってしまう。それでそれは……。
大倉さん：例えば、その、表の、玄関外のお掃除、それもやってしまいます。
齋　藤：これはじゃあ、その、事業所のほうには言わないでというような……。
大倉さん：事業所のほうに書きますとしかられますので。
齋　藤：そうですよね。
大倉さん：わかってはいます。うん。
齋　藤：はい。多分、何か、こう、暗黙の了解みたいなかたちで。
大倉さん：うん。わかってはいます。うん。だけど、それをね、やっぱり区のほうで、その、チェックされた時に事業者側としては困るので、なるべく。例えば、あの、その方は正直言いますと、あの、まったく表に出られない。出られないんです。だから散髪も行かないんです。それで、私、バリカンで刈ってます。

大倉さんも利用者が独居の場合は、規定以外の「玄関のお掃除」や散髪などもやってしまう、と述べている。もちろん、大倉さんは、こうした行為が、介護保険制度での規律に反すると「わかっている」。しかし、独居の利用者のニーズの方を優先し、「やってしまう」。事業所に報告して記録に残ると、区からの指導が事業所に入るため、報告はせずに対応している。

さらに、社会福祉協議会Bに勤める鈴木さんは、介護保険制度の規定どおりの提供は難しいとして、次のように述べている。

鈴木さん：ただ、正直、あの、一時間でというのは、あの……。実際のね、介護の作業は一時間あればできると思いますけど。ある程度やっぱりコミュニケーションって必要なんで、それがないと、ちょっと正直……。

齋　藤：はい。足りない。

鈴木さん：オーバーはしています。だからちょっと早めに行って、うかがって、まあ、ちょっとオーバー？

第四章・第五章で述べたとおり、鈴木さんの担当するふみさんは、歌とお話が大好きで、その時間をとってからでないと、なかなか身体介護に入れない。しかし、ケアプランで想定されているのは「介護の作業（清拭）」だけで、歌やお話などの「コミュニケーション」は含まれない。そのため、「コミュニケーション」に関わる部分については、規定の時間よりも「早く行ってオーバー」する、と無償で提供している。

鈴木さんと同じBに所属する佐々木さんは、特に介護保険制度以前から有償ボランティアを利用していた高齢者の場合に、規定の範囲でサービスを提供することが難しいと述べる。

佐々木さん：で、今まで介護保険（の前から）協力会員みたいなかたちで。もう勝手にその時間入ってきて。このかたちに変わってきているおうちが多い。意外にそのへん、この区切ら……、何でしょう。頭を切り替えられていないところもあるので。

齋　藤　：ああ、そうですよね。

佐々木さん：もうちょっとこれから少し時間がかかって。新しく、ここから「はい、スタート」の人は違うと思うんですけど。

こうした労働時間外の無償のサービス提供がインタビュー対象者の中でもっとも多かったのは、先述したNPO・Cの大倉さんであった。大倉さんはよしさんの息子の妻とヘルパーとして担当する前から友人であり、よしさんとも認知症になる前からの付き合いがあった。主たる介護者である息子の妻が入院した時などは、彼女に代わって大倉さんがサービスの時間以外も介護や家事を行った。大倉さんは、認知症が急速に進行しているよしさんとその家族とのかかわりについて次のように語ってくれた。

大倉さん：これはもうほんとに個人的な、私、出来事だと解釈してるんですが。（よしさんが）排泄を失敗してしまって。その、リハビリパンツを履いてくれないと。それを履いてもらわないともうとんでもないことになるので、もうどんなに言っても駄目だと。もう全部脱いじゃって、その状態だと。それで、いつもだったら息子さんの言うことは割と聞くんですね。やっぱり絶対権があるので。ところが、息子さんが言っても何か反抗して駄目だと。それが夜ですね、何時頃、八時ごろですかね。八時ごろにお電話があったんです。で、ご主人、あの、息子さんが「大倉さんに相談してみなよ」と。でもね、お嫁さんが「電話したら絶対に大倉さん飛んでくるから、もう、迷惑かけるからやめようって言ったんだけれど、どうしてももう駄目なんで、ごめんなさい、電話しちゃった」って言うんですね。

それで、私も電話でね、「あれこれ言っても、あの、多分本人は聞かないでしょう。私がもうすぐ行きます」と。それで、行ってね、今、その、こういう状態だったら入浴をさせましょうと。そうすれば、入浴すれば、そのままね、行って、まあ、そのままベッドに入られるんじゃないですかっていうふうに飛んでいきました。

そしたら、（よしさんは）「あら、来てくれたの、電話かけたの？」とかって言われて、それで「お風呂入りましょ」って。「本当はね、今日は、私来る日だったんだけど、ちょっと他の方がね、重病になっちゃったんで来れなかったんでごめんなさいね。遅くなっちゃったけどお風呂入りましょう」って言ったら、「そうね」って言ってすんなりお風呂に入ってくれて一件落着でした。

齋　藤：すごいですね。でも、もう事業所のほうとかを通さないで個人的にっていうことなんですか。

大倉さん：これはもう夜ですし。

齋　藤：夜ですよね。

大倉さん：あの、もう、私は個人の問題と考えております。あの、金銭的にはもう別に、あの、いただくあれもないし……。

齋　藤：そういうことは何度もありますか？

大倉さん：あります。事情が事情ですし。

大倉さんはホームヘルプサービスという仕事とは別に、介護者である息子の妻との「友人関係」から利用者家族への支援を行っており、たびたびの勤務時間外の呼び出しにも無償で応じていた。大倉さんは、こうした時間外の労働を、仕事の領域とは別の「個人の問題」として認識していた。彼女は、自分の働き方が、利用者や家族のニーズに応えられる、という充足感ややりがいについても語ってくれていた。実は大倉さんは以前、標準化モデルの株式会社Dに勤めていたが、サービスの規制が強く「利用者のニーズに十分に応えられない」ため、よしさんの家族と相談し、サービスの管理があまりないNPOのCに所属を変えたのである。

大倉さんの献身的な働き方は、担当するよしさんの息子や息子の妻からとても感謝され、代替性の無いケアの担い手として認識されている。

息　子：大倉さんと心中するの、どこまでも。
息子の妻：あはは。ちょっとあの方がここよりも遠い所で働いていて、それだったんですよ。そちらが、うちでは距離感があって、やっぱり他の人の所へ派遣するのに遠すぎるというので、お願いしたところにうつったらどうですかって言われたんだけど、うちはあの方じゃないとだめですって。実はあの方がこのおばあちゃんのために所属先を変えてくれたの。
齋　藤：あー、そうなんですか。
息子の妻：それでね、あの方一生懸命やってくれたの。ちょっとうちみたいなケースは特殊だと思うんだけど。

認知症のよしさんを介護する息子や息子の妻にとって、大倉さんの継続的で包括的な支援は、不可欠なものとなっている。息子が事業所の選択は「大倉さん（の所属する事業所）についていく、ということです。大倉さんがメインです」と述べるように、大倉さんの存在がサービスに大きな影響を及ぼしていた。

大倉さんは、所属組織の異動について、「利用者や家族のためになった」と言う一方で、NPO・Cのヘルパーに仕事の仕方を全てまかせる労働管理が持つデメリットについても感じている。

大倉さん：えーっと、Cでは、（サービスの管理について）はっきりとしたものはないと思います。規約はね。だけど……。

齋　藤：Dのほうでは。

大倉さん：Dさんではっきりしたものあります。もうすべて、雇用条件から全部はっきりしております。えーと、雇用条件とかそういうのはあります、Cでも。だけど、そのサービス内容とかそういうことは、NPOではあまりないと思います。

齋　藤：ないですか。

大倉さん：それで、最初に、初回訪問のときに、まあ利用者さんが、こういう、「ここをこうやってくださ い」って言いますね。そうすると、ヘルパーにしたら「それはちょっと介護保険外だ」と思って、あの、ま、拒否したりなんかするとクレームが来ますよね。そうすると、社長は、「一回目はとにかく何でも言う通りやってください」と。それで、「自分がお話をして、介護保険でできるものはこれこれこれですよって言って。自分が説明に行ってするから。とにかく利用者さんと、個別にそういう衝突するようなことは絶対避けてくれ」って言われました。

サービスの管理の状況に大きな違いがある株式会社ＤとＮＰＯのＣのどちらが働きやすいか質問した所、大倉さんは次のように話してくれた。

大倉さん：やっぱりある程度、決まりがあったほう。決まりがあったほうが割り切れると思います。
齋　藤：うーん。ここまでの範囲と。
大倉さん：そうです。
齋　藤：なるほど。
大倉さん：だって、Ｄの方がしっかりしてます。
齋　藤：あ、そういう意味では、その事業所の体制として先ほどから何度も出てますけれども、民間のほうが働きやすいというのは。
大倉さん：私が。
齋　藤：そういうことなんですね。
大倉さん：そちらの規模もありますし、やはり、あの、職員がきちっとした方がもう完全におりますのでね、安心です。

大倉さんは、「働きやすさとしては、きちんと管理してくれているＤの方が楽ですよ」とも述べている。さらに、利用者や家族に合わせた働き方は、大倉さん自身の「家が（経済的に）落ちついて」おり、余裕があるからできるとも述べており、一般的なヘルパーの労働の負担を超えるサービス提供であることを自覚しているようであった。

笹谷（2000: 209）は、ヘルパーの職業アイデンティティが、「利用者である高齢者やその家族の期待や要求とヘルパーのサービスがマッチすることにより、自らも充足を得、相手にも感謝される時」とその労働が「雇用先である職場で正当に評価され雇用条件に反映される時」という二つと深く関わっていると指摘している。自己裁量モデルのヘルパーは、眼前の利用者や家族のニーズに応えることで前者は充足されているが、後者については評価を得られず、職業アイデンティティの達成が難しい状況になり、職場の要請との葛藤を生じやすいといえる。さらに、こうした対処は、ほとんどの場合において、ヘルパーの無償労働になり、大倉さんのケースのように、際限の無いサービス提供が求められるということにもなりうる。

三―二　標準化モデル

自己裁量モデルの大倉さんは利用者や家族との個人的な関係性を重視し、サービスを行なっていた。一方、サービスの規定以上は提供しない、という対応をとるヘルパーたちは、逆にこうした利用者や家族との関係性における「距離」を意識していた。同じA行政に所属する金子さんと後藤さんは利用者との関係性について、次のように語っている。

金子さん：プライベートなことでね、こう、トラブルがあっては困るので、基本的には自分の、例えば住所だとか電話番号だとか（は言わない）。あの、会話でね、来た時どこからきたのか、とかそれぐらいのあれはね、言ったとしても、具体的なそういう個人情報、こちら側の携帯電話のどうのとか、そういう個人的なお付き合いはしないということが基本にありますね。トラブルのもとですよね。それはもうご了承願うというか、やっぱりあくまでも提供側と提供を受けてる側なんで、友達とかそういうのと違うじゃないですか。

後藤さん：いろんな人と関わっていただけるのも悪くないかな、って思うんですけど。一人で関わると、なぁなぁとなる、っていうんですか。なんとなくね、これでいっかという所も出てくるというか。

齋　藤：お仕事じゃなくなってくる、

後藤さん：そういう、すごく情が出てきてっていう部分があったりね。

A行政で勤める金子さんと後藤さんは、利用者との関係性を個人的なものにはならないように意識していた。金子さんはあくまでもサービス提供者と利用者という関係性を保持し、「個人的なお付き合い」はしないという姿勢をとっている。こうした「一線を」画すことで、利用者からプレゼントをもらったり、規定以上のサービスを要求されたりするような「トラブル」を回避できると考えている。後藤さんは、継続的な訪問で利用者へ「情」がでてくるのがサービス提供にとってよくないと考え、利用者との距離感を保つのに、複数で対応するという事業所のチームケアが有効であると考えている。二人のヘルパーは行政という同一組織に所属しており、こうした利用者との人間関係に「適切な距離を保つ」という意識は、利用者を複数のヘルパーのチームで担当し、利用者の情報を共有するという行政でのサービス管理の特色と関連している。

一方で、株式会社Dに所属するヘルパーは、サービスの内容は管理されていたが、利用者との関係構築については、Aほど厳格ではない。

横川さんは、事業所からは「誰が入っても同じサービスをする」という「サービスの一定さ」を求められるが、利用者から求められることに「時間があればやっちゃいますね。やれる範囲でね」と述べる。ただし、「やらなきゃいけないことを先にやるからね」と述べ、ケアプランで決まっている内容をした上での対応だと言う。

同事業所に勤める高倉さんも、ケアプランを前提としつつ、「できることであれば」「少しやってあげる」という姿勢である[5]。

高倉さん：（ケアプランで何をやるかについて）決められているけど、それをただ守るっていうことではなくてね、できることはやってあげたいって言う気持ちはね。相手がね、欲してればね。基本を知っててね、少しやってあげるっていうのが大事ですよね。

高倉さんはケアプランで決められている事項を画一的に守るだけではなく、「できることであれば」「少しやってあげる」のがホームヘルプサービスでは重要であると述べている。

しかしながら、この「少し」や「できること」の範囲を超える要求がでてくる可能性もある。高倉さんは利用者のニーズにすべて対応するのではなく、範囲を限定して対応していたが、その理由としてケアプランや認定調査そのものの正当性に言及していた。

高倉さん：私はね、時間的には、ちょうど、ほら、その人が介護幾つだとか3だとか4だと決められるじゃないですか、病気って。

齋　藤：はいはい。

高倉さん：そうすると、その時間内の時間ですからね。私は適正だったと思いますよ。それで、もっとそれより長くね。いるようになるということになると、やっぱしその人に対して、あんまりよくないんじゃないかと思っちゃうことありますね。ちょっと、結構甘えが出てきちゃうから、どうしてもね。結局自分でもっと少し何かやろうという気持ちも。

齋　藤：うん、あった方が。

高倉さん：あった方がね。そういうふうに、ちょっと冷たいけど、そういうのはあった方がいいと思いますから、やっぱしその人が（要）介護（度）幾つと決められたら、その決めるのはやっぱし根拠があるんだと思いますよね。

齋　藤：はい。

高倉さん：だから、その根拠がある上の時間ですからね。それは多くなれば多くなるほど相手は喜ぶかも分かんないし、楽になるかもわかんない。でも、楽になれば、その人のためかというとそうでもないと思いますけどね。

高倉さんは、利用者の要求どおりに「長く」サービスを与えることが、必ずしも利用者のためにならない場合もあり、介護保険制度で決められているサービスの範囲を守ることが、利用者のためになるのではないか、と考えていた。このような高倉さんの考えは、介護保険制度で提唱される利用者の「自立支援」の原理にも類似している。ただし、先述したとおり、要介護度に基づいたケアプランを基本としつつ、「できること」という対処の限界を決めていた。

こうした制度的な根拠の正当化のロジックのほかに、仁科さんは、自己裁量モデルでみたような規定外のサービス提供を行うことで生じるケアの関係性の問題から、規定を守ることが重要だと考えていた。第四章でもみたように、仁科さんは、「ボランティア」的な無償労働でサービス提供をすることが、利用者との関係の平等性を奪い、提供者であるヘルパーが上の立場の不平等な関係性になるという問題点を指摘していた。さらに、「そうしたこと（ボランティア的な労働）をすると、サービスがいいかげんになる」とサービスの質の低下についても言及していた。

ここで着目したいのは、このモデルのヘルパーが、単純に「市場化」や「効率化」の理念に裏打ちされて、利用者のニーズを「切り捨てている」というよりも、適度な距離を保ちサービスの提供を行うことが、サービスの質を担保しむしろ「利用者のために」なると理解している点である。このような対処は、ヘルパーが利用者の要求にも組織の要求にも応えられていると認識することができ、職業的アイデンティティの確立に繋がると言える。またサービスのある程度の限定化により、際限の無いケア提供に陥る危険性から逃れられている。

さらに、標準化モデルでの労働者の管理は、ヘルパーの働きやすさにつながっている。A行政の後藤さんは自分達の労働環境について、民間の登録型ヘルパーと比較して、次のように述べている。

後藤さん：（民間は）直行直帰でね。自分のいろんな思いをそのまま持ち帰らなくちゃいけないっていうのがあるけど。私たちはここですぐ、「今日はこうだったけど、どうすればいいのかしら」って、先輩の方にすぐ相談を受けたりとか、上司の人に相談したりとか。「こういう対応したけど良かったかしら」って悩むことありますよね。その時にはやっぱりチームの仲間がいて、助かることはたくさんありますよね。

齋　藤：そうすると別に会議とか、大きな集まりでなくても、

後藤さん：なくても、朝でも昼でも、夕方でも

齋　藤：いつでもコミュニケーションが取れるっていうのが、すごく、

後藤さん：働きやすいですよね。

株式会社Dでは、登録型でもヘルパー同士の情報共有が行われていた。

坂本さん：月に一回、研修が会社のほうでありますから。その時に顔を合わせたときに、情報は一応こう交換するんですけれども。たいがい、家のほうにあるノートがあるんです、介護ノートが。

齋　藤：在宅……、はい。

坂本さん：はい。それに書いて残してくるんですね。だから、今日はここまでしたんですけれども、ここまでできませんでしたとか。そういったものは、次の方が援助くださって。

坂本さんは、きよさんの他の担当ヘルパーと研修で直接あったり、在宅ノートを活用することでお互いに協力し合いながら連携をとっていた。さらに、AもDもヘルパーとケアマネジャーが同一事業所であるため、ヘルパーだけでなくケアマネジャーとの連携も可能となっていた。

ホームヘルプサービスは、利用者の自宅でヘルパーと利用者の二者関係という閉鎖的な状況で、ヘルパーが問題を個人で抱え込んでしまうことがある。ヘルパーが組織的に他のサービス提供者たちと繋がることで、ヘルパーが問題を個人だけで対処しなければならない状況が回避されている。

ただし、標準化モデルの問題として、サービスの規制が強くなることが挙げられる。介護保険制度以前からサービスを提供しているA行政に勤める金子さんは、措置制度時代との違いを次のように述べる。

金子さん：措置の時はこちらから、そうね、お客さんの側でも、まあある程度、こう、いろいろできたと思うんですけども、やっぱり、こう、（介護保険制度が）できてから、あの、何ていう、線引きとかいろいろ、こう、はっきりくっきりできてきて、前はできたのに、今はできないこと（がある）。

同じA行政に勤める遠藤さんは、筆者のヘルパー自身がサービス提供の内容を決められると思うか、という質問に対して、「できていないと思う」と述べ、次のように続けている。

遠藤さん：やっぱり（決めるのは）ケアマネジャーですよね。うん。昔（介護保険制度以前）はヘルパーの裁量でできることが多かった。

齋　藤：そうですよね。

遠藤さん：うん。ね。もっと臨機応変にやっていた。だけど、今はそれはできない。

齋　藤：全部じゃあ、その、ケアマネの方にうかがって、こういう状態なんですけど変えていいですかみたいな感じになるっていうことですかね。どうですか。そこら辺に、何か、こう、やりづらさとか。

遠藤さん：うん。あります。それはもちろんありますよね。例えば、お庭が気になってる方がいますよね。で、草むしりをして欲しいっていうことありますよね。だけどできませんよね。まあ、一緒にやるならいいっていうこともありますけども、でも、それもすごいやりづらいっていうところはあるわけですよね。で、やっぱりトップの考え方にもよると思いますけれども、前なんかはね、まあ、自分で草むしりできない、気になるっていう方いますよね。じゃあ、ここにゴザを敷くから一緒に草むしりしましょうと。で、ご本人にやってもらって、私もやって。お庭が綺麗になることによって、「あー、よかったな」っていうのはあるわけですよね。そこに何かを、こう、ね。あの、一緒に買ってきて植えてあげたらもっと素敵なお庭になるし、気分も上向きになるっていうのはありますよね。そんなのは駄目ですもんね。

齋　藤：うーん、そうですね。

遠藤さん：日常とかけ離れたサービスはしてはいけないってことになってますよね。

遠藤さんは、介護保険制度導入以前と異なり、現在は、利用者の生活を直接支援するのではないケアマネジャーがサービスの内容を決定するため、自分達ヘルパーの裁量が狭まっていると思っていた。独居の場合の庭の草むしりなど、それをすることによって高齢者の気分が「上向きになる」という効果もあるが、介護保険制度ではできないということで、制度での締め付け（とそれを徹底化する組織）の問題を感じていた。このように、介護保険制度以前からホームヘルプサービスを提供する公務員ヘルパーたちは、制度の規制を順守する事業所の方針と（以前は対応できていた）利用者のニーズへの対応との間でジレンマを感じていた。

第四節　小括

介護保険制度の導入による準市場化によって、ヘルパーが所属する事業者は多元化・多様化している。本章では、さまざまな属性の事業者を比較したが、全国の統計データにおける傾向と重なるように、介護保険制度導入以前からホームヘルプサービスを提供していた公的・準公的機関（行政と社会福祉協議会）が撤退していくのと同時に、民間営利を含めた事業所が拡大していた。ただし、法人主体の種類によってのみ組織の属性が決まるわけではなく、組織の規模や理念、運営方法によって多様性があった。

このような状況の中で、ヘルパーは労働者として働くのであるが、本章では、ホームヘルプサービスの調整に組織のあり方がどのように影響を及ぼすのかを検討した。介護保険制度における「利用者主体」の理念を内在化する形で、ヘルパーたちは、利用者との関係性を重視し、利用者の要望を尊重したいと考えていた。しかしながら、利用者のニーズの尊重が強調される一方で、ホームヘルプサービスの内容は、介護保険制度によって、時間的にも内容的にも制限されている。そのため、ヘルパーは「利用者の要望に応えたい」が、制度的な制限のために「十分に応えられない」という場面をたびたび経験する。これは言い換えると、ヘルパーが利用者との関係性の中で、提供サービスの内容をめぐって、ジレンマや葛藤を感じやすい構造になっているということになる。

このような状況において、ヘルパーは何らかの対処を行うのであるが、本章の知見から、この対処のあり方（ヘルパーの用いるロジック）に、事業所での理念やサービスの管理が影響を及ぼしていた。サービスの管理やヘルパーへのはたらきかけの頻度が高い行政Aと株式会社Dに所属するヘルパーは、制度外の利用者の要求に対して限定的に対応する「標準化モデル」となり、サービスの管理がほとんどみられずヘルパーの独自性を尊重した対応をしていた社会福祉法人BやNPO・Cでは、利用者の要求に対応する「自己裁量モデル」となっていた。

「自己裁量モデル」は、サービスの範囲が限定化されている介護保険制度において、制度と高齢者の日常的なニーズとの齟齬を埋めるために、現場のヘルパーがフレキシブルに対応するものである。ヘルパーの裁量が広く認められていることで、高齢者や家族の多様なニーズにきめ細かく対応でき、利用者や家族からの評価が得られ、それがヘルパーのやりがいにつながっている。しかしながら、ヘルパーの労働が個人の責任で行われていることでのリスクもある。介護保険制度の規定外のサービス提供や、過剰な無償労働を行う場合、労働者としての権利が脅かされる。同じ自己裁量モデルであっても、事業所によってその特色に違いがある。ボランタリーの労働の基準が適用されることでサービスの範囲が曖昧になっているBと、完全に労働の裁量をヘルパーに任せているCでは、後者の方がより労働者の権利が危ぶまれる状況にあると言える。ただし、NPO・Cの特徴は、「福祉の専門家は目指さず地域貢献を主とする」という代表者の理念の影響が強く、他の福祉中心のNPOとは異なる可能性がある。山根純佳（2015）は、同一のワーカーズコレクティブのNPO法人が経営する三つのホームヘルプサービス事業所の量的・質的調査から、NPO法人についても「ニーズ中心志向」は無制限ではなく、特に二〇〇六年以降は業務の限定化が進んでおり、会話などの時間がとれなくなってきていることを指摘している。

一方で、「標準化モデル」のサービス管理のあり方は、介護保険制度の導入以前（措置制度時代）の「管理・統制」という公的ヘルパーの「効率的な」ケア提供という特徴を踏襲したものと言えるかもしれない。しかしながら、「標準化モデル」のヘルパーたちの語りにみられるように、単なる「効率化」による制限や、「利用者のニーズの切り捨て」ということではなく、ケアプランにそった提供を行うことがむしろ利用者の「自立支援」につながる、という視点で意味づけられている点が、介護保険制度以降の文脈での新しいタイプと言える。標準化モデル内でも事業所間の違いはある。Aではよりサービス内容が厳格に管理されており、利用者との個別の関係構築はチームケアという体制からもできづらい。そのため、介護保険制度導入以前からのヘルパーはジレンマを感じていた。一方Dでは、ヘルパーがサービスの規定を順守しつつ、一人のヘルパーが継続して利用者を担当することも可能であり、関係構築についてのヘルパーの裁量が残されている。ただし、自己裁量モデルのようにヘルパーに裁量が全て任されているのではなく、ある程度限定された範囲が決められており、その範囲内で生じる利用者のニーズに対応していた。

これまで、ホームヘルプサービスの市場化や効率化が、公共的な目的を持つ福祉の理念と相反するとして批判的にとらえられてきたが、本章では、ヘルパーがジレンマや葛藤に陥らないための対処戦略としての側面があることを指摘した。さらに、ヘルパーたちが「標準化モデル」を「働きやすい」と評価していたことも重要である（特に、「標準化モデル」と「自己裁量モデル」の両方の事業所を経験した大倉さんは、「標準化モデル」の働きやすさを強調していた）。利用者とヘルパーの二者関係に閉じたサービスをさせない「標準化モデル」のあり方は、労働者としてのヘルパーの権利を守ることになる。ヘルパーの労働環境の安定化は、高齢者が求めるヘルパーの継続的な労働を担保することにもつながる。ただし、「自己裁量モデル」と「標準化モデル」は二項対立ではない。両者のメリットを生かしながら、いかに利用者のニーズに応えつつ、ヘルパーとしての労働の安定性を担保するのか、という課題については、終章で検討したい。

［注］

1 第一章で述べたとおり、他のサービス領域と比較した場合に、ホームヘルプサービスでの民間やＮＰＯ事業者の増加率は高い。

2 ただし、ホームヘルプサービス以外の研究では、デイケアサービスについての松川らの量的研究（2009）がある。

3 実際に、佐和子さんの事例でみたように、介護保険制度だけでは対応できない場合に社会福祉協議会の「助け合いサービス」は利用されている。佐和子さんが述べていたように、こうした介護保険制度外サービスは全額自己負担となり、一割の自己負担のみである介護保険制度と比べると、高齢者からは「高い」と感じられる（ただし、社会福祉協議会の介護保険制度外のサービスの料金は、他の民間営利事業者よりは安価である）。

4 飯田さんは、高資格のヘルパーから、キャリアアップが難しいので事業所を辞めたいという相談を受けたと述べていた。

5 例えば、第四章でみたように、ケアプランを厳格にそのまま実行しているわけではなく、治夫さんの生活に合わせたサービスの提供をしていた。

終章
高齢者とヘルパーの視点からみたホームヘルプサービス

ここまで、ホームヘルプサービスを対象として、既存の研究では重要性が認められつつも十分検討されてこなかった受け手（高齢者）と与え手（ヘルパー）の関係性に着目し、両者の認識を比較することで、受け手と与え手の多元的なケアのリアリティから、両者の利害がいかに調整されている／されていないのかを明らかにした。本章では、第一章で提示したリサーチクエスチョンへの対応を示したうえで、この研究の意義（ケアの社会学の議論への貢献と、実践へのインプリケーション）を述べる。

第一節　リサーチクエスチョンへの対応

リサーチクエスチョンについて、これまでの議論を振り返りながら答えていく。

一―一　高齢者とヘルパーの「介護」観

第一のリサーチクエスチョンに関しては、現在の介護保険制度下における高齢者とヘルパーの介護観から、ケアを受ける・与えることの意味づけと、何をケアとして妥当だと考えるのか（高齢者が受ける際に「期待するケア」とヘルパーが提供する際に「適切だと考えるケア」）を検討してきた。

一一一　ホームヘルプサービス利用高齢者の介護観

■高齢者の介護を受けることの認識

介護保険制度下においてホームヘルプサービスを利用する高齢者は、介護を受けることをどのように意味づけているのか。

先行研究では、社会福祉学を中心に、どのように高齢者が老いを認識し、家族介護や介護サービスを受け入れる／受け入れないのかということが検討されている。具体的には、高齢者の老いの受け入れとケア提供者（家族やヘルパー）への態度に関して、積極的でケア提供者にも協力的なタイプ、受け身で能動性がないタイプ、否定的でケア提供者に非協力的なタイプという三つが析出されている（Cox and Dooley 1996, 稲葉 2009）。本書の知見では、軽度の高齢者で生活援助のみを利用している人と、重度の寝たきりで身体介助も利用している人とで、ホームヘルプサービスを受け入れる意識が異なることが明らかになった。

軽度の高齢者は、「自分でできることを自分でしよう」という「自立」意識が高く、最低限の「自立」を手助けする（と高齢者が判断した）範囲でサービスを受け入れていた。この「自立」志向タイプは、先行研究の「肯定的」モデルが「老い」を受容することで自立的な行動に繋がっていたのとは逆に、「老い」を否定的にとらえるからこそ、できるだけ自立的でいようと試みていた。さらに、「自立」志向タイプの高齢者は、重度の高齢者を、自分とは異なる存在と位置づけることで自身のアイデンティティを保っていた。施設サービスの先行研究では、高齢者による「他の高齢者のスティグマ化」（天田 2003）が指摘されている[1]。本研究でも、高齢者がデイサービスで自分よりも重度の高齢者と出会うことで、「スティグマ化」が生じていた[2]。しかし、軽度の高齢者の「老いる」ことを否定し差別する視点は、必要なサービスを受けることの制限や、身体状況が悪化した場合の自己否定に繋がる可能性がある。

一方で身体介護を含め多くのサービスを日常的に受ける重度の高齢者は、「自立」や身体状況の回復を目指すことは難しい。本研究の重度の高齢者は、他者から受けるサービスを日常の中に位置づけようと、次の二つの対処を行っていた。一つは、サービス提供者と知人・友人のように関わることで、サービスを日常における「普通のこと」として位置づけようとするものである[3]。もう一つは、消費者の立場で「対価に応じた仕事」としてサービスを割り切って考えるというものである[4]。軽度の生活援助中心の高齢者は、要介護以前の「健康観」・「自立観」を大きく変えることなく自らのアイデンティティを保とうとしているのに対し、重度で毎日の身体介護を必要とする高齢者は以前の「健康観」・「自立観」を大きく転換させつつ、生活の中にサービスを位置付けていた。

このように、ケアを受けることの意味付けとその対処は、単純な否定→受容→肯定のプロセスではなく、高齢者自身の健康状態や受けるサービスの種類によって異なっていた。

■高齢者の「介護」への期待

高齢者には、「介護」として家族介護を想定する人と、サービス（ホームヘルプサービスを含む）を想定する人がいた。介護保険制度の導入によって、家族以外のケアの担い手が一般化する中で、サービスとしての「介護」が受け入れられつつある。しかし、家族介護へのニーズが必ずしも減少したわけではなく、家族介護とサービスとでは異なる内容が期待されている（内閣府 2003・2010, 森嶌 2003, 杉澤ら 2005, 山口ら 2008）。

本書の事例でも、高齢者の家族・隣人に対する期待とヘルパーに対する期待は異なっていた。高齢者にとって家族は、介護の主要な担い手であるだけでなく、精神的な部分を含め生活の全てを支える存在として語られていた。隣人や友人は、直接的な介護は行っていないが、会話や日々の見守りなど、日常生活を支える重要な要素となっていた。

高齢者は、このようなインフォーマルな担い手による「介護」とフォーマルな担い手による「介護」とを補完的な関係としてとらえていた。高齢者は、隣人や友人などのインフォーマルな資源が減少すると、フォーマルな担い手であるヘルパーに情緒的な関係性を求めるようになる。これは、Piercy（2000）がヘルパーと高齢者の情緒的関係が発展する要因の一つとして、高齢者の社会的孤立を挙げていたことにも通じる。

このように、対象の高齢者には、フォーマルなサービスの担い手であるヘルパーに対しても、「仕事」としての雇用関係や制度的なサービスの範囲に留まらない期待がみられた。先行研究でも、高齢者がサービス提供という業務の側面だけでなく、会話など友人関係のような親密性をともなう関係性の構築を求めることが指摘されている（Eustis and Fischer 1991, Piercy 2000）。本研究でも、高齢者はホームヘルプサービスにおける「仕事」（労働）と「会話」（親密性）の二面性を語っていた。高齢者の期待するサービスの労働と親密性のバランスは、高齢者がヘルパーという他者をどのように位置づけるのかによって異なっていた。高齢者が、日常を継続しながら「家に招く客人」のようにヘルパーを位置づけようとするタイプの場合は、ヘルパーにサービスだけでなく友人や隣人としてのふるまい（会話、お茶を飲むなど）を期待する。逆に、日常とは異なる外部のサービス提供者として位置づけるタイプの場合は、ヘルパーに対して「対価に応じた仕事」「普通の仕事」をしてもらうことを望む[5]。

ただし、どちらのタイプであっても身体介護や生活援助の提供が基礎になっており、それに加えて「会話」を重視するかどうかの違いであった。ホームヘルプサービスにおいて「仕事」を重視する高齢者の意識は、ヘルパーの継続性に関する語りにもあらわれている。高齢者は、自分の生活の個別性に合わせたサービス提供のために、同じヘルパーが継続することを望んでいた。先行研究（早坂・三田寺 2003, 高齢社会をよくする女性の会 2006）では、高齢者が情緒的な関係を求める傾向が強調されていたが、本研究の対象高齢者は、全員サービス提供を重視しており、その上で情緒的な関係構築も求めるかどうかには、個人差があった[6]。

一－一－二　ヘルパーの「介護」観

■ヘルパーのサービスを提供することの認識

次に、ヘルパーが介護保険制度下においてどのように「介護」を与えることを意味づけているのかをみていこう。介護保険制度の理念は「利用者主体」であり、ヘルパーの養成課程においても、医療や福祉の知識に基づく専門職としてのサービス提供と同時に、高齢者の意思決定を尊重した「包括的な生活支援」や高齢者との情緒的な関係構築が求められている（蛯江 2011, 石橋ら 2011）。

本書の事例からは、介護保険制度における「利用者主体」という理念が、個々のヘルパーの意識やホームヘルプサービスの実践においても影響を及ぼしていることが明らかになった。

対象のヘルパーは、「介護」を自身のホームヘルプサービスという「仕事」としてとらえていた。ヘルパーにとって、ホームヘルプサービスは、利用者の個別性や多様性から生じるおもしろさや、利用者の回復によるやりがいがあるとされる一方で、利用者による評価や人間関係など不確定な部分が入るため「正解のない難しい仕事」だと考えられていた。特に一〇年以上の経験年数のベテランの公務員ヘルパーが、ホームヘルプサービスの難しさを強く感じていた。松原（2004）は、ヘルパーの自己評価の指標は経験年数が長くなるにつれ、より「利用者の需要中心」へと変化すると指摘する。本研究の対象のベテランヘルパーは、制度の規定を順守しつつ利用者を中心としたサービスをしようと試みることで、サービスの難しさを感じていると言える。

さらに、利用者主体をより強く意識し、受ける側である高齢者の視点から「介護」を意味づけるヘルパーがいた。家族介護を経験したヘルパーは、利用者家族としての経験から、高齢者の立場だけでなく家族の視点を含めてサービスを考えていた。高齢者の意思決定を重視するヘルパーは、制度で決められた範囲だけでなく、高齢者が必要とする支援（精神的なケアも含む）を行うことが「介護」だと考えていた。受ける側の視点は、ヘルパーが利用者との関係を非対称だと認識している場合に、バランスをとるために強調されていた。

このように、介護保険制度における理念とヘルパーの専門性（あるべきヘルパー像）が、個々のヘルパーにも強く影響を及ぼしており、特に「利用者主体」の理念が、ヘルパーにとって重要なものとして認識されていた。

■ヘルパーが考える「適切なサービス」

前述したとおり、対象のヘルパーは、利用者を主体として尊重しつつサービスを提供しようという、強い意識がみられた。そのため、ヘルパーは「適切なサービス」をケアプランどおりではなく可能な限り高齢者の意向や生活に合わせた形で提供するものとしてとらえていた。しかし、以下の理由から、こうした理想を実現していくことが難しいと感じていた。

第一が、利用者である高齢者が自己決定をすることの困難である。利用者の自己決定を重視するヘルパーたちは、高齢者の意向が制度的な規制や家族やケアマネジャーとの関係で実現できない状況を経験している。第二が、高齢者の意思と「適切なサービス」が異なる可能性である。高齢者の要求が本人の健康や生活維持にとってよくない場合など、高齢者の意思決定のみを重視することは難しい。第三が、高齢者の多様性に合わせてホームヘルプサービスを提供することの困難である。高齢者の多様なニーズを、制限のある介護保険制度のサービスの範囲内で提供することは時間的にも内容的にも難しい。

このためヘルパーは、利用者を主体としたサービスを提供しようという理想を持ちつつも、それがままならないという現実を感じていた。ヘルパーがこうしたギャップをうめるために、有効な手段と考えていたのが、「人間関係の構築」である。笹谷（2001）は、ヘルパーが自分たちのサービスの最も重要な特性として挙げているのが、「人間関係を土台とする仕事」だと指摘している。本書の対象のヘルパーたちも同様に「人間関係」がホームヘルプサービスに重要な要素だと考えていた。

一―一―三　高齢者・ヘルパーによる意味づけの比較

以上から、高齢者とヘルパーの「介護」の意味づけには次のような共通性と差異がみられた。

高齢者とヘルパーで共通していたのは、ホームヘルプサービスにおける、調整の必要性である。両者とも、ホームヘルプサービスは単純にケアプランの内容を遂行するだけのものではなく、高齢者の日常の生活に基づいたニーズと制度的なサービスの調整が必要なものだと考えていた。

一方で、高齢者とヘルパーとは次の三点で違いがみられた。

第一が、「利用者主体」についての認識である。「利用者主体」の実現が難しいという見解は、両者で共通していたが、それをサービスの中でどれだけ重視していくのかについては、ヘルパーと高齢者で見解が異なっていた。「利用者主体」の実現が困難な状況に対して、高齢者はあきらめていたのに対して、ヘルパーはそれでも達成しなければならない理念としてとらえていた。これは、ヘルパーの方が介護保険制度の理念が職業としての専門性につながるので、より強く意識していたためと考えられる。

第二が、人間関係に対する認識である。人間関係については、ヘルパーの方がより重要だと感じていた。こうした認識の違いは、高齢者とヘルパーにとって、会話などのインフォーマルな要素の持つ意味が異なることが背景にあると考えられる。Eustis と Fisher（1991）は、高齢者は普段の会話の一環としてヘルパーに個人的な話をするのに対して、ヘルパーは仕事の遂行や情報収集のために会話を利用する、と述べる。

本研究でも、高齢者が会話や人間関係の構築を「普通」の生活の一部として位置づけていたのに対し、ヘルパーは「仕事をうまく達成するための手段」として位置づけていた。さらに、高齢者は、一－一－一でみたように、ヘルパーに対して「普通に」「仕事」をしてもらうことを重視していた。

第三が、「継続性」を重視する度合いである。高齢者は、継続性をホームヘルプサービスの重要な要素であると考えていた。その最も大きな理由は、自分の生活状況や個別性に合わせたサービスを受けるためである（特に生活援助の利用者が強く感じていた）。一方で、ヘルパーは高齢者に対して継続的な関係性を前提としておらず一時的な関係と考えていた[7]。

高齢者とヘルパーの視点の違いは、高齢者はホームヘルプサービスを自らの生活の一部として考えているのに対し、ヘルパーは、制度の規定や職業上の専門性における理念（あるべきホームヘルプ像）を出発点として考えていることから生じている（ただし、ヘルパーの理念と実態の乖離は、先述したとおりである）。

一－二　ホームヘルプサービスにおける高齢者とヘルパーの関係調整

第一のリサーチクエスチョンの検討の結果、ホームヘルプサービスにおいて、日常生活を基準とした「普通さ」を求める高齢者と、制度的なケアを「仕事」として提供するヘルパーの視点の違いが明らかになった。第二のリサーチクエスチョンに関しては、高齢者とヘルパーの考える「適切なサービス」（サービスの範囲と人間関係）が、どのように調整されているのかについて、高齢者とヘルパーのペアの事例を対象に検討した。ホームヘルプサービスの内容は、高齢者の身体状況によって大きく異なるため、軽度のケース（生活援助中心である程度自立した生活が可能）と、重度のケース（身体介護中心で日常的に他者の支援がないと生活が困難）にわけて分析を行った。

一-二-一　高齢者とヘルパーのサービスの調整

先行研究では、ホームヘルプサービスの範囲は、高齢者側の過剰要求に対するヘルパーの無償労働の問題として研究されてきた。海外の質的研究からは、ヘルパーが高齢者（や家族）の要望に応じるために、制度外のサービスを無償で提供することが指摘されている（Eusits and Fisher 1991, Aronson and Neysmith 1996, Piercy 2000）。日本でも、利用者の要望に応えることを重視するため、ケアプランに沿わない自己判断でのサービス提供（不適切事例も含まれる）が行われている（鈴木ら 2010, 松原 2001）。

本研究の事例から、軽度と重度では、サービスの調整の課題に違いがあることが明らかになった。軽度の場合は、それぞれの家庭の独自性から生活援助の内容に多様性が生じ、高齢者とヘルパーの間で「適切なサービス」の範囲をめぐる調整がより前衛化する。では、高齢者とヘルパーは、それぞれ「適切なサービス」をどのように考え、調整しているのか。

軽度の高齢者は「適切なサービス」を、これまでのサービス経験との比較から考えており、その比較は、自身のサービス利用経験の中での比較と、他の利用者の経験との比較という二つのタイプがみられた。後者では、デイサービスが主要な役割を果たしていた。デイサービスは、訪問型サービスだけを利用していては接する機会がないようなサービス利用高齢者同士がつながる場所であり、高齢者が自身のサービスの質を判断するための情報収集の場として機能していた[8]。さらに、生活援助でのヘルパーによる対応の多様性について、高齢者は①慣れ、②個人の資質、③事業所の違い、という三つの要因によって生じるものと理解していた。高齢者のこの認識はヘルパーへどう働きかけるのかと関連していた。①の場合は、高齢者はどのヘルパーでも時間が経つことで習得してくれると考えるため、サービスへの要望をヘルパーに伝える。それに対して、②と③については、高齢者はヘルパーに訴えてもどうすることもできないと考えており、現状のサービスを受け入れていた。③の事業所は、本来準市場型のため、制度上は高齢者が選択できる。しかし高齢者は、選択する時点で事業所（特にヘルパー）の特色がわからない、事業所の選択権が実質的にはケアマネジャーにある（ケアマネジャーが所属する事業所の利益を優先してサービスを選択することがある）などの理由から、自らが事業所を選択・決定することは難しいと考えていた[9]。

一方で軽度の高齢者を担当するヘルパーは次のように「適切なサービス」について考えていた。ヘルパーは、一―一―三の議論でみたように、基本的には高齢者の意思決定を重視する。しかし単位制労働で内容も決まっている介護保険制度において、高齢者の望む生活援助を提供することには限界がある。ヘルパーは基本的には高齢者の要望に対応しようとするが、ヘルパーが考える適切（清潔で安全）な生活と高齢者の要求が異なっている場合（サービスの標準化の困難）や、高齢者の要求に対応することが内容的にも時間的にも困難な場合（サービスの効率化の困難）は、自身の「適切なサービス」の基準を適用しようと考えていた。特に、高資格でベテランのA行政のヘルパーは、「適切さ」の基準を明確に持っており、高齢者の意識を変えようと働きかけていた。一方で、高齢者の個別的な要求に応えつつ、サービスの標準化・効率化も可能になっていた事例では、ヘルパーは対処する内容を明確にし、範囲を限定化することで、インフォーマルな要素をサービスの中のルーティンとして組み込み、フォーマル化（制度化）していた。

軽度の高齢者とその担当ヘルパーそれぞれが考える「適切なサービス」を調整する際に、重要となってくるのが両者の意思の疎通である。意思の疎通がされていた場合は、高齢者がサービスの要望を言いやすい状況をヘルパーがつくることで、高齢者がニーズを言語化する負担を軽減していた。さらに、高齢者の要望がサービスに受け入れられることで、高齢者はヘルパーを信頼し、一層意思を表明するようになっていた。逆に意思の疎通がなされない場合は、高齢者がヘルパーに言ってもサービスが変わらないと考えており、ヘルパーに訴えることで関係が悪化することを避けるため意見を言わないようにしていた。それに対してヘルパーは、高齢者の意思を尊重し（特に生活援助では、生活の主体である高齢者の意思が尊重される）、高齢者との衝突を避けつつ円滑なサービス提供をするために、自身の意見の表明を控えていた。

それに対して重度の事例では、身体介護が中心のため、サービスの範囲は明確であり、そこでヘルパーと高齢者の調整の課題は生じない。重度の高齢者は、寝たきりなどケアニーズが高いため、ヘルパーが複数いるだけでなく家族介護者も重要な役割を担っている。そのため、高齢者とヘルパーの考える「適切なサービス」には、フォーマル・インフォーマルの複数の担い手の中での役割分担が影響を及ぼしていた。

複数のヘルパー間の役割分担の状況は、ヘルパーの体制で異なっていた。同一事業所で固定のヘルパーが継続的に関わっている場合は、インフォーマルな要素も含め高齢者の独自性に合わせたサービスが提供されており、サービスの内容もある程度標準化されていた。他方、重度で一日に何度もヘルパーを利用するような高齢者の場合は、固定のヘルパーだけで対応することは難しく、一時的なヘルパーも含め数多くのヘルパーからサービスを受けることになる。その場合サービスの質が一定せず、高齢者は、「最低限」のレベルでいいのでサービスの質を保ってもらいたいと考えていた。固定ではない複数のヘルパーがいる状況は、ヘルパーにとっても提供者間での連携や情報共有が難しいという問題があった。

家族介護者とヘルパーの関係性は、家族の役割によって異なっていた。高齢者は家族を、自分にあった包括的なケアを継続的に与えてくれ、情緒的な側面も充足してくれる存在として認識していた。また家族介護者は、本人が行うことが難しい、事業所とのやりとりや金銭面の管理、ヘルパーの選択や調整の役割を担っていた。このような場合にヘルパーは、家族の関わりを鑑みて自らの役割を決めていた。ヘルパーは家族に対して、主たる介護役割を期待しており、生活の維持や日々の介護の基本的な役割は家族にあると考えていた。また、こうした役割を果たす家族に対して、重度の高齢者を介護することの負担を考え、サービスの二次的な対象として支援しようとしていた。さらに高齢者の認識ともつながるが、ヘルパーも家族をサービスの意思決定者としてとらえていた。家族介護者は、重度の高齢者の調整の負担を代替していたが、高齢者の利害よりも自分の利害を優先するという問題もみられた。

一―二―二　高齢者とヘルパーの人間関係

ホームヘルプサービスにおける人間関係については、海外の質的研究を中心に検討されてきた。ヘルパーと高齢者の関係が仕事という「契約上の関係」だけではなく、親密な「友人のような関係」が構築されること（Eusits and Fisher 1991）や、「友人のような関係性」が構築される背景には、ヘルパーと高齢者の属性の共通性、高齢者の社会的孤立、ケアの継続性という要因があること（Piercy 2000）が明らかにされている。一方で日本の研究では、高齢者・ヘルパーのペアの分析は十分に行われておらず、ヘルパーの視点から、高齢者の求める「親密な関係性」への対応や、「見えない」労働の評価、という援助関係論や感情労働論として展開してきた（田中 2005, 西浦 2005）。

本研究では、日本における高齢者とヘルパーの人間関係の認識を明らかにした。一―一でみたとおり、高齢者はヘルパーに対してまず「仕事としての関係性」を期待しており、加えて「個人的な関係性」を期待するか否かに個人差があった。そこで、高齢者の期待へのヘルパーの対応に着目し、サービスの範囲と同様に軽度と重度の事例にわけて人間関係の認識を比較した。

軽度の事例の高齢者は、それまでの生活における価値観を継続しつつヘルパーとの人間関係を構築していた。高齢者が職業経験もあり社交的な場合や、インフォーマルネットワークが欠如している場合に、ヘルパーに対して「個人的な関係性」を期待していた。これに対して、ヘルパーは事業所によって対応が異なっていた。A行政の公務員ヘルパーは利用者との人間関係も標準化するため「仕事としての関係性」にとどめようとしていた。一方で、株式会社Dの男性ヘルパーは、高齢者と共通の趣味を持つことでケアする・されるという関係性以外の対等な関係をつくっていた。高齢者が契約というサービスの特性を理解し、

「雇用者−被雇用者」と考えていた場合は、ヘルパーに対して「仕事としての関係性」のみを期待していた。こうした対応は、人間関係の構築に関する負担が軽減されるため、ヘルパーから好意的にとらえられていた。さらに、「仕事としての関係性」のみを期待する場合では、高齢者が世代の違うヘルパーとは「個人的な関係性」は望めない、という消極的な場合もあった。これに対してヘルパーはサービスへの要望について「教えてもらう」ために、戦略的に孫のようにふるまっていた。

重度の事例では、ヘルパーの体制によって、高齢者の関係性への期待が異なっていた。少数で固定のヘルパーの場合は、高齢者は「個人的な関係性」を求めていた。軽度の事例と同様に高齢者とヘルパーが共通の趣味から互酬的な関係になっているケースや、身体介護において高齢者の望む歌や会話が取り入れられるケースなど、ヘルパーもこうした関係性を受け入れていた。ヘルパーが多数で安定しない場合は、高齢者は「個人的な関係性」を期待していなかった。逆にヘルパーは、寝たきりの高齢者には社会生活がないと考えており、積極的に「個人的な関係性」を作ろうとしていた。

以上から軽度と重度の人間関係では、ヘルパーの「個人的な関係性」への対処が異なっていることが明らかになった。軽度では、ヘルパーが「個人的な関係性」を受け入れない傾向があるのに対して、重度では受け入れる傾向がみられた。この理由は、第一に、インフォーマルネットワークの違いである。軽度の場合は、高齢者がある程度自立していることから、ヘルパーは「個人的な関係」としてかかわることは自身の役割の範囲ではないと判断している。一方で、重度（特に寝たきり）の場合は、高齢者が外とのつながりはほとんどないと判断し、ヘルパーは自分たちが社会的な関わりを提供する重要な資源であると考えていた。また、病気や障害を抱えて日々生きている高齢者に対して、ヘルパーはサービスの中で精神的なケアも行っていくことが必要だと考えていた。第二が、人間関係が親しくなることで、サービスの範囲が曖昧になる、という認識である。軽度の生活援助は一−二−一でみたとおり、高齢者の生活に合わせすぎることで、「不適切」なサービス提供になる可能性があるため、「個人的な関係性」を受け入れない（適切な距離を保つ）ことが推奨されている。反対に、身体介護ではサービスの内容が確定されており、「個人的な関係性」が生じたからといって、その内容が大きく変化することは考えにくい。また、身体介護では生活援助のように意思決定を引き出すための会話は必要ではなく、サービスとは独立した形でインフォーマルなサポートが行われていた。

本書の知見は、アメリカでのペアの事例で、ホームヘルプサービスの人間関係が重視されていたのとは対照的である。Eusits と Fisher（1991: 455）は、ホームヘルプサービスの中心はヘルパーと利用者の親密性（informality）や個人的なつながりであると指摘する[10]。一方で、本研究での日本の高齢者とヘルパーの人間関係についての認識は、こうした「友人関係」・「家族関係」とは異なる部分がみられた。高齢者は、ヘルパーとインフォーマルな「友人・隣人・家族」を区別しており、「話し相手」としての役割を期待する場合であっても、「仕事の遂行」が評価される信頼できるヘルパーに対しての感情であった。高齢者にとって、ヘルパーは友人や家族とは異なった存在として認識されている。さらに、ヘルパーは、高齢者を「おばあちゃん」のようだと評することがあっても、先行研究の「家族のような関係」とは異なる[11]。つまり、日本の介護保険制度下のホームヘルプサービスにおいては、アメリカの事例よりも高齢者とヘルパーの親密性が低かった。

こうした人間関係の違いは、制度的な状況から生じると考えられる。ホームヘルプサービスにどの程度インフォーマルな要素が含まれるのかは、制度によって異なる。アメリカのホームヘルプサービスでは、単位制労働の日本よりもホームヘルプサービスの制限が少なく、事業所によって高齢者から贈り物をもらうことを禁止するなどの規則はあったが、個人による直接契約の場合などは規制が弱い[12]。それに対して、本研究の対象である日本の介護保険制度のホームヘルプサービスでは、サービスの内容が細かく計画されており、計画の決定権がヘルパーではなくケアマネジャーにある。筆者の行ったノルウェーと日本のヘルパーの意識の比較研究（Saito and Unmi 2006）では、高齢者とヘルパーが会話やお茶を飲むことが社会的ケアとして制度の中で認められているノルウェーのヘルパーは、日本のヘルパーよりも「個人的な関係性」への葛藤を感じていなかった。このように、日本の厳格な規制のもとでは、ホームヘルプサービスにおいて高齢者とヘルパーが「個人的な関係性」を構築しづらい状況になっている。

一―三　ミクロなケア関係へメゾレベルの組織が与える影響

これまでミクロなケアの関係性について検討してきたが、ホームヘルプサービスはヘルパーと高齢者の二者関係で完結するものではない。ヘルパーは事業所に所属する労働者であるため、事業所の組織上の特質からの影響をうける。第三のリサーチクエスチョンにかんしては、組織がどのように高齢者とヘルパーのケアの関係性に影響を与えるのかを検討した。

先行研究では、介護保険制度における福祉サービス提供事業者の多元化状況が、いかにヘルパーを含む介護職に影響を及ぼすのかについて検討がされてきた。日本の介護保険制度導入後の量的研究（松川ら2009）からは、介護職の労働状況がある程度一律化されていることと、介護労働者のケアの質や労働への評価について、法人の種類（営利か非営利か）の違いよりも、組織の提供理念やサービス管理などの組織文脈による違いの影響が大きいことが指摘されていた。組織文脈を含めた事業所の分析とホームヘルパーの労働との関連性については、介護保険制度の対象ではないが、Timonen と Doyle（2006）と笹谷（2001）がある。組織のサービスの管理の状況や目指すサービスのあり方が、高齢者とヘルパーの間のサービスの範囲設定や人間関係の構築に影響を与えていた。

以上をふまえ本研究では、サービスの範囲や対人関係など、高齢者とヘルパーのミクロなケアの関係性に事業所がどのように影響を及ぼすのかについて検討した。行政・社会福祉協議会・NPO・民間営利・株式会社（大規模）、民間営利・有限会社（小規模）という異なる特性を持つ事業所を比較し、法人の種類や事業所の規模による介護保険サービスの提供理念や対応サービスの違いを探った。その結果、サービスの提供の実態は、法人の理念によって異なることが本書の知見からも確認された。介護保険制度導入以前からサービスを提供しており、公益性を重視する行政や社会福祉法人は、民間営利・非営利の台頭によりその役割を限定化しようとしていた。これに対して、民間の営利・非営利組織では法人の種類による共通性はみられず、組織の規模や法人の理念によってその特色は大きく異なっていた。

さらに事業所の分析とヘルパーの対応との関連を検討した結果、「標準化モデル」と「自己裁量モデル」がみいだされた[13]。行政と民間営利企業に見られた「標準化モデル」は、頻繁なミーティングやチームでの担当制によって、個々のヘルパーの対応が標準化されており、事業所がヘルパーと利用者のサービスの範囲や人間関係の構築を管理できるモデルである。一方、社会福祉協議会とNPOにおいてみられた「自己裁量モデル」は、「標準化モデル」ほどヘルパーの行動について事業所の規制はなく、利用者宅での個々の自立性が担保されている。

「自己裁量モデル」には、高齢者のニーズに応えられるためヘルパーの充足感があるが、サービスが制度の規定以上になる場合は、ヘルパー側に多大な負担がかかる危険性がある。笹谷（2001: 210）は、本研究の「自己裁量モデル」と類似する規制のない社会福祉協議会のヘルパーについて「利用者とのケアリング関係から得られる充足感と雇用条件のギャップが、職業アイデンティティの形成を阻む」と指摘している。一方で、「標準化モデル」では、高齢者のニーズに対して限定的にしか応えられない可能性があるが、ヘルパーがボランタリーな労働にさらされる危険は減少し、労働者としての権利は維持される。労働者としてのヘルパーの安定性は、高齢者が求めるヘルパーの継続性や、サービスの質の担保にもつながる。

ヘルパーと利用者・家族との情緒的な関係性は、利用者側のニーズの充足をもたらすために重要な要素である一方で、過度な負担をヘルパー個人に「担わせる」要因ともなりうる。サービスの組織化という事業所の特質は、そうした状況をヘルパー個人に帰責させないための、一つの方向性を導き出すものと言えるだろう。

ただし、「標準化モデル」であっても「自己裁量モデル」であっても、「適切なサービス」をどこに位置させるのかは、重要なポイントになる。サービスの面においても、人間関係の面においても、利用者である高齢者のニーズが充足され、かつ労働者であるヘルパーにも負担になっていなかった事例では、ヘルパーが「標準化モデル」に所属しつつもある程度フレキシブルに対応していた。さらに、ヘルパーがケアマネジャーや所属する組織と連携することによって、高齢者のニーズに合わせたサービスが通常の労働の範囲として組み込まれていた。逆に、高齢者のニーズとサービスの間でのギャップがあるケースでは、ヘルパーが負担を担いながらサービス提供するか、高齢者がニーズの充足をあきらめるか、というどちらかが犠牲になるサービスの状況だった。

それゆえ、サービスの内容の決定が高齢者とヘルパーの調整のプロセスに開かれていること、個別の状況をふまえた「適切なサービス」が組織的に「労働」として管理されること（それは決して画一的にホームヘルプサービスを削減することではない）がホームヘルプ「労働」を考えるためには重要である。

一―四　サービスの調整に影響を与えるミクロ・メゾ・マクロの要因

結論の最後に、これまでの議論をふまえ、高齢者とヘルパーのサービスがどのように調整される・されないのか、ミクロ・メゾ・マクロの視点から、その要因と背景を検討する。

ミクロレベルでは、高齢者とヘルパーの属性（特に高齢者の要介護度）が大きな影響を及ぼしていた。

高齢者の場合は、軽度か重度かによって、ケアの意味づけとホームヘルプサービスへの期待に違いがみられた。ケアの意味づけについては、軽度の高齢者はホームヘルプサービスを受けつつも、自分はまだ健康で自立していると考えており、サービスを自立の手段として位置付けていた。一方で、重度の高齢者は、自身の「老い」を認めつつ、日常の中にサービスを受け入れていた。軽度で生活援助が中心の場合と重度で身体介護が中心の場合では、高齢者が求めるヘルパーの「専門性」にも違いがみられた。前者は、家事などの「主婦」としての経験が評価されるのに対し、後者は身体介護の「技術」が評価される。ただし、どちらの場合も、高齢者の生活状況にあったサービスが提供できるのか、というのが主要な評価の視点となっており、ヘルパーの取得資格は重視されていなかった。

さらに、軽度と重度のサービスの違いは、ヘルパーの働き方や高齢者との関係構築の意識にも影響を及ぼしていた。軽度の生活援助では、高齢者の生活の多様性からサービスの範囲（どこまで家事を行うのか）が曖昧になる。そのため、ヘルパーが高齢者から規定以外の家事や会話などを求められる場合、「個人的な関係性」になりすぎないように「境界設定」を試みる。それに対して、重度の身体介護では、サービスの不確定性は生活援助のように生じないため、「個人的な関係性」の構築に対してヘルパーは寛容である。中には、寝たきりで社会生活が限定されている高齢者への配慮から、ヘルパーが意識的に「個人的な関係性」を構築しようと試みる場合があった。

その他の高齢者とヘルパーの属性も、要介護度ほどではないが、ケアの関係性に影響を与えていた。性別は、高齢者とヘルパーが同性である場合、同じ趣味を持つことで、「個人的な関係性」（友人のような関係性）を促進していた。年齢は、高齢者がヘルパーの能力を判断する基準の一つであった。生活援助の場合は、家事に対する価値観が近い年配のヘルパーの方が評価されていた。逆に身体介護の場合は、若いヘルパーの方が腕力や体力があり評価されていた。高齢者とヘルパーとの間の年齢差が大きい場合は、価値観や態度のギャップを感じやすい。このようなギャップに対してヘルパーは、相手を「人生の先輩」として敬いながら教えてもらうという姿勢をとることで対処しようとしていた。

次に、メゾレベルでは、フォーマル・インフォーマルネットワークの状況がケアの関係性に影響を及ぼしていた。フォーマルネットワークとしてケアマネジャー、事業所、他のサービス提供者が挙げられる。

ケアマネジャーは、高齢者とヘルパーのサービスの意思決定に大きく関わっていた。

高齢者は、ケアマネジャーを「実践（front-line）」のサービス提供者（ヘルパー）の「一段上の人」であり、サービスの決定者として強い権限をもつ立場であると認識していた。高齢者は、サービスの決定は自分ではできず、最終的に決定するのはケアマネジャーだと考えており、介護保険制度の「利用者主体」を実感できていなかった。ケアマネジャーのサービスの決定以外の役割（サービスのコーディネイトやモニタリング）に対する認識は、高齢者の状態によって異なっていた。軽度の高齢者は、自身の状況やヘルパーの満足度について、ケアマネジャーに尋ねられたことは無いと言い、月に一度の訪問の意図も「計画表を渡しに来るだけ」だと感じていた。それに対して重度の高齢者（特に複数の事業所のサービスを利用している場合）は、ケアマネジャーのサービスの調整役割をより明確に理解していた。さらに重度の高齢者で家族介護者がいる場合は、ケアマネジャーが家族介護者の状況を鑑みてプランを変更するなど、実質的な家族介護者支援を行っていた。

高齢者と同様にヘルパーも、サービスの決定権はケアマネジャーにあり、現場での自分たちの裁量権が制限されていると感じていた（特に介護保険制度導入以前からの公務員や社会福祉協議会のヘルパーが強く感じていた）。高齢者の生活に直接的にかかわるヘルパーは、サービスの不足や家族の問題などに直面し、できる限りの支援を試みる。しかし、サービスの決定の権限がないため、根本的な解決はできないと、ジレンマを感じていた。加えて、ケアマネジャーとヘルパーの関係性は、ヘルパーのフォーマルネットワークにおける位置づけにも影響していた。ヘルパーとケアマネジャーが連携するかどうかは、所属事業所によって異なっていた。事業所の分析でみたように、ケアマネジャーとヘルパーが同一事業所で、かつヘルパーの事業所への出勤頻度が高い場合は、ヘルパーとケアマネジャーや他の担当ヘルパーとの連携がとりやすい。

事業所は、ヘルパーの労働環境だけでなく、高齢者との関係構築にも影響を与えていた。本研究でみいだした「自己裁量モデル」と「標準化モデル」では、ヘルパーの裁量権や労働として認められる範囲が異なっており、このことが高齢者のインフォーマルな要求（規定以上のサービス提供や、「個人的な関係性」の構築）に対してボランティアとして対応するのか、労働の範囲で対応するのかという違いにつながっていた。

ケアマネジャーと事業所ほど影響は強くないが、ホームヘルプサービス以外のサービス提供者も、高齢者のサービスの比較に影響を与えていた。

高齢者は、ホームヘルプサービス以外にも訪問系サービス（訪問看護や訪問入浴）通所系サービス（デイサービス、ショートステイ）を利用していた。先述したように、高齢者は複数のサービスの経験を比較して、自身の期待をつくりあげている。訪問系サービスでは、訪問看護師がヘルパーとの比較の対象となっていた。軽度の高齢者は、ヘルパー＝「家事」の非専門職、看護師＝「医療」の専門職、と階層的に区別をして考えていた。通所系サービスでは、軽度の高齢者が利用するデイサービスが、利用者間の情報共有や交流の場となっていた。一方ヘルパーからは、こうした高齢者のフォーマルネットワークの状況はわからない。特に登録型ヘルパーの場合は、他のサービス提供者との接点がなく、サービス提供者間で高齢者を中心としたネットワークは作られていなかった。

インフォーマルネットワークは、家族を中心に、隣人、友人が挙げられる。

インフォーマルネットワークの中でも家族は、高齢者とヘルパーの関係性に大きな影響を及ぼしていた。対象者は清さんを除いて同居か別居の家族がいた。軽度の高齢者は家族からの支援は限定的（同居していても介護はされていないなど）だが、重度になればなるほど家族介護者が主要な役割（介護だけでなく、サービスの調整、サービスの意思決定など）を担う。これに対してヘルパーは、家族や隣人・友人の関わり方に応じて自らの役割を決めていた。独居や同居でも家族の支援が不足する高齢者に対しては、家族の支援が十分ある高齢者よりもサービスの範囲を拡大して支援しようとしていた。さらに、重度の場合は、高齢者だけでなく家族介護者も支援の対象として考えられていた。また、ヘルパーは利用者である高齢者だけでなく家族を意思決定の主体として認識し、調整を行っていた。

つまり、家族介護者の負担もヘルパーの支援の対象と考えられており、高齢者―ヘルパーという二者関係を超えた支援のあり方がみられた。高齢者とヘルパーの人間関係においても、家族は影響を及ぼしており、家族が高齢者とヘルパーの関係を調整したり、高齢者の意志を伝える媒介の役割を果たしたりしていた。以前筆者が行った高齢夫婦間介護への訪問看護についての調査でも、在宅ケア体制における家族の存在の重要性が示唆されている。訪問看護師が、高齢者（妻）・家族介護者（夫）の固有の関係性を尊重した上で、高齢者・家族介護者それぞれへ配慮と支援をしたことで、閉鎖的で家族介護者の多大な負担を生み出す在宅の介護状況が改善されていた（齋藤 2007）。このように、家族は介護保険制度における利用者ではないが、実際の在宅介護においては、重要な要素といえる。二〇〇六年の改正でのホームヘルプサービスにおける家族要件の強化という「介護の再家族化」（藤崎 2008）という流れもあり、今後ホームヘルプサービスにおける家族の重要性はより一層高まるだろう。

隣人や友人などのかかわりは、高齢者による個別性が高く、高齢者の身体状況が悪化するにつれ縮小していく傾向がみられた。隣人や友人は、実質的な介護ではなく、情緒的なサポートや声掛けなどの見守りとしての役割を担っていた。

インフォーマルネットワークの状況は、高齢者のヘルパーへの役割期待と関連しており、インフォーマルネットワークが充実していると、ヘルパーに「個人的な関係性」を期待しない傾向がみられた。

マクロレベルでは、日本の介護保険制度のホームヘルプサービスの特徴が挙げられる。ホームヘルプサービスにおける単位制労働としての内容的・時間的な制限は、高齢者とヘルパーのケアの関係性に影響を与える。特に、高齢者やヘルパーがサービスの範囲として「何を適切だと考えるのか」は、制度の規制が基準となっている。制度の規制の順守状況は事業所によって違いがあるが、ヘルパーは高齢者の生活から生じるニーズに対して、制度の枠内で対応することに難しさを感じていた。生活援助に関する規制は、二〇〇六年の介護保険制度改正以降さらに強まっている。現在では調査時よりも、ホームヘルプサービスの内容はさらに厳格化・規格化され、インフォーマルな要素を取り入れることは、ますます厳しくなっている。

また、単位制労働という特徴は、ヘルパーの働き方にも影響する。ヘルパーの労働が細切れになり、ホームヘルプサービスだけでは安定的な収入を得るのが難しいため、既婚女性の非常勤労働の場となっている。これは、ヘルパーの雇用の不安定化をまねき、高齢者もヘルパーも自分たちの関係が「一時的に」「限定された場」であるという前提のもとケアの関係性を構築することにつながる。

第二節　本研究の意義

二―一　ケアの社会学の議論への貢献

本研究の意義は、ホームヘルプサービスを相互行為としてとらえ、受け手と与え手の視点から多元的なリアリティを明らかにした点である。先行研究では十分に行われていないペアデータでの分析を行うことで、これまでどちらかの視点のみで語られてきたケアのリアリティを、多元的に把握することが可能になった。この成果のケアの社会学への貢献は、次の三点である。

第一に、高齢者・ヘルパーの認識を通じたケアのダイナミズムの把握が可能になった点が挙げられる。第一章で述べたように、社会福祉の領域でも、社会学の運動論的ケア論の領域でも、ケアの受け手と与え手の関係性を「非対称」なものとして固定的に捉えるアプローチが主流であった。しかし、本研究では、ダイナミズムとして「非対称」にとどまらない多様な関係性を描き出し、その多様性が生じる背景や要因を検討することができた。ケアの関係性に影響を及ぼす要因として、ミクロレベルでの高齢者・ヘルパーの介護観（「適切なサービス」をめぐる両者の期待）、高齢者の身体状況とサービスの種類、メゾレベルでのフォーマル・インフォーマルネットワークの体制、ヘルパーが所属する組織のサービス管理、マクロレベルの制度におけるサービスの規定が挙げられる。本研究では、高齢者とヘルパーの調整のプロセスを詳細に記述することで、高齢者とヘルパーの多様なパワーバランスや、ケアの基準がどのように決まっていく／いかないのか、という背景や要因を明らかにすることができた。

第二に、ケアの社会学の実証研究における、受け手・与え手の認識の比較というペアデータを用いた調査研究アプローチの有効性を示した点が挙げられる。これまでの参与観察や与え手の認識に基づいた相互行為の研究では、両者の認識を比較することや、認識の齟齬によって生じる問題を把握することはできなかった。特に先行研究では十分に検討されてこなかったホームヘルプサービス利用高齢者の認識を明らかにした点は、本研究の重要な成果といえよう。高齢者の視点からは、これまでヘルパーの視点でとらえられていた相互行為や「高齢者像」とは異なった内実がみえてきた。さらに、実際のケアの受け手と与え手を対象としたことで、認識の組み合わせによる、多様な関係性を議論することが可能になった。

ただし、高齢者とヘルパーをペアで調査するという方法論上の限界として、高齢者・ヘルパーがサービスをポジティブに評価している事例に偏る傾向がある[14]。そのため、データの偏りをいかしながら困難事例などと比較していくことが必要である。

第三に、ホームヘルプサービスに限らず、ケアの社会学として展開されてきた他の議論（障害学におけるケアの受け手の研究と、高齢者ケアにおける家族介護・施設サービスの研究）と関連づけられる点が挙げられる。まず、要介護高齢者におけるケアを受けることのリアリティを明らかにしたことで、障害者の研究を中心に展開されてきたケアの受け手の議論との共通性と差異も検討することができる。特に、障害学では利用者の意思決定については主要な課題とされてきた。前田拓也（2009）による身体障害者の介助における「気づき」や「配慮」が、実は介助行為の指示系統が簡略化されたものだという指摘に対して、出口（2012）は、障害者の自立生活と高齢者介護には、被介護者からの指示に介護者がただ答える場面が少ないという違いがあると指摘する。出口は障害者と高齢者が異なる理由として、高齢者がケアを受けながら要求を出すのは美徳ではないという美意識と、途中からケアが必要になる「中途障害」者であること[15]、認知などの障害を持ち意思表示が困難な場合があること、を挙げている。このように、障害者と高齢者の違いは指摘されてきたが、先行研究では具体的な高齢者の認識に関しては十分に検討されてこなかった。本研究では、高齢者の「気づき」と述べるものの内実が、単に情緒的な関係を重視しているのではなく、サービスとしての仕事の遂行が前提にあることを指摘した。また、高齢者が「気づき」を重視する要因として、自己決定の困難や、交渉主体となることの負担（交渉に積極的で戦略的にサービス提供者側に働きかけている高齢者であっても、自分のニーズを言語化し相手に伝えていくことに負担を感じていた）があることも明らかにした。

次に他の高齢者介護（家族介護と施設介護）とホームヘルプサービスの比較が挙げられる。本研究の結果からは、高齢者・ヘルパーの両者とも、家族介護とは異なるものとしてホームヘルプサービスを位置づけていた。実際に、介護保険制度の規制と単位制労働のもとでは、ヘルパーの役割は限定的であり、海外の研究でみられたような家族の生活全般にわたる包括的な責任を担うことや情緒的な関係性を代替することは難しい[16]。そのためヘルパーの役割意識は、インフォーマルなネットワークの状況によって変わってくる。また、施設サービスの研究でみられた高齢者間の相互行為は、ホームヘルプサービスの高齢者とヘルパーの関係にも影響を及ぼすことが示された。他の高齢者との出会いの場であるデイサービスは、高齢者が自身の「老い」を相対化し、サービスに関する情報を共有する場となっていた。

二―二　ホームヘルプサービスにおける援助関係の再考

ホームヘルプサービスでは、これまでも「利用者を理解する」ことや「利用者の気持ちによりそったサービス」が重視されてきた。山下幸子（2008: 223）は、介護教育における理念として、「介護者主体ではなく介護を受ける者の意思を尊重するような関係性の構築」があり、「被介護者を理解する方法の習得の必要性が指摘される」と述べる。実際に、実践者向けのハンドブック『介護現場でのコミュニケーションを考える』（及川 2010）では、介護者のコミュニケーションの重要性を指摘しながら、対応のマニュアルを示し、「正しい」コミュニケーションのあり方を提示している。しかし、相互性のある「コミュニケーション」を取り上げたこのテキストでさえ、他の研究や実態報告と同様に実際の利用者の声を取り上げておらず、提供者であるヘルパーの視点を通した高齢者像なのである[17]。先述した山下（2009）も、介護教育では「介護者の視点からみた介護関係のあるべき姿」が最終目標としてあらかじめ設定されている、という問題点を指摘する。

こうした中でヘルパーは、利用者を理解し、サービス提供しようとしつつ、なにが利用者によりそったサービスなのかがわからない、という困難に直面する。ヘルパーが日々の経験をつみあげていくアプローチも行われているが（ホームヘルパー全国連絡会・1000の事例研究会 編著 2006）、実際のケア提供がどのように高齢者から認識・評価されるのか、という点を明らかにした研究はいまだ乏しい。本研究は、単に受け手の研究というだけでなく、ホームヘルプサービスの与え手と受け手の視点をつないだという意義がある。本研究の知見から、現在のホームヘルプの援助関係について、いくつかの論点を提示する。

第一が、ホームヘルプサービスにおけるコミュニケーションの再考である。近年、ホームヘルプ労働では、利用者との「コミュニケーション」を重視し、これをマニュアル化する動きや必要な専門性の一つとして位置づける傾向がある。しかし、本研究で明らかになったように、ホームヘルプサービスにおいてコミュニケーションが求められる水準は、高齢者自身がサービスをどのように位置づけるかによって異なる。たとえ高齢者が「友人」のような関係性を求めていたとしても、それは「仕事」としてのケアに対して満足しているという前提があってこそである。事例でみたように、高齢者にとって、「仕事」としてのケアの重要性は大きく、仕事の評価と人間関係の評価が分かちがたく結びついていた。ヘルパーの実践や教育においては、人間関係が対象化・目的化されており、調査対象のヘルパーもそうした視点を共有していた。このことは、高齢者とヘルパーの間に認識の齟齬を生じる要因ともなっており、高齢者が求めていない個人的な対応をヘルパーがする事態にもつながっていた。

第二が、「利用者を理解する」ことの限界である。本研究では、ヘルパーと高齢者それぞれにホームヘルプサービスに対する認識を語ってもらったが、事例でみたように、互いの認識について知ることはなかなか難しく、認識の齟齬があったとしても気がつかない高齢者・ヘルパーもいた。現行の制度やホームヘルプの専門性の議論では利用者が主体になること、利用者の意志を尊重することが強調されているが、サービスが問題なく提供されることと、認識を一致させることは同義ではない。ヘルパーが「利用者主体」の実現のために、過度に高齢者の意志をくみ取ろうとすることは、高齢者にとっても、ヘルパーにとっても負担になりかねない。重要なのは、ヘルパーがケアの場に入る前に「高齢者とはこういうニーズを持ったものだ」と決めつけたり、安易に高齢者を理解する／できる、と考えたりするのではなく、両者の視点には違いが生じうる、という前提のもと、日々のサービス提供の場で高齢者との関係を調整しながら構築していくことではないだろうか。

高齢者・ヘルパーの双方に対する実証的な研究を通じて、サービス利用高齢者のリアリティや、ケアの関係性を把握していくこと、それに合わせて、固定的なイメージとしての「利用者主体」や「高齢者像」（「お話」を求める寂しい存在）を転換していくことが、今後のホームヘルプサービスの実践や教育の中で必要である。

二―三　高齢者とヘルパーのミクロプロセスから考えるホームヘルプサービス制度の課題

本研究では、高齢者とヘルパーの二者関係のサービスを組織化することの効果について明らかにしたが、さらに先行研究の議論をうけながら、介護保険制度における「労働」としてのホームヘルプサービスをどのように保障していくのかについて、考えていきたい。

介護保険制度下におけるホームヘルプサービスの特徴として、ケアマネジャーの導入によるヘルパーの裁量権の制限、単位制労働、厳格なサービスの規定（ただし、第六章でみたとおり事業所間で規定の順守状況は大きく異なる）が挙げられる。これは、「包括的な生活支援」や利用者との長期的な関係構築を目指すホームヘルプサービスの理念とは抵触する可能性があり、こうした専門性の確立を目指す研究者からは、批判の対象となってきた。

先行研究や本研究でもみてきた通り、現行制度の中で、ヘルパーが個人で包括的なケアや利用者が求めるケアの水準を満たすことは難しく、ヘルパーの無償労働に依存するなど、労働者としてのヘルパーにとって問題が大きい。こうした中で、高齢者の生活の視点からのニーズとヘルパーの労働者としての安定性をどのように制度的に確保していくのか、今後の可能性について述べる。

第一に、ホームヘルプサービスにおけるヘルパーの裁量権とサービスの適用範囲の拡大が必要である。介護保険制度では、ホームヘルプサービスは単位制労働として細かく規制されている。さらに先述したとおり、財源上の問題から、サービスの提供範囲はより厳格化されている（特に生活援助においてその傾向は顕著である）。しかし、事例でも確認したとおり、ホームヘルプサービスは生活に密着しており、現在の制度状況では、高齢者の生活の多様なニーズに対応することは内容的にも時間的にも難しい。そのため、高齢者もヘルパーもニーズと制度の規定との間を調整するコストを負担している。単位制の細切れ労働を再考し、施設サービスと同様に提供内容をある程度フレキシブルに設定することで、こうした調整のコストや負担を削減する効果があるのではないか。生活の場に入り対応することを前提にしたサービス設計が求められる。ただし、無限定なサービス提供をみとめることは、ヘルパーの労働者としての安全性が守られず、高齢者から求められるサービスの質の担保の面でも問題がある。そのため制度の枠組みを変更し、ヘルパーがボランタリーに対応している労働を、正当に評価することが必要である。

さらに、ケアマネジメント制度の導入によって、ヘルパーがサービスの計画決定に対する権限を持たなくなり、ヘルパーの裁量権は減少している。現場で提供するヘルパーだからこそ見えてくるサービスの課題や対応がケアプランにも反映できるように、サービスの決定のプロセスにヘルパーが関与できるようなシステムづくりが望まれる。

第二に、フォーマル・インフォーマルの境界を超えた高齢者の社会的ネットワークの可視化と担い手間の情報共有が重要である。事例からは、ケアの受け手である高齢者の生活は、フォーマル・インフォーマルのさまざまな担い手によって支えられていることが明らかになった。現行制度ではケアマネジャーが調整役割を担っているが、インフォーマルな状況を含めてサービスを調整することは難しい。また、ケアマネジャーが所持する情報はヘルパーや家族介護者に十分に共有されていない。本論でも示したように、特に登録ヘルパーや別居の家族介護者の場合に担い手間の連携が困難になる。ヘルパーや家族がサービスの決定の場にかかわり、フォーマル・インフォーマルを含めた担い手間のケアの内容を共有化・組織化することが重要である。これは、労働者としてのヘルパーが孤立せずに守られるだけでなく、労働のサービスの質が保たれることで、高齢者が望む「ケアの継続性」が担保されるという効果も見込まれる。事例でみたように、登録型の非常勤労働であっても、株式会社Dのように事業所への定期的な出勤を業務として位置づけることで、情報共有や他の職種との連携が可能になる。情報共有をヘルパーに必要な業務として制度化することで、登録型・正規雇用の労働状況や事業所の違いによらず標準化されたサービスの提供が可能になると考えられる。

第三に、家族介護者に対する支援の制度化である。笹谷（2005）は、スウェーデンとフィンランドにおいて、高齢者のサービスの権利が確立した後、家族介護者のサービスの権利が認められたプロセスから、「いかに公的サービスが拡大してもすべての家族介護をカバーできないこと、たとえ重度であっても、高齢者介護を担う家族員が依然として広い裾野を形成していること」を指摘する。このため、ホームヘルプサービスなどの外部サービスが家族介護を完全に代替するという形での「社会化」の実現は難しいと考えられる。日本においても家族は主要な介護の担い手である。現行制度では家族介護者は位置づけられていないが、実質的には家族が介護の主要な担い手という前提のもと在宅サービスの制度設計がされている。さらに事例でみたように、家族介護者が利用者として意思決定を行っていたり、重度で寝たきりの高齢者の家族介護者が実質上の支援対象となっているなど、単純に利用者＝高齢者のみではないサービスの実態がある。家族への対応は制度において明確な基準がないため、個々のヘルパーにまかされており、時としてボランタリーに家族へ支援が行われたり、家族が中心的な利用者になることによって高齢者のニーズが充足されないなどの問題が生じる可能性もある。二〇〇六年の改正における「介護予防」という新たな理念の創出によって、生活援助の削減と、先述したようにホームヘルプサービスにおける家族要件の強化による「介護の再家族化」（藤崎 2008）がおこっていた。しかし、事例でもみたように、同居家族が必ずしも高齢者の介護や生活の援助をしているわけではなく、家族の有無のみでサービスを決定することは、問題がある。

第二の論点で述べたように、フォーマル・インフォーマルの実質的な介護の担い手とかかわりの状況を確認したうえで、支援の必要な家族介護者を同定し、高齢者を対象としたサービスとは別に、家族を対象としたサービスを提供することが必要である。家族介護者への支援は、現在は介護保険制度の枠外に置かれ、自治体の任意事業になっているが、どの地域でも利用可能な普遍的な制度としてサービスを設定することが望まれる。近年イギリスや北欧を中心に家族介護者支援として展開している「ケアする人のケア」（carers care）の制度化が、日本においても議論されている。二〇一〇年に家族介護者支援団体であるNPOアラジンを中心にケアラー連盟が設立され、介護者への現金給付やレスパイトケアの実施など、家族介護者支援の実現のための運動が行われている。家族介護者へのサービスの制度化は、高齢者のニーズに対応したホームヘルプサービスの実施のためにも重要である。

このような今後の政策の展開を考える際に、本研究のようなミクロ・メゾ・マクロを架橋するボトムアップのアプローチは、近年量的調査を中心に展開されている介護保険制度の政策評価研究（平岡 2008，平野・近藤 2008）に加え、利用者サイドに即した質的研究の知見を提示することで貢献しうるものと期待される。

［注］

1　天田（2003）によると、特別養護老人ホームにおいて認知症高齢者が、自分のアイデンティティを保つために、自分よりも認知症が進んでいる高齢者を攻撃したり非難したりしていた。

2 実さんと義雄さんは施設併設型デイサービスで出会う寝たきりで排泄介助などの外部処置を受けている高齢者や認知症の高齢者に対して、「みっともない」「ああいう風にはなりたくない」と否定的に述べていた。

3 寝たきりのふみさんは、ヘルパーやサービス提供者と歌や話をすることで、普段の生活の一部のようにサービスの時間を過ごしていた。

4 介護保険制度外のサービスも利用しており他の高齢者よりも一〇倍近い料金を支払っている佐和子さんは、ヘルパーに対して「仕事」としての役割を期待していた。

5 こうした高齢者による関係性への期待の違いが、実際のサービスの場面にどのように影響するのかについては、リサーチクエスチョン2で検討する。

6 ただし、高齢者がヘルパーに期待する関係性は固定的なものではなく、実際のホームヘルプ場面でのヘルパーの示す態度によって、変化する可能性がある。この点についても、リサーチクエスチョン2で検討する。

7 特にA行政に所属するヘルパーは、継続的な関係を持たない方が、サービスが標準化され高齢者と「適切な関係」が築けると考えていた。

8 一―一―一でみたように、デイサービスは、他の高齢者と自身の健康度を比較する場ともなっている。

9 これは、一―一―三で、高齢者がホームヘルプサービスにおいて「利用者主体」の実現が難しいものだと考えている理由の一つである。

10 実際に、利用者が語った不満は仕事の遂行についてではなく、個人的な関係性についてであり、ホームヘルプサービスに対して人間関係に基づいた評価を行っていた（Eusits and Fisher 1991）。

11 本研究対象のヘルパーは、家族が行うような責任を持つこともなく、高齢者とヘルパーの間に家族関係に影響を及ぼすような親密性も存在していなかった。

12 ヘルパーが利用者宅でテレビをみたり、ヘルパーが高齢者や家族から贈り物をもらったりということが報告されている（Eusits and Fisher 1991、Piercy 2000）。

13 「標準化モデル」と「自己裁量モデル」と先行研究で指摘された事業所の特性との違いは次のとおりである。「標準化モデル」は、Timonen と Doyle（2006）の行政と笹谷（2001）の民間事業所と共通する特徴を持つ。ただし、笹谷の民間事業所では管理とヘルパーのフレキシビリティが同時に確保されていが、本研究では限定的である。「自己裁量モデル」は、Timonen と Doyle（2006）の民間事業所の特徴と笹谷（2001）の社会福祉協議会との共通性がある。先行研究と本研究の違いは、先行研究では事業所の種類と特質を結びつけて論じているが、本研究では事業所の種類とは独立した形で内容の特質を整理し普遍的なモデルを提示している点である。

14 対象事例の偏りは、ペアでの調査を行った Eustis と Fischer（1991）も指摘しており、事業所に所属しているヘルパーがその傾向が高いと述べる。

15 高齢者の途中から障害を負うという特性については、天田（2011: 16）が詳しく論じている。天田によると、高齢者は、「健常者／障害者」という区分において「どっちつかずの人たち」であり、「かつて『できる人たち』であったゆえに、微視的《ミクロ》な視点では、その自己像・イメージに呪縛され、老い衰えゆく只中で様々に右往左往してしまう開き直りのできない人たち」である。

16 対象者の中で家族を代替するようなケアを行っていた大倉さんは、自身の規定外のサービスを、「仕事」としてではなく高齢者の家族との友人関係から生じる「ボランティア」として認識していた。

17 退役軍人の男性の「老い」への対処についてアメリカのモデルを紹介し、それぞれのタイプに対する対処法について述べているが、日本のサービス利用高齢者についての記述はない。

おわりに

この本の調査を始めた二〇〇五年から一〇年がたとうとしている。本としてまとめるまで非常に長い時間がかかってしまったが、その間介護保険制度も大きな変化を迎えている。

終章でもふれたように、介護保険制度における在宅のケアサービスの範囲はより縮小され、「生活」の多様性に合わせたようなホームヘルプサービスの実現は難しくなっている。二〇〇六年の介護保険制度の改正は、家族要件の強化のみならずホームヘルプサービス全体への規制へとつながっている。改正後、地域包括支援センターに所属する保健師も公的な視点からケアプランをチェックするようになったが、生活援助を中心に、サービスの利用が「適正化」の名のもと厳格に規制されるようになった（ケアリング研究会 2007）。

このように介護保険制度の動向は、ホームヘルプサービスの実践に大きな影響を与える可能性がある。本研究の事例はあまり改正の影響を受けていなかったが、生活援助の提供がより一層難しくなった現在では、高齢者とヘルパーの認識の齟齬がさらに生じやすくなっていると考えられる。一方で、二〇一五年の新しい改正の影響は現段階ではまだ定かではないが、要支援のホームヘルプサービスが介護予防給付から地域支援事業へ再編成されることで、ホームヘルプサービスの範囲や担い手層が大きく変化する可能性がある。

こうした中、高齢者の「生活」をいかに支援するのか、サービスの提供者の視点と受け手である日常の生活者の視点の違いにどう折り合いをつけるのか、というホームヘルプサービスの問題は、より重要性を増している。本書は、いくつかの課題（例えば、時系列でのミクロな介護プロセスと制度的転換の関連や家族を含めた在宅での三者関係の検討）を残しつつも、高齢者とヘルパーの視点を通じて、生活と公的なサービスをつないでいく可能性の一つを示した。さらに、ケアの受け手・与え手の視点から、ホームヘルプサービスにおける多元的なリアリティをとらえる研究の第一歩として、今後の研究のため基礎的な作業ができたいのではいないか、と考えている。

次に本書の成り立ちについて簡単に説明したい。本書は、二〇一四年にお茶水女子大学に提出した博士学位論文『ケアの関係性の再考――高齢者とヘルパーの視点からみるホームヘルプサービス』に大幅に加筆修正を加えたものである。本書の二つの章は、次の既発表論文をもとに執筆している。

第二章第一節　「受ける側からみる『介護』――ホームヘルプサービス利用高齢者の語りから」（三井さよ・鈴木智之編『ケアのリアリティ』法政大学出版会 2012, 107-135）

第六章「ホームヘルプサービスの事業者間比較――ヘルパーによる利用者への対処に着目して」（三井さよ・鈴木智之編『ケアとサポートの社会学』法政大学出版会 2007, 183-214）

最後に、本書を執筆するにあたってご尽力いただいた多くの方々にお礼を述べたい。

まず、調査対象者のみなさまのご協力がなければ、この本はなりたたなかった。忙しい中対応してくださったヘルパーや事業所のみなさん、慣れない調査に戸惑いながら「若い人の力になれるなら」とお話くださった高齢者のみなさんのおかげである。心から感謝したい。

また、研究面でも多くの方々に支えられた。

博士論文の主査であり指導教官の藤崎宏子先生は、長年研究成果をまとめられなかった私を、時には厳しく、時には優しく、根気強く支え続けてくださった。紆余曲折がありながらもこうして一冊にまとめあげることができたのは、先生のあたたかいご指導のおかげである。また、審査委員の平岡公一先生、杉野勇先生には在学中から大変お世話になった。平岡先生は学外のSPSN研究会でもお世話になり、社会政策（特に介護保険制度）について、ご指導いただいた。杉野先生からは理論的視座と方法論に関して、多くの示唆を受けた。さらに、審査委員の小谷眞男先生からは研究の位置づけについて、斎藤悦子先生からは実践へのインプリケーションについて、貴重なご助言をいただいた。約一年にわたる長い間、審査会に携わりご指導くださった先生方に深く感謝する。

研究活動でも、たくさんの方に支えていただいた。藤崎ゼミでは、ゼミのみなさんの研究に刺激を受けながら、自分の研究を発展させることができた。また、博士課程の松井由香さんには、博士論文と本書の校正をお手伝いいただいた。長年参加しているケアリング研究会（笹谷春美先生、永田志津子先生、山井理恵先生、山口麻衣さん、森川美絵さん）では、介護保険制度下の高齢者介護の実態に関して国内でさまざまな調査に取り組んだ。受け手と与え手のケアリングという研究の視点や、介護保険制度下の高齢者サービスの実態についての知識は、この研究会で培われたものである。ケアリング研究会の森川さんも参加されている高齢者や障害者、医療に関するケアを研究するC研（三井さよさん、井口高志さん、鈴木智之先生、中川敦さん、土屋葉さん、鷹田佳典さん、田代志門さん）のみなさまからも、たくさんの示唆や励ましをいただいた。高齢者介護に限定されないケアの社会学の視点は、この研究会で学んだものである。心から感謝したい。

それから、私の研究生活を支えてくれたのは家族である。はじめにで述べたとおり、今は亡き二人の祖母と過ごした経験は、私が高齢者介護の研究に取り組む原点となった。研究者の父と保健医療の専門職であった母は、常に私の研究を気にかけ応援してくれた。この一〇年の間に私は結婚し、二人の娘を産んだ。定職を持たないため保育園にもなかなか入れない状況で、育児をしながらの執筆活動は睡眠不足との戦いだったが、どんなに小さくとも私をケアしようとする娘たちの姿に、ケアする－されるという役割が固定的ではないことに気づかされた。そして、夫は育児のためになかなか研究の場に参加できない私の原稿の第一の読者であり、常に的確なコメントをしてくれた。彼の公私にわたるサポートがなければ、こうして本として成果をまとめることは難しかっただろう。

尚、本書の研究の一部は、日本学術振興会特別研究員（ＲＰＤ・平成二三年度〜平成二五年度）の特別研究員奨励費の助成を受けたものである。育児をしながら研究が続けられたのは、このような制度の支援をいただいたことも大きい。

最後に生活書院の髙橋淳さんは、初めての単著で右も左もわからない私を、丁寧に導いてくださった。高橋さんの力強い支えがあって、この本を出版することができた。

この本が研究者だけでなく高齢者や家族、ヘルパーの方々に少しでも意味があるものであれば嬉しい。

二〇一五年七月

齋藤曉子

参考文献

Aronson, Jane and Sheila M. Neysmith, 1996, “YOU'RE NOT JUST IN THERE TO DO THE WORK: Depersonalizing Policies and the Exploitation of Home Care Workers' Labor” *Gender & Society* 10 (1): 59-77.

天田城介，2003，『〈老い衰えゆくこと〉の社会学』多賀出版.

―――，2011，『老い衰えゆくことの発見』角川学術出版.

Cox, Enid O, and Alberta Coy Dooley, 1996, “Care-Receivers' Perception of Their Role in the Care Process,” *Journal of Gerontological Social Work,* 26: 133-152.

出口泰靖，2004，「『呆けゆく』体験をめぐって」山田富秋編『老いと障害の質的社会学――フィールドワークから』世界思想社，155-224.

―――，2012，「テーマ別研究動向（ケアと支援）――「ケア」や「支援」について〈身を持って〉考える研究動向」『社会学評論』63(3)：452-472.

Denton, Margaret, Isik Urla Zeytinoglu and Sharon Davies, 2003, *Organaizational Change and Healthe and Well-Being of Home care Workers,* SEDAP Working Paper 110.

蛯江紀雄，2011，『ホームヘルパー２級課程テキスト１――福祉理念とサービスの意義、サービス提供の基本視点』介護労働安定センター.

Eustis, Nancy N. and Lucy Rose Fischer, 1991, “Relationships between home care clients and their workers: implications for quality of care” *The Gerontologist,* 31 (4): 447-456.

Fast, Becky and Rosemary Chapin, 2000, *Strengths-Based Care Management for Older Adults,* Baltimore: Health Professions Press（＝2005，青木信雄・浅野仁訳『高齢者・ストレングスモデルケアマネジメント――ケアマネジャーのための研修マニュアル』筒井書房.）

深田耕一郎，2009，「介護というコミュニケーション――関係の非対称性をめぐって」『福祉社会学研究』6:82-102.

藤崎宏子，1998，『高齢者・家族・社会的ネットワーク』培風館.

―――，2008，「訪問介護の利用抑制にみる『介護の再家族化』――９年目の介護保険制度」『社会福祉研究』103: 2-1.

後藤真澄・若松利昭，2001，「ホームヘルプサービスの有効性に関する研究――利用者満足度とホームヘルパーの自己評価の比較から」『社会福祉学』41(2): 49-58.

Graham, Hilary, 1983, “Caring: a Lobar of Love,” Janet Finch and Darcy Groves eds, *A Labour of Love: Women, Work, and Caring,* New York: Routlege, 13-30.

ホームヘルパー全国連絡会・1000の事例研究会 編著，2006，『ホームヘルパーの援助技法を高める事例検討の進め方――ホームヘルパーの手による1000の事例研究会暫定マニュアル』萌文社.

Hammar, Teija and Marja-Leena Pera¨ la and Pekka Rissanen, 2009, “Clients' and workers' perceptions on clients' functional ability and need for help: home care in municipalities” *Scandinavian Journal of Caring Sciences*, 23: 21-32.

原田由美子，2008，「介護保険制度におけるホームヘルパーの裁量権に関する研究」『介護福祉学』15 (2): 161-171.

Himmelweit, Susan, 1999, "Caring labor" *The ANNALS of the American Academy of Political and Social Science*, 561: 27-38.
早坂聡久・三田寺裕治，2003，「高齢者本人による在宅福祉サービスの評価」『厚生の指標』50(10): 8-16.
平野隆之・近藤克則，2008，「介護保険の評価研究プロジェクトの概要と５つの視点」『社会政策研究』8: 166-175.
平岡公一，2008，「介護保険の政策評価の動向」『社会政策研究』8: 155-165.
堀田聰子，2005，「ホームヘルパーとは何か」堀田聰子・大木栄一・佐藤博樹『介護職の能力開発と雇用管理』東京大学社会科学研究所人材ビジネス研究寄付研究部門研究シリーズ７：105-124.
星加良司，2012，「当事者をめぐる揺らぎ――『当事者主権』を再考する」『支援』2: 10-28.
井口高志，2007，『認知症家族介護を生きる――新しい認知症ケア時代の臨床社会学』東信堂.
稲葉昭英, 2013,「インフォーマルなケアの構造」庄司洋子編著『親密性の福祉社会学――ケアが織りなす関係』ミネルヴァ書房, 227-244.
稲葉美由紀，2009，「要介護者のケアプロセスにおける役割――「ケアを受ける側」の視点からの質的データ分析」『社会福祉学』49(4): 131-140.
石橋智明・滝波順子・佐久間志保子，2011，『ホームヘルパー２級価課程テキスト５――ホームヘルプサービス概論、ホームヘルパーの職業倫理』介護労働安定センター.
岩田正美，2007，「『パラダイム転換』と社会福祉の本質――社会福祉の２つの路線と『制約』をめぐって」『社会福祉研究』100: 19-25.
介護労働安定センター，2011a，『平成 23 年度　介護労働の現状Ⅰ介護事業所における労働の現状』介護労働安定センター.
――――，2011b，『平成 23 年度　介護労働の現状Ⅱ　労働者の働く意識と実態』介護労働安定センター.
Karner, Tracy X., 1998, "Professional caring: Homecare workers as fictive kin" *Journal of Aging Studies*, 12: 69-83.
ケアリング研究会編，2007，『介護保険制度「改革」とケアリング関係の変容――地域包括支援センターへのヒアリング調査から』.
木下康仁, 2001,「老いとケアの臨床社会学」野口祐二・大村英昭『臨床社会学の実践』有斐閣選書, 84-109.
高齢社会をよくする女性の会，2006，『高齢者と家族が介護職員に期待するもの』.
厚生労働省老人保健福祉局企画課，2000，「訪問介護の適正化について」『賃金と社会保障』1281: 75-77.
厚生労働省老健局，2003，「2015 年の高齢者介護――高齢者の尊厳を支えるケアの確立に向けて」.
(http://www.mhlw.go.jp/topics/kaigo/kentou/15kourei/index.html　アクセス日 2011 年 1 月 28 日）
――――，2011，「今後の介護人材養成の在り方について（概要)」.
(http://www.mhlw.go.jp/stf/houdou/2r98520000011uv3-att/2r98520000011uwt.pdf　アクセス日 2013 年 2 月 20 日）
久場嬉子，2003，「ジェンダー視点からみる周辺労働問題――ホームヘルプ労働をめぐって」『日本労働社会学会年報』14: 45-66.
前田拓也，2009，『介助現場の社会学――身体障害者の自立生活と介助者のリアリティ』生活書院.

松原日出子, 2001,「ホームヘルパーの任務と役割の再考――食事制限を課された利用者の事例から」『社会福祉』42: 117-132.
――――, 2002,「ホームヘルプサービスにおける援助構築過程についての一考察」『社会福祉』43: 113-124.
――――, 2004,「ホームヘルパーの自己評価方法に関する実証的研究」『社会福祉』45: 101-113.
松川 誠一・久場 嬉子 .・清水 洋行・藤原千沙・矢沢澄子・吉村治正, 2009,「ケアサービスの準市場化はケア労働者に何をもたらしたのか――グループホーム職員の心理的ストレス、職務満足、組織コミットメント」『社会政策研究』9: 223-241.
松村剛志, 2005,「介護関係の発生による夫婦関係の変化――夫婦介護をめぐる語りの分析を通じて」『保健医療社会学論集』16(1): 25-36.
森川美絵 , 2015,『介護はいかにして「労働」となったのか――制度としての承認と評価のメカニズム』ミネルヴァ書房 .
森嶌由紀子, 2003a,「ジェンダーと家族介護――グループ・インタビューにみる男女の介護意識」高田知和・木戸功編『エイジングと日常生活』コロナ社, 29-59.
中西正司・上野千鶴子, 2003,『当事者主権』岩波新書.
内閣府, 2003,「高齢者介護に関する世論調査」.
(2011 年 9 月 1 日取得, http://www8.cao.go.jp/kourei/ishiki/h22/kiso/zentai/index.html).
――――, 2010,「介護保険制度に関する世論調査」.
(2011 年 9 月 1 日取得, http://www8.cao.go.jp/survey/h22/h22-kaigohoken/index.html)
西浦功, 2005,「ホームヘルパーのアイデンティティー構築の困難性――感情労働としての在宅介護」『人間福祉研究』8: 43-54.
及川 信哉, 2010,『介護現場のコミュニケーションを考える』介護労働安定センター.
小川栄二, 1998,「ホームヘルプ労働のあるべき姿と改善課題」河合克義編『ホームヘルプにおける公的責任を考える』あけび書房, 80-114.
――――, 2000,「いまホームヘルパーに求められる専門性とは」『福祉のひろば』12: 10-15.
Piercy, Kathleen W., 2000, “When It Is More Than a Job : Close Relationships between Home Health Aides and Older Clients” *Journal of Aging and Health*, 12:362-387.
齋藤曉子, 2007,「高齢者・家族・サービス提供者の相互関係分析――夫婦間介護におけるサービス〈受容〉のプロセス」『社会政策研究』7: 176 -196.
Saito, Akiko and Unni Edvardsen, 2006, “Comparative study of domiciliary care for elderly people in Japan & Norway”, *ISA(International Sociological Association) World Congress of Sociology, Joint Session of RC11 and RC19,* in Durban.
笹谷春美, 1999,「家族ケアリングをめぐるジェンダー関係――夫婦間ケアリングを中心として」鎌田とし子・矢沢澄子・木本喜美子編『講座社会学 14 ジェンダー』東京大学出版会 , 213-248.
――――, 2000,「『伝統的女性職』の新編成――ホームヘルプ労働の専門性」木本喜美子ほか編『現代日本の女性労働とジェンダー』ミネルヴァ書房 , 175-215.
――――, 2001,「ケアワークのジェンダーパースペクティブ」『女性労働研究』39: 59-67.
――――, 2005,「高齢者介護をめぐる家族の位置――家族介護者視点からの介護の『社会化』分析」『家族社会学研究』16(2): 36-46.
渋谷望, 2003,「魂の労働」『魂の労働――ネオリベラリズムの権力論』青土社 , 21-43.

白澤政和，2011，『「介護保険制度」のあるべき姿――利用者主体のケアマネジメントをもとに』筒井書房.
副田あけみ，2010，「序論」岩田正美監修・副田あけみ編著『リーディングス日本の社会福祉３　高齢者と福祉――ケアのあり方』日本図書センター.
須加美明，1999，「ホームヘルプとソーシャルワークの共通性と固有性――ソーシャルワークとケアワークの共通基盤に向けて」『長野大学紀要』21(1): 37-46.
――――，2007，「利用者による訪問介護評価尺度案の交差妥当性と関連要因の検討」『社会福祉学』48(1): 92-103.
杉澤秀博・中谷陽明・杉原陽子，2005，『介護保険制度の評価――高齢者・家族の視点から』三和書籍.
鈴木依子・古谷野亘・瀧波順子・蔦末憲子，2010，「ホームヘルパーが自分の判断で行っていること――自由記述からみた訪問介護計画書にならない援助の内容と理由」『介護福祉学』17(2): 176-181.
髙木和美，2005，「ホームヘルパーの労働・生活・健康に関する実態調査報告（上）――住民の生活の質を左右するホームヘルパーの社会的自立の条件」『賃金と社会保障』1408: 38-73.
――――，2006，「ホームヘルパーの労働・生活・健康に関する実態調査報告（下）――住民の生活の質を左右するホームヘルパーの社会的自立の条件」『賃金と社会保障』1409: 57-89.
田中かず子，2005，「ケアワークの専門性――見えない労働『感情労働』を中心に」『女性労働研究』47: 58-71.
Timonen,Virpi and Martha Doyle, 2006, “The Comparision of Public, Private and Non-profit Sectors” Virpi, Timonen, Martha Doyle and David Prendergast eds., *No Place Like Home: Domiciliary Care for Older People in Ireland,* Dublin :The Liffey Press.
上野千鶴子，2011，『ケアの社会学――当事者主権の福祉社会へ』太田出版.
上野千鶴子・中西正司，2008，『ニーズ中心の福祉社会へ――当事者主権の次世代福祉戦略』医学書院.
上野千鶴子・大熊由紀子・大沢真理・神野直彦・副田義也編，2008，『ケア　その思想と実践３　ケアされること』岩波書店.
Ungerson, Clear, 1987, *Policy is Personal: Sex, Gender and Informal Care,* London: Tavistock.（=1999，平岡公一・平岡佐智子訳『ジェンダーと家族介護――政府の政策と個人の生活』光生館.）
山口麻衣・冷水豊・石川久展，2008，「フォーマル・ケアとインフォーマル・ケア組み合わせに対する地域高齢住民の選好の関連要因」『社会福祉学』49(2): 123-134.
山根純佳，2014，「介護保険下におけるホームヘルプ労働の変化――『業務化』する個別ケアの現場」『日本労働社会学会年報』(25): 3-21.
山下幸子，2008，「求められる介護教育」上野千鶴子・大熊由紀子・大沢真理・神野直彦・副田義也編『ケア　その思想と実践５　ケアを支えるしくみ』岩波書店，225-241.

◉本書のテキストデータを提供いたします

本書をご購入いただいた方のうち、視覚障害、肢体不自由などの理由で書字へのアクセスが困難な方に本書のテキストデータを提供いたします。希望される方は、以下の方法にしたがってお申し込みください。

◎データの提供形式：CD-R、フロッピーディスク、メールによるファイル添付（メールアドレスをお知らせください）

◎データの提供形式・お名前・ご住所を明記した用紙、返信用封筒、下の引換券（コピー不可）および200円切手（メールによるファイル添付をご希望の場合不要）を同封のうえ弊社までお送りください。

◉本書内容の複製は点訳・音訳データなど視覚障害の方のための利用に限り認めます。内容の改変や流用、転載、その他営利を目的とした利用はお断りします。

◎あて先：

〒160-0008

東京都新宿区三栄町17-2 木原ビル303

生活書院編集部　テキストデータ係

キリトリ線

【引換券】

ホームヘルプサービス
のリアリティ

齋藤暁子

（さいとう・あきこ）

お茶の水女子大学人間文化研究科人間発達科学専攻博士課程単位取得満期退学、博士（社会科学）

日本学術振興会特別研究員〔RPD〕、神戸大学非常勤講師（～ 2014 年度）

主要著書・論文に、

「高齢者・家族・サービス提供者の相互関係分析――夫婦間介護におけるサービス〈受容〉のプロセス」（『社会政策研究』〔7〕2007 年）

「高齢者のニーズ生成のプロセス――介護保険サービス利用者の語りから」（上野千鶴子・中西正二編『ニーズ中心の福祉社会へ』、医学書院、2008 年）

「ケア労働をどのように位置づけるのか――女性労働からの転換」（藤原千沙・山田和代編『労働再審 3 女性と労働』、大月書店、2011 年）

など

ホームヘルプサービスのリアリティ
――高齢者とヘルパーそれぞれの視点から

発　行――二〇一五年八月五日　初版第一刷発行

著　者――齋藤暁子

発行者――髙橋　淳

発行所――株式会社　生活書院

〒一六〇―〇〇〇八

東京都新宿区三栄町一七―二　木原ビル三〇三

TEL　〇三―三二二六―一二〇三

FAX　〇三―三二二六―一二〇四

振替　〇〇一七〇―〇―六四九七六六

http://www.seikatsushoin.com

印刷・製本――株式会社シナノ

Printed in Japan

ISBN 978-4-86500-042-9

定価はカバーに表示してあります。

乱丁・落丁本はお取り替えいたします。

『支援』バックナンバーのご案内

「ニーズ」と眼差さず「当事者主催」とまとめず、シノゴノ言いつつ、ジタバタやろう！
支援者・当事者・研究者がともに考え、領域を超えゆくことを目指す。
未来をしつこく問い続ける新雑誌

「支援」編集委員会【編】／ A5 判並製／定価：本体 1500 円(税別)

vol.1 〈創刊号〉

なんの因果か抜き差しならぬ関わり合いをもち、取り乱しつつ関わり続けることを〈支援〉と立てる。そのリアリティに魅入られた者たちが、それぞれの〈現場〉から受けた負債を返済することのその営みのひとつとして、この雑誌は創刊される。

特集：「個別ニーズ」を超えて
座談会：資格は必要か？――ケア・介護・介助と専門性　他

vol.2

当事者言説の担い手となる経験、「当事者主権」のただなかに身を置いた経験、「当事者主権」から距離を取らざるをえない支援の場など、さまざまな経験から「当事者優先」という図式そのものを再考する。

特集：「当事者」はどこにいる？
ロングインタビュー：認知症の本人を描くことをめぐって――川村雄次に聞く　他

vol.3

支援やケアで「家族」が語られるときの私たちの逡巡や曰く言い難い不自由さはどこから来ているのか。押し付けるのでもなく、ただ「敵」だと言うのでもなく、持ち上げるのでもなく…さまざまな射程から「家族」にまつわる問題群に向き合う。

特集：逃れがたきもの、「家族」
トークセッション：支援の多様な可能性　川口有美子×柳本文貴　他

vol.4

支援を「労働」という枠組みにあてはめて考えてしまうだけでは、見えなくなるものがある。支援を業とするために何が必要かと論を立てていく前に、支援の内奥をつぶさに見ること、感じ、考えることから始めていこうとする試み。

特集：支援で食べていく
トークセッション：教育の中の支援、支援の中の教育　すぎむらなおみ×倉本智明　他

vol.5

「共にある」あり方を歪めるものとして疑われる「わけること」。しかし「わけること」を否定しさえすれば問題が解決するわけではない。通底する問題意識として「わけること、わけないこと」をたてた、「教育」と「学校」をめぐって考えたいこと考えたこと。

特集：わけること、わけないこと
トークセッション　いのちをわけること、わけないこと、選ぶこと、選ばないこと
玉井真理子×大塚孝司×堀田義太郎　他